よくわかる！
保育士エクササイズ
6

保育の計画と評価
演習ブック

松本峰雄 監修

浅川繭子／新井祥文／小山朝子／才郷眞弓／松田清美 著

ミネルヴァ書房

はじめに

　保育を取り巻く社会情勢が変化するなか、近年、子どもの福祉に関する法令等が改訂されています。すべての児童が健全に育成され、児童虐待について発生予防から自立支援までの一連の対策の更なる強化を図り、児童福祉の理念を明確化する等のため、2016（平成28）年6月3日に「児童福祉法」が改正されました。
　「児童福祉法」の改正に伴い、「保育所保育指針」「幼稚園教育要領」「幼保連携型認定こども園教育・保育要領」も改定（訂）され、それぞれの関係省庁から2017（平成29）年3月31日に告示されました。
　さらに、「保育所保育指針」の改定等を踏まえ、指定保育士養成施設の修業教科目（保育士養成課程）の改正告示が行われ、2019（平成31）年4月1日より適用されることになり、従来の「保育課程論」が新たな教科目として「保育の計画と評価」に改められました。
　教授内容は 1.保育の計画と評価の基本（1）カリキュラムの基礎理論（2）保育における計画と評価の意義（3）子どもの理解に基づく保育の過程、2.保育所における保育の計画（1）保育所保育指針、幼稚園教育要領、幼保連携型認定こども園教育・保育要領の内容及び社会的背景（2）保育所保育指針における保育の目標と計画の基本的考え方（3）全体的な計画と指導計画の関係性（4）全体的な計画の作成（5）指導計画（長期的・短期的）の作成（6）指導計画作成上の留意事項（7）計画に基づく保育の柔軟な展開、3.保育所における保育の評価（1）保育の記録及び省察（2）保育士及び保育所の自己評価（3）保育の資質向上に向けた改善の取組（4）生活と発達の連続性を踏まえた保育所児童保育要録、となっています。
　学生が実習に行き、最も苦慮しているのが指導案の作成のようです。指導案の作成が十分にできなかったがために保育所への就職を断念したり、あるいは保育所以外の保育現場に行ったりする学生も少なくありません。
　そこで本書では、はじめて「保育の計画と評価」を学ぶ学生に、より理解できるような文章表現にしました。すなわち、学生の目線で著しているということです。文章表現はできるだけやさしく、難しい専門用語には解説を加え、また、理解が進むように図表や事例をあげ、さらに、それぞれのコマの最後に演習課題を設け、より一層各コマの理解、すなわち難解とされる専門用語を理解できるように編集しました。また、保育者になったあともこのテキストは活用できるようになっています。
　保育の計画と評価の意義を理解し、すばらしい保育者を目指してください。

松本峰雄

CONTENTS

はじめに ………………………………………………………………………… 1

第1章 保育の計画と評価の基本 ………………………………………………… 5

1コマ目 「保育所保育指針」等における保育の目標と計画の考え方 … 6
1. 「保育所保育指針」「幼稚園教育要領」
「幼保連携型認定こども園教育・保育要領」とは何か ……………… 6
2. 保育の目的と目標 ………………………………………………… 10
3. 保育の計画と評価の意義 ………………………………………… 14

演習課題 ……………………………………………………………… 18

2コマ目 保育におけるカリキュラムとは ……………………………… 20
1. カリキュラムとは何か …………………………………………… 20
2. 保育におけるカリキュラムの考え方 …………………………… 20
3. カリキュラム・マネジメント …………………………………… 23
4. 全体的な計画について …………………………………………… 26
5. 全体的な計画と指導計画 ………………………………………… 27
6. 全体的な計画・教育課程と指導計画の評価 …………………… 28
7. 小学校教育とつながるための「アプローチカリキュラム」と
「スタートカリキュラム」………………………………………… 29

演習課題 ……………………………………………………………… 31

3コマ目 子ども理解に基づくPDCAサイクルの循環 ……………… 32
1. 子どもの理解 ……………………………………………………… 32
2. 子どもの理解に基づくPDCAサイクル ………………………… 35
3. 個別の支援計画としての活用 …………………………………… 38

演習課題 ……………………………………………………………… 39

第2章 保育の計画とはどのようなものか ……………………………… 41

4コマ目 全体的な計画とは ……………………………………………… 42
1. 全体的な計画とは何か …………………………………………… 42
2. 全体的な計画と指導計画の関係 ………………………………… 45

演習課題 ……………………………………………………………… 52

5コマ目 長期的な指導計画の作成（0・1・2歳児）………………… 54
1. 長期的な指導計画とは …………………………………………… 54
2. 年間指導計画 ……………………………………………………… 56
3. 期別指導計画 ……………………………………………………… 57
4. 月別指導計画 ……………………………………………………… 58
5. 指導計画の工夫 …………………………………………………… 58
6. 保健計画 …………………………………………………………… 59
7. 食育計画 …………………………………………………………… 60

8　避難訓練計画……………………………………………………………………62
　演習課題……………………………………………………………………………………69

6コマ目　長期的な指導計画の作成（3歳以上児）……………………………70
　　　1　3歳児の指導計画………………………………………………………………70
　　　2　4歳児の指導計画………………………………………………………………71
　　　3　5歳児の指導計画………………………………………………………………74
　　　4　そのほかの指導計画……………………………………………………………78
　演習課題……………………………………………………………………………………79

7コマ目　短期的な指導計画の作成（0・1・2歳児）……………………………80
　　　1　0・1・2歳児の短期的な指導計画とは……………………………………80
　　　2　0・1・2歳児の指導計画作成で特に気をつけたいこと…………………81
　　　3　週案とはどういうものか………………………………………………………81
　　　4　日案とはどういうものか………………………………………………………82
　　　5　個別の指導計画とはどういうものか…………………………………………82
　　　6　デイリープログラムとはどういうものか……………………………………83
　演習課題……………………………………………………………………………………92

8コマ目　短期的な指導計画の作成（3歳以上児）………………………………94
　　　1　3歳以上児の短期的な指導計画とは…………………………………………94
　　　2　5歳児の指導計画作成で特に気をつけたいこと……………………………95
　　　3　3歳以上児の指導計画作成のポイント………………………………………96
　　　4　短期指導計画の実例……………………………………………………………97
　演習課題……………………………………………………………………………………112

9コマ目　指導計画作成上の留意事項（0・1・2歳児）………………………114
　　　1　指導計画作成にあたって………………………………………………………114
　　　2　0歳児（乳児）の指導計画……………………………………………………119
　　　3　1・2歳児の指導計画…………………………………………………………123
　　　4　指導計画作成の際のポイント（0・1・2歳児）…………………………128
　演習課題……………………………………………………………………………………131

10コマ目　指導計画作成上の留意事項（3歳以上児）…………………………132
　　　1　保育の基本と指導計画の作成手順……………………………………………132
　　　2　3歳以上児の指導計画…………………………………………………………132
　　　3　指導計画作成の際のポイント（3歳以上児）………………………………137
　演習課題……………………………………………………………………………………142

11コマ目　指導計画作成上の留意事項（異年齢）………………………………144
　　　1　異年齢保育………………………………………………………………………144
　　　2　指導計画作成の際のポイント（異年齢）……………………………………146
　　　3　異年齢での生活と遊びの実践…………………………………………………148
　演習課題……………………………………………………………………………………152

12コマ目　指導計画に基づく保育の柔軟な展開…………………………………154
　　　1　子どもの変化に応じた柔軟な保育の展開……………………………………154
　　　2　子どもの実態に即した保育内容の見直し……………………………………161
　演習課題……………………………………………………………………………………165

第3章
保育の評価とはどのようなものか ... 167

13コマ目 保育の記録と省察 ... 168
1. 保育の省察 ... 168
2. 保育におけるさまざまな記録 ... 169
3. 記録を書く意義 ... 171
4. 実習生にとっての記録 ... 174

演習課題 ... 176

14コマ目 保育の評価と改善 ... 178
1. 保育における評価とは ... 178
2. 保育所等における評価 ... 181
3. 幼稚園における学校評価 ... 184
4. 評価を改善に生かす ... 185
5. 保育の質の向上を目指す研修 ... 186

演習課題 ... 189

15コマ目 生活と発達の連続性を踏まえた保育所児童保育要録 ... 190
1. 「生きる力」と育みたい資質・能力 ... 190
2. 幼児期から児童期への接続 ... 192
3. 小学校へつなげるための要録 ... 195

演習課題 ... 200

演習課題の解答例 ... 201
索引 ... 204
参考文献 ... 206

本書における「保育」という用語について

保育とは一般的に「保護・教育」の略で、「学校教育法」第22条では、「幼稚園は、（中略）幼児を保育し（後略）」とあり、また「児童福祉法」第39条では、「保育所は、（中略）保育を目的とする施設（後略）」とあります。以上を踏まえて本書では、幼稚園・認定こども園等における幼児期を対象とする教育も含めて基本的には「保育」という語を使用しています。

本書の使い方

❶まず、「今日のポイント」でこのコマで学ぶことの要点を確認しましょう。
↓
❷本文横には書き込みやすいよう罫線が引いてあります。授業中気になったことなどを書きましょう。
↓
❸語句説明、重要語句やプラスワンは必ずチェックしましょう。
↓
❹授業のポイントになることや、表、グラフをみて理解してほしいことなどについて、先生のキャラクターがセリフでサポートしています。チェックしましょう。
↓
❺おさらいテストで、このコマで学んだことを復習しましょう。おさらいテストの解答は、最初のページの「今日のポイント」で確認できます。
↓
❻演習課題は、先生にしたがって進めていきましょう。一部の課題については巻末に答えがついていますが、あくまで解答の一例です。自分で考える際の参考にしましょう。

第1章

保育の計画と評価の基本

この章では、保育の計画に関する基本的な事項について学びます。
なぜ保育の計画が必要なのでしょうか。
カリキュラムとはどのようなものでしょうか。
計画、実践、評価、改善の流れも含めて理解していきましょう。

1コマ目	「保育所保育指針」等における保育の目標と計画の考え方	6
2コマ目	保育におけるカリキュラムとは	20
3コマ目	子ども理解に基づくPDCAサイクルの循環	32

1コマ目

「保育所保育指針」等における保育の目標と計画の考え方

今日のポイント

1. わが国では、就学前の子どもの保育の目標、内容、計画等を法令の形で示している。
2. 保育には必ず目標がある。
3. 計画を実践したあとには振り返り、評価をする。

1 「保育所保育指針」「幼稚園教育要領」「幼保連携型認定こども園教育・保育要領」とは何か

わが国の就学前の子どもの保育の目標や、目標を実現していく保育の内容、保育の計画などを、保育所では「保育所保育指針」、幼稚園では「幼稚園教育要領」、認定こども園では「幼保連携型認定こども園教育・保育要領」という法令＊の形で示しています。3つの法令の形で示しているのは、保育所、幼稚園、認定こども園（以下、教育・保育施設）で、それぞれの施設の成り立ちが異なるためです。ここでは、それぞれの法令の変遷と、2017（平成29）年に告示された3法令の改定部分を中心に、その変遷についてみていきましょう（図表1-1）。

> **語句説明**
>
> **法令**
> →法令とは、法律（国が制定する決まり）と命令（行政が制定する決まり）のこと。

1 「保育所保育指針」「幼稚園教育要領」「幼保連携型認定こども園教育・保育要領」の変遷

❶「保育所保育指針」

日本における保育所のはじまりは、1890（明治23）年に、赤沢鐘美が設立した新潟静修学校に附設された託児施設（現：赤沢保育園）といわれています。これは、戦災孤児や、親が働いているために世話をする大人がいない子どもを預かる目的で設立されました。その後1900（明治33）年には、野口幽香と森島峰により二葉幼稚園（現：二葉保育園）なども設立され、徐々に現在の保育所につながる施設が広がっていきました。

そのような状況のなか、1952（昭和27）年に「保育指針」が刊行され、保育の目標や保育者の機能と使命、保育の内容などが示されました。1965（昭和40）年に「保育所保育指針」が通知文書として改定され、その後、「幼稚園教育要領」が改訂された翌年の1990（平成2）年と1999（平成11）年に「保育所保育指針」も改定されています。

第1章　保育の計画と評価の基本

● 図表1-1　「保育所保育指針」「幼稚園教育要領」「幼保連携型認定こども園教育・保育要領」の変遷

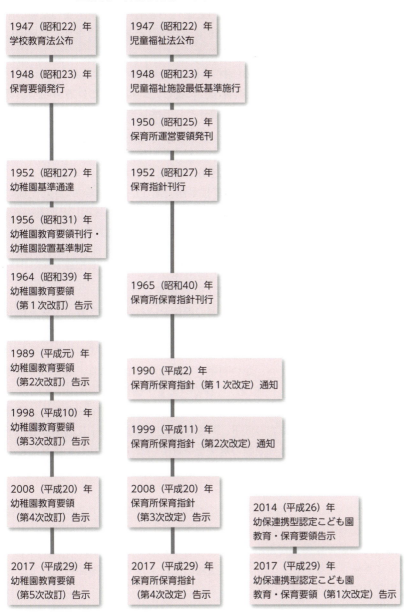

出典：大豆生田啓友・三谷大紀編『最新保育資料集2018（平成30年版）』ミネルヴァ書房、2018年をもとに作成

そして、2008（平成20）年に第3次改定となった「保育所保育指針」は、「幼稚園教育要領」と同様に乳幼児に対する保育施設として位置づけられ、通知文書から告示文書になることで、法的拘束力をもつことになりました。

❷「幼稚園教育要領」

日本における幼稚園のはじまりは1876（明治9）年、官立*となる東京女子師範学校（現：お茶の水女子大学）附属幼稚園といわれています。東京女子師範学校では、フレーベルの恩物*に基づいた教育が取り入れら

プラスワン

通知文書と告示文書の違い

通知文書は、特定の人に事実や意思を伝えるもの。告示文書は法令の規定または法令による権限に基づいて行った決定または処分を広く一般に周知させるもので、法律的性格をもっている。保育所の役割と機能が広く社会的に重要なものとして認められ、それゆえの責任が大きくなった証といえる。

語句説明

官立
→国家が設立したもの。現在においては国立の意味。

重要語句

フレーベルの恩物
→世界初の幼稚園を創設したフレーベルが創案した幼児用教具的遊具。

れ、1日4〜5時間の時間割が設定されたなかで教育が行われており、徐々に小学校の準備教育の場としての役割を担うようになっていきました。しかしその利用者は、授業料を支払うことができる一部の富裕層の家庭の子どものみでした。その後、私立幼稚園が設立されるようになり、幼稚園は少しずつ一般に普及するようになりました。

「幼稚園教育要領」は、1956（昭和31）年にはじめて刊行されました。「幼稚園教育要領」では、「学校教育法」に掲げた幼稚園における目的や目標に従って、教育内容を「望ましい経験」として示しました。そして1964（昭和39）年、「幼稚園教育要領」は、幼稚園における教育の課程の基準として示され、文書も「保育所保育指針」に先駆けて告示化されます。さらに、1989（平成元）年、1998（平成10）年にも改訂が行われました。

2006（平成18）年には、「教育基本法」第11条において、「幼児期の教育は、生涯にわたる人格の基礎を培う重要なものである」と明記され、日本の教育のなかに幼児教育が明確に位置づけられました。それにより、2008（平成20）年には、「幼稚園教育要領」と「保育所保育指針」はともに告示文書として同時改定（訂）されることとなったのです。

❸「幼保連携型認定こども園教育・保育要領」

認定こども園は、保育所と幼稚園の機能を持ち合わせた教育・保育施設として、2006（平成18）年に制定された「認定こども園法」の成立によって導入されました。保護者の就労の有無などにかかわらずすべての子どもを受け入れ、保育を行い、かつ利用することが可能であり、地域の子育て支援も担う施設として位置づけられています。国は、幼保一元化*となる認定こども園をすすめていきたい背景として、なかなか解決されない待機児童の問題や親の養育力の低下、共働き家庭の増加、少子化問題など、子育てに関するさまざまな問題の解決をあげています。しかし、認定こども園になるためには、保育所と幼稚園それぞれの認可を受けるなど、多くの手続きが必要です。

2014（平成26）年には、認定こども園の類型の一つである幼保連携型認定こども園における教育・保育の基準を示した「幼保連携型認定こども園教育・保育要領」が告示されました。これは、翌年の2015（平成27）年に実施される子ども・子育て支援新制度によって、幼保連携型認定こども園が学校教育と児童福祉施設を総合的に提供する施設として位置づけられることを見据えて、策定されたものです。「幼保連携型認定こども園教育・保育要領」は、幼保一元化の推進、家庭の多様な保育ニーズへの対応、すべての子どもに質の高い幼児期の学校教育及び保育の総合的な提供を行うことを目的として示されました。

2 「保育所保育指針」「幼稚園教育要領」「幼保連携型認定こども園教育・保育要領」の改定（訂）の趣旨と方向性

以上のような変遷を経て、2017（平成29）年に、「保育所保育指針」「幼稚園教育要領」「幼保連携型認定こども園教育・保育要領」の3法令が同時改定（訂）されました。これは、3つの教育・保育施設がともに、日本

重要語句

幼保一元化

→1960年ごろより幼稚園と保育所の一元化について考えられ、議論がなされてきた。しかし、それぞれに歩んできた歴史が大きく異なるなどの理由により実現することはなかったが、今回の認定こども園の発足によって、はじめて実現した。

における幼児教育施設として位置づけられたことを意味します。つまり、子どもがどの施設に通っていても、同等の幼児教育の質や内容を受けられることを保障することが望まれるようになったのです。

　この背景には、今後、めまぐるしく変化するであろう21世紀に生きる子どもの力を育んでいかなければならない、という必要性があります。これからの社会は、AIなどの技術革新、地球環境、グローバル化などが、今の私たちには予測できないスピードで変化がすすんでいくといわれています。そのような社会で、今、目の前にいる子どもたちが、その時代の社会で通用する力を身につけていく必要があります。また、子どもたちがより人間らしく豊かな心をもって生きていくためにも、生きる力の基礎*を幼児教育で育むことが求められています。

　これらを踏まえて、教育・保育施設に共通に求められることは、主に3つあげられます。

　1つ目は、「環境を通して行うもの」であることを軸にして、保育を展開することです。毎日の生活のなかで関わるすべての人やものをとおして子どもが遊ぶということは、身近な環境で遊ぶということであり、それが環境に主体的に関わる力につながっていきます。また、このことが、アクティブ・ラーニング*であり、「主体的・対話的で深い学び」と表現されています。

　2つ目は、「乳児期からの発達と学びの連続性」を理解して保育を行うことです。子どもは、出生してから大人になるまで連続性をもって発達し、学び続けていることを保育者が認識して、保育に携わることが大切です。そうすることで、保育者が子どもの育ちに対しての見通しをもって関わることができるようになるのです。

　3つ目は、「育みたい資質・能力」「幼児期の終わりまでに育ってほしい姿（10の姿）」を意識して、計画・評価することです。今回の改定（訂）から新しく「育みたい資質・能力」「幼児期の終わりまでに育ってほしい姿（10の姿）」が示されました。これは、従来「心情・意欲・態度」で示されていた5領域の「ねらい」が、さらにくわしくなったものです。今回の改定（訂）から、従来の「心情・意欲・態度」も含みつつも、新しく示された「育みたい資質・能力」に基づいて「ねらい」を設定することで、小学校以降の教育のねらいとの整合性が図られました。これによって、教育・保育施設と小学校以降の教育の連携がさらに強く図られることとなりました。

　また、2コマ目で後述する「幼児期の終わりまでに育ってほしい姿（10の姿）」は、子どもの育ちの到達目標ではなく、指導の方向性を示すものです。たとえば、この姿を見据えながら、どのように保育を行っていくのかという目安として活用していくことが望ましいといえます。

　保育者は、今、目の前の子どもたちにどのような経験が必要なのかということを、生きる力の基礎を育むという視点をもとにして考え計画したり、評価したりすることが、今後ますます重要になることが理解できるでしょう。さらには、この積み重ねが小学校との滑らかな接続にもつながってい

1コマ目　「保育所保育指針」等における保育の目標と計画の考え方

重要語句

生きる力の基礎

→乳幼児期は、小学校以降の生活や学習の基盤の育成につながる創造的な思考や主体的な生活態度などの基礎を培う大切な時期である。よって、確かな学力につながる言葉の獲得や探求する力、表現する力などの「確かな学力につながる[学びの芽生え]」、豊かな人間性につながる社会生活における望ましい習慣や態度、他人への思いやりや協同の精神などの「豊かな人間性につながる[人との関わり]」、健康・体力につながる基本的な生活習慣やすすんで運動しようとする態度などの「健康・体力につながる[生活習慣・運動]」を生きる力の基礎として育むことを必要としている。

アクティブ・ラーニング

→教員が講義形式で一方的に教えるのではなく、議論やグループワーク、体験学習などによって、生徒が主体的に参加して、みんなで考え課題を解決する力を養う学習方式。

● 図表 1-2　保育所、幼稚園、認定こども園に共通に求められること

環境を通して保育を行うこと

乳児期の発達と学びの連続性を意識して保育を行うこと

「資質・能力」「幼児期の終わりまでに育ってほしい姿」を踏まえて計画・評価すること

↓

目の前の子どもにより人間らしく豊かな心をもって生きる力の基礎を育む

> プラスワン
>
> 「児童福祉法」第39条
>
> 1. 保育所は、保育を必要とする乳児・幼児を日々保護者の下から通わせて保育を行うことを目的とする施設（利用定員が20人以上であるものに限り、幼保連携型認定こども園を除く。）とする。
> 2. 保育所は、前項の規定にかかわらず、特に必要があるときには、保育を必要とするその他の児童を日々保護者の下から通わせて保育することができる。

> 重要語句
>
> 子どもの最善の利益
>
> →子どもの最善の利益については、「児童の権利に関する条約」（通称：子どもの権利条約）の第3条に定められており、子どもの権利を象徴する言葉として広く理解されている。また、「児童福祉法」では、子どもを権利の主体として位置づける児童福祉の理念が明確化されて、第1条に「全て児童は、児童の権利に関する条約の精神にのっとり、適切に養育されること、その心身の健やかな成長及び発達並びにその自立が図られることその他の福祉を等しく保障される権利を有する」と定められている。

くのです。以上をまとめると、図表 1-2 のようになります。

2　保育の目的と目標

　保育には、必ず目標があります。保育者は目標の達成を目指して、今、どのようなことや配慮が必要であるのかを考え、保育をしていきます。目標とはつまり、保育の出発点といえるでしょう。

　わが国における保育の目標は、保育所、幼稚園、認定こども園それぞれに示されています。それらの目標を踏まえる形で、各法人や自治体、各幼児教育施設、各クラスで掲げている保育の目標などがあります。また、目標を作成するうえでは、それぞれの施設に通う子どもの実態や地域性などを考慮しています。

　ここでは、最も基本となる「保育所保育指針」「幼稚園教育要領」「幼保連携型認定こども園教育・保育要領」（以下、3法令）に示された保育所、幼稚園、認定こども園の目標について取り上げていきます。

1　保育所の目的と保育の目標

　保育所は、「児童福祉法」第39条に基づき、定められている児童福祉施設です。「保育所保育指針」では、第1章において、その役割を「入所する子どもの最善の利益*を考慮し、その福祉を積極的に増進することに最もふさわしい生活の場でなければならない」としています。

　保育所に入所する子どもの背景には、「子ども・子育て支援法施行規則」第1条に示されているように、親の就労や、妊娠・出産、保護者の疾病

及び障害などさまざまな理由があります。保育者はそのことを理解しながらも、どの子どもに対しても、最善の利益を最優先していくことが基本になります。また子どもが守られる存在であるとともに、主体性をもった存在であることを理解しておくことも重要です。

現在の子どもは、残念ながら子どもにとってふさわしい生活の場で生活できているとはいえません。都市化や少子化、家族形態の多様化がすすんでおり、地域社会や保護者の養育力の低下も問題になっています。保育所は、改めて「子どもにとってふさわしい生活の場」とはどういう場であるのかということをとらえ直して、その環境を積極的につくりあげていくことが大きな役割となります。

また、「保育所保育指針」の第1章において、入所した子どもの保育を行うことはもちろんのこと、家庭や地域のさまざまな社会資源との連携を図りながら、入所する子どもの保護者に対する支援を行うことや、地域の子育て家庭に対する支援を行うことも保育所の目的としています。つまり、保育所は、家庭や地域とのつながり、社会とのつながりをもって地域に根差した教育・保育施設であることが望まれているのです。

では、これらの目的を達成するための保育所の目標について考えてみましょう。保育所の目標は「保育の目標」として、「保育所保育指針」第1章1（2）に示されています。

保育所の目標（「保育所保育指針」第1章より抜粋）

ア　保育所は、子どもが生涯にわたる人間形成にとって極めて重要な時期に、その生活時間の大半を過ごす場である。このため、保育所の保育は、子どもが現在を最も良く生き、望ましい未来をつくり出す力の基礎を培うために、次の目標を目指して行わなければならない。

（ア）十分に養護の行き届いた環境の下に、くつろいだ雰囲気の中で子どもの様々な欲求を満たし、生命の保持及び情緒の安定を図ること。

（イ）健康、安全など生活に必要な基本的な習慣や態度を養い、心身の健康の基礎を培うこと。

（ウ）人との関わりの中で、人に対する愛情と信頼感、そして人権を大切にする心を育てるとともに、自主、自立及び協調の態度を養い、道徳性の芽生えを培うこと。

（エ）生命、自然及び社会の事象についての興味や関心を育て、それらに対する豊かな心情や思考力の芽生えを培うこと。

（オ）生活の中で、言葉への興味や関心を育て、話したり、聞いたり、相手の話を理解しようとするなど、言葉の豊かさを養うこと。

（カ）様々な体験を通して、豊かな感性や表現力を育み、創造性の芽生えを培うこと。

以上のように、保育の目標には生涯にわたる生きる力の基礎を培うために、（ア）の養護の側面と、（イ）〜（カ）の教育の側面である5領域（健康、人間関係、環境、言葉、表現）の両方があげられています。このことは、保育所の特性が、養護と教育の一体性としていることから理解できるでしょう。

2　幼稚園の目的と目標

　幼稚園は、「学校教育法」に定められた学校で、文部科学省の管轄となります。幼稚園は、満3歳以上の就学前の子どもが通える教育・保育施設であり、年間教育週数が39週を下回らないように定められています。1日の標準教育時間は4時間とされており、夏休みなどの長期休暇があります。しかし、近年は待機児童解消策の一つとして、2歳児や、在園児の教育時間以外に実施する預かり保育を行っているところが多くなっており、長時間の保育をすることの工夫が重ねられています。

　幼稚園の目的は、「学校教育法」第22条に、「義務教育及びその後の教育の基礎を培うもの」と示されています。この「義務教育及びその後の教育の基礎を培うもの」は、「生きる力の基礎」であり、3つの「育みたい資質・能力」を指しています。

　幼稚園の目標は、「学校教育法」において以下のように掲げられています。以下をみてわかるように、幼稚園の目標は、教育の側面である5領域で示されています。そして、ここで掲げられた目標を、「幼稚園教育要領」において具体的にしたものが、5領域のねらいや内容であり、それを踏まえながら、2017（平成29）年の改訂で小学校とのつながりを意識して整理されたものが「幼児期の終わりまでに育ってほしい姿（10の姿）」です。

> **プラスワン**
>
> 「学校教育法」第22条
>
> 幼稚園は、義務教育及びその後の教育の基礎を培うものとして、幼児を保育し、幼児の健やかな成長のために適当な環境を与えて、その心身の発達を助長することを目的とする。

幼稚園の目標（「学校教育法」第23条より抜粋）

1　健康、安全で幸福な生活のために必要な基本的な習慣を養い、身体諸機能の調和的発達を図ること。
2　集団生活を通じて、喜んでこれに参加する態度を養うとともに家族や身近な人への信頼感を深め、自主、自律及び協同の精神並びに規範意識の芽生えを養うこと。
3　身近な社会生活、生命及び自然に対する興味を養い、それらに対する正しい理解と態度及び思考力の芽生えを養うこと。
4　日常の会話や、絵本、童話等に親しむことを通じて、言葉の使い方を正しく導くとともに、相手の話を理解しようとする態度を養うこと。
5　音楽、身体による表現、造形等に親しむことを通じて、豊かな感性と表現力の芽生えを養うこと。

3　認定こども園の目的と目標

　認定こども園は、先述した保育所と幼稚園の機能をあわせもった施設で、「認定こども園法」の成立により、2006（平成18）年に導入されました。認定こども園のタイプと機能の特徴は、図表1-3のように4つがあげられます。そのうち、幼保連携型認定こども園は、法令上には「学校教育法」に定められた学校と「児童福祉法」に定められた児童福祉施設の双方に位置付けられています。

　幼保連携型認定こども園の目的は、保護者の就労の有無にかかわらず就学前の子どもを受け入れて同じ保育を行うことと、在園する子どもやその保護者だけでなく、地域全体の子育て支援を総合的に提供することです。つまり、保育所や幼稚園以上に地域と密接につながる教育・保育施設であることが理解できるでしょう。

> **プラスワン**
>
> 「認定こども園法」
> 「就学前の子どもに関する教育、保育等の総合的な提供の推進に関する法律」のことを指す。

認定こども園の目標（「就学前の子どもに関する教育、保育等の総合的な提供の推進に関する法律」第9条より抜粋）

1　健康、安全で幸福な生活のために必要な基本的な習慣を養い、身体諸機能の調和的発達を図ること。
2　集団生活を通じて、喜んでこれに参加する態度を養うとともに家族や身近な人への信頼感を深め、自主、自律及び協同の精神並びに規範意識の芽生えを養うこと。
3　身近な社会生活、生命及び自然に対する興味を養い、それらに対する正しい理解と態度及び思考力の芽生えを養うこと。
4　日常の会話や、絵本、童話等に親しむことを通じて、言葉の使い方を正しく導くとともに、相手の話を理解しようとする態度を養うこと。
5　音楽、身体による表現、造形等に親しむことを通じて、豊かな感性と表現力の芽生えを養うこと。
6　快適な生活環境の実現及び子どもと保育教諭その他の職員との信頼関係の構築を通じて、心身の健康の確保及び増進を図ること。

　上記のように、幼保連携型認定こども園の目的を達成するための目標は、「就学前の子どもに関する教育、保育等の総合的な提供の推進に関する法律」第9条において6つ掲げられています。幼稚園の目標と比較するとわかるように、幼保連携型認定こども園の目標は、幼稚園の目標に加えて、6に養護に関する目標が加わったものになっています。

● 図表 1-3　認定こども園のタイプ

幼保連携型	幼稚園型
幼稚園機能と保育所機能の両方をあわせもつ単一の施設として、認定こども園としての機能を果たすタイプ	認可幼稚園が、保育が必要な子どものための保育時間を確保するなど、保育所的な機能を備えて認定こども園としての機能を果たすタイプ

保育所型	地方裁量型
認可保育所が、保育の必要な子ども以外の子どもを受け入れるなど、幼稚園的な機能を備えることで認定こども園としての機能を果たすタイプ	幼稚園・保育所いずれの認可もない地域の教育・保育施設が、認定こども園として必要な機能を果たすタイプ

3　保育の計画と評価の意義

1　保育という営み

わが国における保育という営みは、保育所、幼稚園、認定こども園において日々行われています。そして、その営みは、営みの主体としての子どもとその子どもを尊重し、子どもの心身ともに健やかな成長を願いながら関わる保育者によって、展開されていきます。

この時期の子どもは、発達が未熟な状態で出生し、著しい発達をしていきます。はじめは、上の写真のように大人との応答的で心地よい関わりのなかで欲求を満たしていき、心地よく過ごすことが中心となりますが、身体の発達によって少しずつ自分で動けるようになったり、できることが増えるようになります。また、自己を獲得して、友だちの存在や友だちが自分とは異なる思いをもつことに気づき、そのよさを学びながら仲間関係を築いていくようになるのです。その過程において、子ども自身は心地よさや楽しさ、うれしさなどを感じる一方で、うまくいかなかったり、友だちとの思いのすれ違いからいざこざが起こるなどして、泣いたり、怒ったり、ときには手が出るなどの姿があるでしょう。保育者は、そのような子どもの姿一つひとつを見て、子どもの気持ちを汲み取っていきながら、保育の専門性をもつ大人としてていねいに寄り

添い関わっていくのです。

そうするなかで、子どもは気持ちを立て直したり、友だちの思いに気づいたりしながら、さらなる営みを繰り返していきます。そのやりとりの繰り返しが、子どもが生きる力を培うことにつながっていくのです。このように考えると、保育の場における日々の教育・保育の営みこそが、子どもの輝かしい未来をつくり出しているということがわかります。

2 保育における計画の必要性

では、保育という営みになぜ、計画が必要なのでしょうか。保育は、子どものよりよい成長や発達を目指して行われるものであることはいうまでもありません。そして、それを具体的に目指していくビジョンが、前述したような目的や目標なのです。

このような目的・目標を実現していくために、教育・保育施設および保育者は、今この時期に、子どものどのような姿を大切にしなければならないのか、どの時期にどのような環境を用意することが必要なのか、どのような配慮を必要とするのか、などを明らかにして事前に準備をしたり、保育者がそのような心持ちで関わることへの意識、関わるタイミングを待つなど、しっかりと計画をもって保育を行うことが重要になります。つまり、目的・目標を実現していくための方法や準備、環境構成、保育者の関わり方などを期や月などの期間を定めながら、保育の見通しを明らかにしていくものが保育の計画となります。ここで事例をみていきましょう。

> **事例　仲間関係を築くための保育者の関わり（5歳児クラス・6月）**
>
> 　5歳児クラスのさくら組の子どもたちは23人。担任保育者は2人。子どもたちは、年長になることに期待と不安を感じている様子がありましたが、5月中旬には落ち着きはじめました。その前は、ドンじゃんけん*などのゲームをすると、友だち同士の気持ちのぶつかり合いからいざこざになり言い合う姿が目立ち、時には手が出ることもあったので（現在の子どもたちの姿）、保育者はそれらの背景も踏まえて、そのつど仲立ちをしていくことを積み重ねていきました（現在の保育者の関わり）。
>
> 　2人の保育者は次月の計画の話し合いをしたときに、夏に向けての発達の側面を考えると、仲間関係が築かれていく時期だからこそ、自分の考えを伝えつつも、友だちの思いを理解しながら自分たちで解決していくことが大切なのではないかと考えました。今月からは、まずは子ども同士のやりとりを尊重し、少し遠くで見守りつつ、子ども同士の解決が難しい場面では言葉をかけたり仲立ちしていくというように、担任の保育者同士で共通理解をもちました（計画）。
>
> 　その後、そのような場面があったときには、保育者2人が共通理解をもって関わっていきました。子どもたちは、徐々に自分の思いを伝え合うことや友だちの言葉を聞こうとする姿がみられるようになり、自分たちで解決しようとする気持ちも感じられるようになりました（実践）。

1コマ目　「保育所保育指針」等における保育の目標と計画の考え方

語句説明

ドンじゃんけん

→2つのチームで対戦するゲームで、一本道を双方から走り、鉢合わせをしたらじゃんけんをして勝った人が前に進んでいき、相手の陣地にたどり着いたら勝ちというもの。子どもの発達に合わせて、ぐにゃぐにゃの線にする、線の上にちょっとした階段などの障害物を置くなど、さまざまなアレンジが可能である。

この事例で保育者は、現在の子どもたちの姿をていねいにとらえて、保育者が関わってきた保育の過程（現在の保育者の関わり）を踏まえて、就学前までに育ってほしい姿を見据えながら、今、子どもたちに必要な保育者の関わりがどのようなものかを具体的に示して、担任保育者同士で共通理解をもって次へつなげていくための保育の計画を立案しています。これを実践していくことで、子どもたちに成長がみられたのです。
　もしこれが、保育者同士の共通理解がなく、計画もせずに個々に関わっていたとしたら、子どもたちの成長は期待できなかったことでしょう。このように計画を立てていくことで、子どもたちの成長に見通しをもって関わることができるのです。
　さらには、保育の計画を立てる際に何より大切にしなければならないのが、「子どもの主体性を尊重すること」です。実現させたい保育者の願いを明確にすることは大切ですが、それを最優先させるのではありません。常に目の前の子どもが何をしたいのか、何を思っているのか、何を感じているのかなどを読み取りながら、子どもの最善の利益を考え関わることが最優先になります。保育において保育者は、計画を基盤にしながらも、目の前の子どもの姿や内面の動きをとらえて柔軟に対応していくことが求められており、それらのことを想定しながら計画を立てていくことが必要なのです。

3　保育における評価の必要性

　どんなにすばらしい保育の計画を立てても、それを生かして実践をしていかなければ意味がありません。保育者は、計画に沿って保育を実践していく必要があります。しかし実践においては、先述したように計画どおりにはいかない場合があります。なぜなら子どもの豊かな発想や発見によって、その計画した道すじとは異なる方向に向かうこともありますし、また、計画そのものが目の前の子どもには適切ではなかったことに気づかされる場合もあるからです。
　そこで、保育者は実践してみた結果、今回計画したことが、目の前の子どもたちのよりよい成長や発達を促すことができたのか、ということを振り返っていくことが求められます。たとえば、計画したなかで適切であったことはどんなところか、保育者のどのような言葉かけが遊びの展開につながったかなどについて振り返ります。また、計画として不十分だったとしたら、どのような準備が足りなかったのか、どのような工夫が必要だったのか、子どもに対するどのような配慮が必要だったのかなどを明らかにしていき、具体的な改善策を示していくことが大切です。
　このように、保育者が計画し実践したことを客観的な視点をもって振り返っていくことを保育の評価（図表1-4）といいます。この評価を行うことによって、自分が実践したことを客観的に振り返ることができたり、計画したときや実践しているときには思いもしなかったことに気づいたりすることができます。また、次の計画を立てる際に生かし、子どもの実態に即したよりよい計画の作成を目指すことができるのです。

● 図表1-4　保育の評価

この計画は、子どものよりよい成長や発達を促すことができたか？　＝　**保育の評価**

計画を実践していくなかでどのような工夫が必要だったか？

保育者のどのような言葉かけが遊びの展開につながったか？

子どもに対するどのような配慮が必要だったか？

計画したなかで子どもに適切であったことは何か？

保育者

計画したときに思いもしなかったことやよりよい展開のための改善点などに気づく

次は子どもの実態に即した、よりよい計画を目指すことができる

おさらいテスト

❶ わが国では、就学前の子どもの保育の目標、内容、計画等を[　　　]の形で示している。

❷ 保育には必ず[　　　]がある。

❸ 計画を実践したあとには振り返り、[　　　]をする。

自分で調べよう

自分の住んでいる市区町村の保育の目標や、身近な環境にある保育所、幼稚園、認定こども園の目標を調べてみましょう。

〈保育所〉

〈幼稚園〉

〈認定こども園〉

第1章 保育の計画と評価の基本

実際に計画と評価を経験してみよう

あなたが日常生活のなかで楽しみたいこと、挑戦したいことなどから1つ取り上げて、それに取り組むための計画と、実際に取り組んできたことへの評価をしてみましょう。

① あなたが楽しみたいこと、挑戦したいこと（より具体的に書きましょう）

[　　　　　　　　　　　　　　　　　　　　　　　　　　　　　　　]

② ①に実際に取り組むための計画（事前にしておくべきこと、準備することなど）

[　　　　　　　　　　　　　　　　　　　　　　　　　　　　　　　]

③ ①②を経て、実際に取り組んだことへの評価（取り組んだあとの心の変化、よかったこと、改善点など）

[　　　　　　　　　　　　　　　　　　　　　　　　　　　　　　　]

2コマ目 保育におけるカリキュラムとは

今日のポイント

1. 保育におけるカリキュラムとは、「保育における計画」のことを指す。
2. カリキュラム・マネジメントとは、指導計画の実践・評価・改善を行うことである。
3. 全体的な計画に基づいて指導計画が作成される。

1 カリキュラムとは何か

まず、「カリキュラム」という言葉について考えてみましょう。カリキュラムという言葉は、一般的には「教育内容を学習段階に応じて項目ごとに並べたもの」といわれています。これを保育所、幼稚園、認定こども園に当てはめると、保育者が子どもに「何を、いつ、どのように」経験してほしいか、ということを保育の目的に沿って構成するものであるといえます。つまり、保育におけるカリキュラムとは、「保育における計画」のことであり、子どもの発達や学びの連続性を考慮しながら、目の前の子どもの発達に応じて確実に経験させたい内容を明らかにするとともに、具体的な指導例を示していくものといわれています。

2 保育におけるカリキュラムの考え方

1 主体的、対話的で深い学び（アクティブ・ラーニング）

アクティブ・ラーニングとは、子どもたちがこれからの知識基盤社会＊を生きていくために必要な、生涯にわたる学びの姿勢を支える学習方法です。具体的には、議論やグループワーク、体験学習、調査学習などがあげられます。

アクティブ・ラーニングは近年、小学校以上の学校教育において注目されてきました。今回の3法令の改定（訂）により、保育においても「主体的・対話的で深い学び」という言葉で表され、保育の場で行われることが示されました。このことは、小学校以上の学習方法と就学前までの学びの過程についての共通理解が図られたことを意味しています。これからの保育者

重要語句

知識基盤社会
→21世紀は、新しい知識・情報・技術が政治・経済・文化をはじめ社会のあらゆる領域での活動の基盤として飛躍的に重要性を増す、いわゆる「知識基盤社会」の時代だと言われている。「知識基盤社会」の特質としては、例えば、①知識には国境がなく、グローバル化が一層進む、②知識は日進月歩であり、競争と技術革新が絶え間なく生まれる、③知識の進展は旧来のパラダイムの転換を伴うことが多く、幅広い知識と柔軟な思考力に基づく判断が一層重要になる、④性別や年齢を問わず参画することが促進される、等を挙げることができる（中央教育審議会答申「わが国の高等教育の将来像」2005年）。

● 図表 2-1　主体的・対話的で深い学びの 3 つの視点

主体的な学び	子どもが周囲の環境に興味や関心をもって積極的に働きかけ、見通しをもって粘り強く取り組み、自ら遊びを振り返って、期待をもって次につなげ、主体的な学びの過程が実現できているか。	安定感・安心感　興味や関心　自発性　自己肯定感　好奇心・探求心　持続性・粘り強さ　必要感　振り返り・見通し
対話的な学び	他者との関わりを深めるなかで、自分の思いや考えを表現し、伝え合ったり、考えを出し合ったり、協力したりして対話的な学びの過程が実現できているか。	依存と自立　信頼関係　自己表現　相手への感情・意識　思いの伝え合い　イメージの共有　共感　刺激のし合い　葛藤　内省　折り合い　対話や話し合い　目的の共有　協力
深い学び	直接的・具体的な体験のなかで、対象と関わって心を動かし、幼児なりのやり方やペースで試行錯誤を繰り返し、楽しさや不思議さなどの追求や、問題解決に向けた探求的な深い学びの過程が実現できているか。	感触・感覚・感動　試行錯誤　気付き・発見の喜び　予想・予測・比較・分類・確認　規則性・法則性・関連性等の発見と活用

出典：文部科学省教育課程部会幼児教育部会「アクティブラーニングの三つの視点で踏まえた幼児教育における学びの過程（5歳児後半の時期）のイメージ（たたき台）」2016年、無藤隆編著『ここが変わった！平成29年度告示幼稚園教育要領まるわかりガイド』チャイルド本社、2017年をもとに作成

には、この「主体的な学び」「対話的な学び」「深い学び」という 3 つの視点が、何を示しているのかを理解したうえで保育を実践することが求められています（図表 2-1）。

　しかしながら、就学前の保育においては従来から環境をとおして行う「遊び」のなかで、子どもたちの主体性や意欲を尊重しながら、受容的で応答的な関わりを大切にして、一人ひとりの子どもの学びにつなげてきました。つまり、就学前の保育においては、すでに「主体的・対話的で深い学び」を行っているのです。したがって、今回の改定（訂）においては、これらの重要性が再確認されるとともに、小学校以上の学びとの連続性の重要性を示していると理解しましょう。

2　3 つの「育みたい資質・能力」

　保育においては、子どもの育ちの連続性を踏まえてカリキュラムを考えていくことが大切です。それは、「育みたい資質・能力」が 3 法令だけでなく、小学校、中学校、高等学校などの「学習指導要領*」においても共通の学び・発達の連続性の柱として示されたことからも理解ができます。「保育のねらい及び内容」に基づく活動を設定するときに、目の前の子どもたちに「育みたい資質・能力」を育てるという視点をもつことが大切です。

　では、乳幼児期において、「育みたい資質・能力」とはどのようなものでしょうか。「育みたい資質・能力」は、「知識及び技能の基礎」「思考力・

重要語句

学習指導要領

→全国のどの地域で教育を受けても、一定の水準の教育を受けられるようにするため、文部科学省では、学校教育法等に基づき、各学校で教育課程（カリキュラム）を編成する際の基準を定めている。これを「学習指導要領」という。

● 図表 2-2　3つの「育みたい資質・能力」の定義

3つの柱	定　義
知識及び技能の基礎	遊びや生活の中で、豊かな体験を通じて、何を感じたり、何に気付いたり、何がわかったり、何ができるようになるのか。
思考力・判断力・表現力等の基礎	遊びや生活の中で、気付いたこと、できるようになったこと、なども使いながら、どう考えたり、試したり、工夫したり、表現したりするのか。
学びに向かう力・人間性等	心情、意欲、態度が育つ中で、いかによりよい生活を営むか。

判断力・表現力等の基礎」「学びに向かう力・人間性等」の3つで整理されています（図表 2-2）。これらは小学校になると、「知識・技能」「思考力・判断力・表現力」「学びに向かう力・人間性等」と発展していきます。

3　「幼児期の終わりまでに育ってほしい姿（10の姿）」

　さらに、今回の改定（訂）では、3法令で示される「ねらい及び内容」に基づく活動全体をとおした、幼児期終了時の具体的な姿のイメージとして「幼児期の終わりまでに育ってほしい姿（10の姿）」（以下、10の姿）が示されました（図表 2-3）。

　10の姿は、子ども一人ひとりが「できている」「できていない」といった到達度評価をするものではありません。保育者が日々の保育をするなかで、子どもにどのような経験を保障できているのかが、みずからの保育を振り返り、次につなげる視点を見い出していくためのものです。つまり、10の姿は、「このような方向に向かって保育をすすめていこう」という目安となります。また、10の姿は、保育者が主導して子どもに教えていくものではありません。子ども自身の「これはなんだろう？」「こうしたらどうなるのか？」などの好奇心や探求心から生まれる疑問、思考、挑戦、解決の過程や、創意工夫を重ねていく経験をとおして育んでいくものです。そして、10の姿は、子どもが年長児から就学し、その後も成長・発達していくなかで、遊びにおける学びから自覚的な学びへと連続性をもって移

● 図表 2-3　幼児期の終わりまでに育ってほしい姿（10の姿）

- 健康な心と体
- 自立心
- 協同性
- 道徳性・規範意識の芽生え
- 社会生活との関わり
- 思考力の芽生え
- 自然との関わり・生命尊重
- 数量・図形、文字等への関心・感覚
- 言葉による伝え合い
- 豊かな感性と表現

出典：文部科学省「中央教育審議会幼児教育部会取りまとめ（案）」資料、2016年

行していく通過点となるものです。よって、小学校へ子どもたちの乳幼児期の育ちと学びを伝える際にも10の姿を活用していくことが望まれます。

以上で学んできた就学前教育と小学校以降の教育との関連性については、図表2-4にまとめてありますので、確認しましょう。

3 カリキュラム・マネジメント

1 カリキュラム・マネジメントとは

2017（平成29）年4月に告示された「幼稚園教育要領」（以下、要領）および「幼保連携型認定こども園教育・保育要領」（以下、教育・保育要領）の第1章「総則」に、カリキュラム・マネジメントという考え方が示されました。

カリキュラム・マネジメントとは、5領域のねらい及び内容を相互に関連させながら、乳幼児期に「育みたい資質・能力」の実現に向けて、教育課程を編成し、指導計画の実践・評価・改善を行うことです。なお、5領域は、今回の3法令の改定（訂）により、乳児期については発達が未熟であるがゆえに5領域で示すことは難しく、混沌としていることから「乳児保育の3つの視点」、1歳以上3歳未満児についてはこの時期の子どもに合わせて整理された「5領域」となり、3歳以上児は従来と同じ「5領域」となりました（図表2-5）。

カリキュラム・マネジメントの必要性は、以下の3つがあります。1つ目は、就学前教育は、「環境を通して行うこと」を基本とすることです。子どもの様子や状況に応じて柔軟に対応していくことが求められるため、実態に即した柔軟で細やかなカリキュラム・マネジメントが必要になります。

2つ目は、就学前教育は、家庭との連携が必要不可欠であることです。よって、子どもが過ごす家庭と教育・保育施設の場における連続性を大切にする必要があります。

3つ目は、教育・保育施設が子育て支援や預かり保育など、教育以外の活動を行っていることです。それぞれの計画を関連させながら、一体的に展開していくことが必要となります。

2 カリキュラム・マネジメントのポイント

カリキュラム・マネジメントのポイントは、以下の3つがあげられます。

❶ 保育の目標の設定やねらい、内容の組織化

計画を立案する際には、10の姿を踏まえて、小学校以上の学びの連続性も留意しながら、適切なカリキュラムを編成していきます。その際、全職員における共通理解のもとで、その園の保育目標や地域の実態などを踏まえて適切に編成し組織化していくことが大切です。

プラスワン

「保育所保育指針」におけるカリキュラム・マネジメント

「保育所保育指針」においては、カリキュラム・マネジメントという言葉はないが、第1章3「保育の計画及び評価」に同様の内容が示されている。

● 図表 2-4 就学前教育と小学校以降の教育との関連性

| 知識・技能 | 思考力・判断力・表現力等 | 学びに向かう力・人間性等 |

小学校

スタートカリキュラム

6歳

幼児期の終わりまでに育ってほしい姿（10の姿）

5歳

アプローチカリキュラム

知識・技能の基礎
（遊びや生活の中で、豊かな体験を通じて、何を感じたり、何に気付いたり、何が分かったり、何ができるようになるのか）

- 基本的な生活習慣や生活に必要な技能の獲得
- 身体感覚の育成
- 規則性、法則性、関連性等の発見
- 様々な気付き、発見の喜び
- 日常生活に必要な言葉の理解
- 多様な動きや芸術表現のための基礎的な技術の獲得　等

遊びを通しての
総合的な指導

- 試行錯誤、工夫
- 予想、予測、比較、分類、確認
- 他の幼児の考えなどに触れ、新しい考えを生み出す喜びや楽しさ
- 言葉による表現、伝え合い
- 振り返り、次への見通し
- 自分なりの表現
- 表現する喜び　等

- 思いやり　・安定した情緒
- 自信　・相手の気持ちの受容
- 好奇心、探究心
- 葛藤、自分との向き合い、折り合い
- 話し合い、目的の共有、協力
- 色・形・音等の美しさや面白さに対する感覚
- 自然現象や社会現象への関心　等

思考力・判断力・表現力の基礎
（遊びや生活の中で、気付いたこと、できるようになったことなども使いながら、どう考えたり、試したり、工夫したり、表現したりするか）

学びに向かう力・人間性等
（心情、意欲、態度が育つ中で、いかによりよい生活を営むか）

3つの円の中で例示される資質・能力は、5つの領域の「ねらい及び内容」及び「幼児期の終わりまでに育ってほしい姿」から主なものを取り出し、便宜的に分けたものである。

就学前教育（環境を通して行う）

3歳
0歳

保育所　　　　　　　幼稚園　　　　　　　認定こども園

出典：文部科学省教育課程部会「幼児教育において育みたい資質・能力の整理」をもとに作成

● 図表 2-5　成長に伴った教育の側面の流れ

乳児保育に関わるねらい及び内容
・健やかに伸び伸びと育つ ⇒主に5領域の「健康」に該当する視点 ・身近な人と気持ちが通じ合う ⇒主に5領域の「人間関係」と「言葉」に該当する視点 ・身近なものと関わり感性が育つ ⇒主に5領域の「環境」と「表現」に該当する視点

↓

1歳以上3歳未満児の保育に関わるねらい及び内容
新たに設けられた5領域「健康」・「人間関係」・「環境」・「言葉」・「表現」

↓

3歳以上児の保育に関わるねらい及び内容
以前より示されてきた5領域「健康」・「人間関係」・「環境」・「言葉」・「表現」

● 図表 2-6　PDCAサイクル

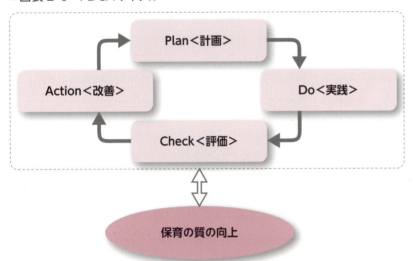

❷ PDCAサイクルの確立

　PDCAサイクルとは、PはPlan（計画）、DはDo（実行）、CはCheck（評価）、AはAction（改善）を意味しており、質の改善や向上を目指すために導入された考え方です（図表2-6）。この考え方は、保育のなかでも活用されており、今回の改定によって「保育所保育指針」においても明確に示されることになりました。保育におけるPDCAサイクルは、計画・実践・評価・改善の4つで表されており、教育・保育の質の向上につなげていくための手立てとして用いられています。

❸ 保育における必要な各資源の活用

　就学前教育は、「環境を通して行うもの」であるため、人的・物的資源などを、地域などの外部の資源を含めて活用しながら、効果的に組み合わせていくことが求められます。教育・保育施設内における資源とは、職員、

施設建物、予算などがあげられ、教育・保育施設外における資源は、地域の人々、公園、他施設、他の関係機関などがあげられます。

　以上、3つの側面を説明してきましたが、これは保育者一人で行うものではないことはいうまでもありません。園長がリーダーシップをとりながら、全職員が同じ方向性を向いて取り組んでいくことが必要不可欠です。一人ひとりの保育者で取り組むこと、全職員で取り組んでいくことなどそれぞれ多くの取り組みがあるなかで、職員同士が連携をとりながらカリキュラム・マネジメントを行っていく自覚をもつ姿勢が必要となります。

　また、「保育所保育指針」においてはカリキュラム・マネジメントという言葉では示されていませんが、幼稚園および認定こども園と同様に実施されています。3つの教育・保育施設が同じ姿勢をもち続けて、質の向上に努力していくことが今後より一層望まれています。

4　全体的な計画について

　2017（平成29）年改定（訂）の3法令において、「全体的な計画」の作成が義務づけられるようになりました。全体的な計画とは、各教育・保育施設における一番大きなカリキュラムであるという点は共通ですが、各教育・保育施設の特性を考慮し、その位置付けはそれぞれ異なっています。

1　「保育所保育指針」における全体的な計画

　「保育所保育指針」で示されている全体的な計画は、改定前の保育課程と同様の位置づけとなります。つまり、保育所における全体的な計画とは、保育の目標を達成するために、各保育所の保育の方針や目標に基づき、子どもの発達過程を踏まえて組織的・計画的に構成される、生活全体をとおして総合的に展開される計画のことをいいます。また、全体的な計画は図表2-7で示すとおり、保育所保育の全体像を包括的に示すものであり、これに基づく指導計画、保健計画、食育計画などを通じて、各保育所が創意工夫して保育できるように作成します。

2　「幼稚園教育要領」における全体的な計画

　「幼稚園教育要領」で示されている全体的な計画は、教育課程*とその他の計画を組み合わせたものです。そして、教育課程、教育課程に係る教育時間の終了後などに行う教育活動、学校保健計画、学校安全計画などを関連させて、一体的に教育活動が展開されるような計画となります。また、教育活動の展開だけでなく、園の管理や運営についての計画も含む広い内容を含んでいることが大きな特徴といえるでしょう。

重要語句

教育課程

→教育課程は、各幼稚園の教育理念や目標をより具体的に明示したものであり、それぞれの園の実情に応じて独自に編成するものである。これをさらに具体化したものが指導計画となる。

3 「幼保連携型認定こども園教育・保育要領」における全体的な計画

「幼保連携型認定こども園教育・保育要領」で示されている全体的な計画は、「教育及び保育の内容に関する計画」と「子育ての支援*に関する計画」を含めた計画として位置づけられています。教育と保育を一体的にとらえて、園児の入園から修了までの在園期間の全体にわたり、幼保連携型認定こども園の目標に向かってどのような過程をたどって教育及び保育をすすめていくのかを明らかにするための計画です。これに基づいて教育および保育の内容、食育の計画、保健計画、安全計画、子育て支援などの計画が作成されます。このように見てみると、やや「保育所保育指針」の全体的な計画の位置づけに近いものとなっています。

重要語句

子育ての支援
→子育ての支援は、3法令共通に示されたものであるが、幼保連携型認定こども園においては、認定こども園法で在園児および地域の保護者に対する子育ての支援が義務づけられている。

5　全体的な計画と指導計画

　教育課程や全体的な計画に基づいて、保育者が組織的かつ計画的に自分の園、あるいは自分が担当するクラスの具体的な保育を適切に展開されるよう示したものを、<u>指導計画</u>といいます。「保育所保育指針」においては、指導計画とは子どもの生活や発達を見通した長期的な指導計画と、それに関連しながらより具体的な子どもの日々の生活に即した短期的な指導計画に分けられるとしています（図表 2-7）。

　長期的な計画とは、年度初めから年度末にかけての計画である<u>年間指導計画</u>、年間指導計画に基づいて、期ごとに具体化していく<u>期間指導計画（期案）</u>、期間指導計画に基づいて月ごとに具体化していく<u>月間指導計画（月案）</u>

● 図表 2-7　教育課程・全体的な計画と指導計画の関係性

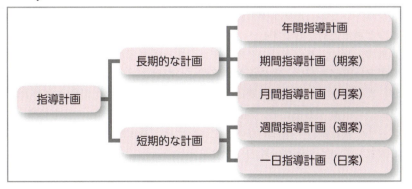

を指します。長期的であるため、保育の目標に向かっていくための大筋を示した大まかな計画ではありますが、園の特徴を生かして、目の前の子どもたちの育ちをしっかりと見通して計画していくことが大切です。

短期的な計画とは、月間指導計画に基づいて週ごとに具体化していく週間指導計画（週案）、週間指導計画に基づいて具体化していく一日指導計画（日案）を指します。日々、保育を実践する保育者にとっては、この短期的な計画が身近な指導計画であり、特に一日指導計画（日案）は、目の前の子どもたちの姿に密着した、一番身近な計画といえるでしょう。

一日指導計画は、その日はどのような活動を中心に実践していくのか、その活動の環境構成や準備物は何か、そのときの保育者の具体的な援助はどのようなものか、個別に配慮を必要とすることは何かなど、保育者と目の前の子どもの保育の具体的な営みと、それを支えていく視点をもって作成します。

それぞれの計画を立てていく際には、目の前の子どもの様子をとらえて柔軟に計画し、時には修正を加えていく必要性があります。計画は、あくまでも保育について見通しを示したものです。子どもの実態に即して修正することを、よりよい計画を立てるために前向きな取り組みとしてとらえて、保育について柔軟に考えていく姿勢が大切になります。

また、「保育所保育指針」においては、第1章「総則」2に「養護に関する基本的事項」が示されました。保育所の特性は、「養護及び教育を一体的に行うこと」を基本としています。「養護」を最重要の基盤として冒頭の「総則」に位置づけることで、養護の十分に行き届いた環境のもとに教育があるということを示しています。保育所においては、このことを踏まえながら計画していくことが重要になります。

6 全体的な計画・教育課程と指導計画の評価

全体的な計画・教育課程と指導計画の評価は、その計画の種類によって異なります。しかし、図表2-8をみてわかるように、これらはすべて関連し合っているため、1つの計画が独立して評価されることはありません。たとえば一日指導計画における評価の積み重ねが週間指導計画の評価につながっていくし、週間指導計画の評価の積み重ねは、月間指導計画の評価につながっていくのです。

指導計画は、それぞれのクラスを担当する保育者が作成するため、各期間ごとに評価を行い、次の保育の実践につなげていける直接的なものですが、教育課程・全体的な計画は、教育・保育施設において計画された大きな規模の計画であるため、短期間における評価は難しいとされています。よって、教育課程・全体的な計画については、基本的に数年ごとに評価して改善していくことが一般的になります。

プラスワン

短期的な計画
そのほか、週案に日ごとの過ごし方が加えられた週日案もある。
→レッスン4、13

● 図表 2-8 教育課程・全体的な計画と指導計画における評価

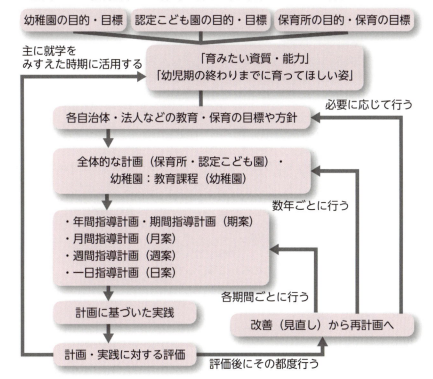

7 小学校教育とつながるための「アプローチカリキュラム」と「スタートカリキュラム」

　今回の改定（訂）で、就学前教育と小学校教育の学びの連続性の重要性が示され、その接続をよりていねいに行っていくことが必要であることが示されました。

　小学校では、就学前の遊びや生活を基盤として、主体的に自己を発揮し、新しい学校生活をつくり出していくための「スタートカリキュラム」というものがあります。それを受けて、教育・保育施設においては、できれば小学校に入る年長児の4月から長期的な見通しをもって行う準備、それが難しい状況であっても遅くとも10月くらいからの準備、そして1月から3月に焦点をあてて作成するカリキュラムを作成し、便宜上、「アプローチカリキュラム」と呼んで実施していくことが望まれています。これによって、学びの芽生えから自覚的な学びへの連続性をつくり出していくことが期待されます（図表2-9）。これを実現するためには、教育・保育施設と小学校が、「～までに～できるようにしてほしい」といった要求を一方的にしてしまっては、意味がありません。互いにできることや行っていくべきことにしっかり取り組んでいくことが大前提となります。また、保育者は小学校以降の教育を、小学校教諭は就学前教育を互いに知り合い、学び合っていく姿勢が重要になります。

● 図表 2-9　アプローチカリキュラムとスタートカリキュラムの関係性

教育・保育施設	小学校
小学校生活の準備とともに乳幼児期の育ちを踏まえ、小学校にもわかるように教育・保育施設が説明責任をもって接続を図る	小学校入学後、子どもが教育・保育施設の遊びや生活をとおした学びと育ちを基盤とし、主体的に自己を発揮し、新しい学校生活をつくり出す
→	→
アプローチカリキュラム	スタートカリキュラム
学びの芽生え	自覚的な学び

卒園　入学

なめらかに移行していく

おさらいテスト

❶ 幼児教育におけるカリキュラムとは、「[　　　]」のことを指す。
❷ カリキュラム・マネジメントとは、指導計画の[　　]・評価・[　　]を行うことである。
❸ [　　　]に基づいて指導計画が作成される。

演習課題

カリキュラムについて調べてみよう

①幼児期の終わりまでに育ってほしい姿（10の姿）が示された目的を説明しましょう。

[   ]

②カリキュラム・マネジメントを実施するうえでのポイントを3つ示して、説明してみましょう。

[   ]

③あなたの身近な幼稚園・保育所・幼保連携型認定こども園それぞれの全体的な計画を学生同士で集めて、具体的にどのような違いがあるのか話し合ってみましょう。

[   ]

➡ ①の解答例は202ページ

3コマ目 子ども理解に基づくPDCAサイクルの循環

今日のポイント

1. 指導計画の基盤には子ども理解がある。
2. 教育・保育施設では子どもの「個」と「集団」の力が育まれる。
3. 子どもの理解の過程はPDCAサイクルに当てはめることができる。

1 子どもの理解

　指導計画とは、子どもの発達の状況や、子どもの興味・関心、子ども同士の関わりなどを踏まえて、子どもに経験してほしいことなどを具体的に取り入れて立てていくものであるということを、ここまでで学んできました。それを支えていくために最も重要な基盤は、保育者が「子どもを理解する」ということです。

　子どもを理解していくためには、保育者は目の前の子どもが何を思い、考えているのか、なぜそのような行動をとるのかなどを推し量り、必要となる指導や援助は何かを考えながら、関わることが必要になります。また、保育者は、子ども一人ひとりの性格や状況に合わせて、タイミングや言葉のかけ方などを工夫して関わることが大切です。よって、保育者には一人ひとりの子どもの姿や、思いの一瞬一瞬を把握していくことが求められるのです。

1 子どもの何を理解するのか

　では、子どもを理解するためには、まず何を理解することが大切なのでしょうか。ここでは、そのことについて整理していきましょう。

❶ 子どもの生育環境や生活状況を知る

　子どもは、一人ひとり育ってきた環境、家庭での生活の様子が異なるものです。そしてそのことは、子どもの現在の姿に大きく影響しているので、子どもを理解する第一歩としてそれらの情報を収集していくことは、とても大切なことです。

　子どものこれまでの環境については、入園時の調査書などからわかります。具体的には、対象となる子どもの家族構成や保護者の状況（就労や健康状態など）、住んでいる地域環境、子ども自身の発達状況や家庭にお

ける生活リズム、基本的生活習慣（食事・睡眠・排泄・着脱・清潔など）、家庭での好きな遊びなどから、子どものこれまでの姿を知ることができます。

また、子ども自身だけでなく、子どもにとって一番身近な存在である保護者についての情報も重要です。保育者が保護者とコミュニケーションをとるなかで、保護者の育児に対する思いや不安などについて理解することができ、子どもがこれまでにどのような大人に支えられ、成長してきたのかがわかります。

進級児の担当保育者になった場合には、入園時の情報とあわせて、前任の保育者に様子を聞いたり、児童票*などから新たな情報を収集したりすることが大切です。

❷ 現在の子どもの発達状況を理解する

子どもは、日々発達して成長していきます。昨日までできなかったことが、今日はできるようになることもたくさんあります。保育者は、一人ひとりの子どもの発達が現在、どのような状況にあるのかをその都度ていねいに把握する必要があります。

たとえば、手遊びをとおして自分の手指をグー、チョキ、パーの形にできるようになり、繰り返し手遊びを楽しんでいる2歳児がいたとします。しかし、グーが石、チョキがはさみ、パーが紙、というように手の形とものが結びついているわけではありません。では、この発達状況を理解した保育者は、この段階の子どもが、この手指の動きをより楽しめるために、どのようにしたらよいのでしょうか。たとえば、じゃんけんはできない、と決めつけずに「先生と同じ手の形になるかな？　じゃんけんぽん！」といって、楽しむことも可能です。つまり、目の前の子どもの発達状況を理解することで、いくらでも保育の工夫ができるとともに、その配慮も明確になるのです。

さらに、保育者の「この子どもはいつも〜である」といった思い込みは、子どもが新たに成長した姿を見逃すことにつながる場合もあります。常に新鮮な目をもち、多方面から子どもの発達状況を理解することが大切です。また、乳幼児期の発達は、個人差や月齢差が著しい時期であるということも念頭に入れていく必要があります。

❸ 現在の子どもの興味・関心はどのようなことにあるのか

これまで保育は、子どもの興味・関心にあわせて展開していくことが望ましいということを述べてきました。だからこそ、現在の子どもの興味・関心はどのようなことにあるのかについて、保育者自身が日々の保育のなかで探っていくことが必要です。そのためには、子どもの行動や言葉、友だちとの人間関係などをよく観察していくことが大切です。また、子どもの興味・関心をより高めていくためには、保育者がタイミングよく言葉をかけたり、働きかけたりすることが求められます。

❹ 現在の子どもの気持ち（内面）やその変化について読み取る

人間の子どもは未熟な状態で出生し、発達している途中であるがゆえに、自分の気持ちを大人にわかるように正確に言葉などで表すことができませ

重要語句

児童票
→在園中の子どもの育ちを定期的に記す資料。

3コマ目　子ども理解に基づくPDCAサイクルの循環

●図表 3-1　子ども理解のポイント
〈子どもの何を理解するのか〉

ん。また、同じ1つの場面であっても、子ども一人ひとりの受け取り方は異なります。ドキドキして目をつぶってしまう子どももいれば、興味津々で何が起こったのかを必死に見ようとする子どももいます。さらに、子どもによっては言葉に表そうとしない思いや感情もあるでしょう。

したがって、保育者は子どもの表情や仕草、動き、言葉などから、その行為の意味なども含めて、子どもの気持ち（内面）をていねいに読み取っていくことが求められます。

さらには、保育者やほかの子どもとのやりとりのなかから、子どもの気持ち（内面）に変化がみられることもあるでしょう。その変化についても、繰り返していねいに読み取っていくことが大切です。それによって、子どもが今何を望んでいるのかということの理解にもつながっていくのです。

以上をまとめると、図表3-1になります。

2　「個」としての子どもと「集団」としての子ども

教育・保育施設における保育は、集団で行われることが基本となります。在園する子どもの各年齢の人数によって、保育者が配置されるため、常に1対1で関わることは難しい状況です。そのために、保育者は、一人ひとりの子どもを大切に保育することを意識して、目の前の子どもに合わせた関わりを大切にしながらも、集団で過ごす場という特徴も生かしていく必要があります。

現在、子どもを取り巻く社会的状況を踏まえると、子どもが集団で遊ぶ機会は減少し、同年齢同士あるいは異年齢の子ども同士で関わる環境が乏しい状況にあります。よって、集団で過ごす場である教育・保育施設は、子ども同士の関わりにより仲間意識が芽生え、協力したり、何かをつくり上げていったりする楽しさを感じることができる貴重な場であり、大きな

● 図表 3-2 「個」としての子どもと「集団」としての子ども

役割を担っているといえます。
　教育・保育施設は、子どもに「個」の育ちと「集団」の育ちという、相対しながらも互いが絡み合う要素が育まれる場所であることを、保育者は理解していく必要があります（図表 3-2）。よって、常に「1 人の子ども」の姿を見ながら、その子どもの周囲の子どもたちの姿もとらえて、総合的に保育について考えていくことが重要です。
　以上のように考えると、子どもの理解は、目の前の子どもの出生から現在に至るまでのさまざまな側面の過程を知りながら、目の前にいる子どもの存在そのものを認めて、関わることから始まるということが理解できるでしょう。そして、保育者はそれらのことを 1 人の子どもだけではなく、自分が担当する多くの子どもである、集団としての子どもについて行っていくわけですから、けっして容易なことではありません。しかし、子どもを理解するということは、保育者にとって欠かせないことであり、子どもの健やかな成長を保障する関わりであることと認識して、努力を積み重ねていくことが何より重要となります。

2　子どもの理解に基づくPDCAサイクル

　子どもをより深く理解していくためには、日々の保育において、保育者が関わっていく積み重ねが必要不可欠です。具体的には、生活や活動において、その都度子どもの理解に基づきながら実践を行い、その実践を振り返ったり、子どもの気持ち（内面）の変化や育ちを明らかにしたりしつつ、明日の保育をどのように計画して、つなげていくかを考えていきます。つまり、子どもをより深く理解していくための過程には、前述したPDCAサイクルを当てはめることができます。では、子どもの理解に基づくPDCAサイクルを、事例をもとにして具体的に考えていきましょう。

| 事例 | 心ゆれるMちゃん（3歳児） |

① 　Mちゃんは、いつも7時半に機嫌よく母親と手をつないで登園してきます。そして、「いってらっしゃい、バイバイ！」といいながら、保育者と一緒に見送ることが日課となっていました。園ではとても機嫌よく過ごし、友だちと関わりながら遊んでいる姿がみられました。最近では、母親が買ってくれた折り紙が気に入って、ときおり母親と一緒に折った作品を保育者に見せてくれることもありました。

　母親は第二子を授り、産休に入りました。保育時間が変わり、9時の登園となると、Mちゃんは、不安そうに機嫌悪く登園することが多くなりました。時には、大泣きしながら登園することもありました。保育者は1対1で抱っこして受け入れることが続きました。母親も家で過ごせるときは休ませて一緒に過ごすことにしました。登園後は、気持ちが落ち着くまでに時間がかかりますが、落ち着くと友だちと関わり、遊ぶこともできるようになりました。

② 　保育者は、母親の産休によって、Mちゃんの生活リズムが変わり、もうすぐ妹か弟が生まれることをMちゃんなりに理解をして、不安になっているのではないかと推測しました。また、母親が自分のことを見ていてくれるか心配していることも考えられます。しかし、Mちゃんはずっと泣いているわけではなく、落ち着くとしたい遊びができるので、Mちゃんが興味・関心のあるものを用意して、気持ちよく保育園の生活をスタートできるように考えました。

③ 　そこで保育者は、Mちゃんが自分によく見せてくれていた折り紙に注目しました。Mちゃんが登園したときに、1対1で関わるなかで遊べるよう、折り紙を用意することにしました。

④ 　翌日、Mちゃんが登園すると、やはりいつものようにかたい表情でした。すぐに保育者がMちゃんに折り紙を見せながら「先生と折り紙しようか。折ったらお母さんにプレゼントしよう」というと、Mちゃんの表情は明るくなり、すぐに「先生は何折るの？　Mちゃんはチューリップできるよ」などと話しながら、機嫌よく遊びはじめました。そのMちゃんの姿を見たクラスの友だちも「やりたい」と伝えてきて、一緒に折り紙をするようになりました。Mちゃんは、友だちに笑顔で友だちにチューリップの折り方を教えていました。

⑤ 　保育者は、Mちゃんを折り紙で遊ぶことに誘い、気持ちよく保育園の生活をスタートすることができたことをうれしく感じました。また、折り紙をほかの子どもも興味をもって取り組もうとする姿がみられたことは、新たな遊びの展開につながっていくのではないかと感じました。そして、Mちゃんが友だちに大好きな折り紙を教えていくことで、Mちゃんの自信にもつながっていくのではないかと考えました。

⑥ 　保育者は、保育室に自由に折り紙ができるよう、翌日に折り紙コーナーを設定してみることにしました。

　この事例は、①～⑥で示したように6つの区分ができます。それぞれについて考えてみましょう。

> **プラスワン**
>
> **産休**
> 出産予定日の6週間前（双子以上の場合は14週間前）から請求する産前休業をいい、出産翌日から8週間就業ができない期間を産後休業という（ただし、産後6週間を過ぎた後、本人が請求し、医師が認めた場合は就業できる）。この2つの休暇を一般的に「産休」と呼んでいる。

①子どもの実態を把握する

Mちゃんの現在の姿です。Mちゃんは母親の産休という事実によって、生活リズムが変わり、もうすぐ妹か弟が生まれるという複雑な思いを抱えており、気持ちを上手に切り替えられないということがわかります。

②子どもの気持ち（内面）を読み取る

保育者は、なぜ今まで機嫌よく登園していたMちゃんにこのような大きな変化が起こったのかについて、気持ち（内面）の動きを読み取り、推測しています。そして、落ち着けば遊ぶことができているMちゃんの姿にも注目し、気持ちよく園生活をスタートしていくことの重要性を確認しています。

③子どもの遊びを計画する

保育者は、ここでMちゃんが好きな折り紙に注目して、折り紙を用意して遊べるように計画しました。しかし、この計画に沿って、Mちゃんが折り紙に興味をもってくれるかは、そのときにならないとわかりません。Mちゃんの気持ち（内面）を読み取った結果として、まずは計画して実践してみることが重要といえます。

④計画したことを実践する

保育者は、用意をした折り紙をMちゃんに見せて、誘ってみました。するとMちゃんは明るい表情になり、折り紙を始めました。そして、友だちに折り方を教える様子もみられ、楽しい時間をつくることができました。

⑤実践を振り返り評価する

保育者が折り紙を用意して遊びに誘うことによって、Mちゃんにとって楽しい時間をつくることができたことは、計画のとおりです。しかし、計画の時点では予測できなかったこともありました。それは、ほかの子どもも折り紙に興味をもって取り組むきっかけになったことです。Mちゃんは友だちと関わりながら、折り紙をするという楽しい経験をすることができました。

⑥評価から改善していく

そこで保育者は、Mちゃんだけが登園時の楽しみとしての折り紙をするではなく、折り紙に興味をもった子どもたちがいつでも楽しめるのように折り紙を用意して、さらにコーナーを設定することを計画したのです。

以上をPDCAサイクルに当てはめると、図表3-3のようになります。

⑥以降では、改善策とそのときの子どもの発達状況や思い・考えも踏まえて、再計画がなされ、実践が行われ評価を行い、再計画される、ということが繰り返し行われていきます。

このように、子どもを理解するということは、結果的に保育を目の前の子どもに即したものにしていくことになり、保育の質の向上につながっていきます。だからこそ、子どもを理解することがとても重要であり、保育者の専門性の1つといえるのです。

●図表 3-3　保育の PDCA サイクル

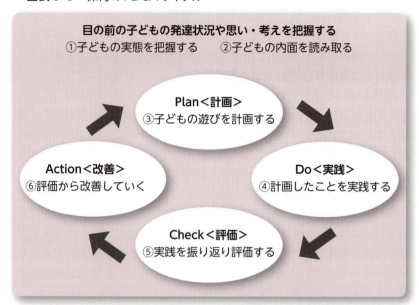

3　個別の支援計画としての活用

　教育・保育施設には、さまざまな子どもが通っています。新しいことを保育で取り入れていく際にも、不安がることなく活動に参加する子どももいれば、全体像がとらえられずに慎重になる子どももいます。

　そのようななかで、子どもの状況に応じて個別の指導計画を必要とする場合も出てくることがあります。その際にも、子どもを理解することを軸にして作成していくとよいでしょう。そうすることで、今まで理解できなかった目の前の子どもの見えない思いや考えがわかるようになったり、子どもの行為の意味にも気づいたりすることができるでしょう。保育者が子どもの育ちに見通しをもちながら、どのように関わることが望ましいのか、必要な環境構成はどのようなものなのかを理解して計画することが大切です。

おさらいテスト

❶ 指導計画の基盤には [　　　] がある。
❷ 教育・保育施設では子どもの「個」と「[　　　]」の力が育まれる。
❸ 子どもの理解の過程は [　　　　] に当てはめることができる。

演習課題

子ども理解について考えてみよう

①なぜ、保育者は子どもの理解が必要なのでしょうか。まとめてみましょう。

②あなたの身近な場所で出会う子どもは、今、どのように過ごしたり、遊んだりしていますか。子どもの様子を見て、子どもの気持ちを推測してみましょう。
＊子どもがどのように過ごしているか、遊んでいるかを具体的に記してみましょう

＊子どもの様子から子どもの気持ちを推測してみましょう

第2章

保育の計画とは
どのようなものか

この章では、保育の計画について具体的にみていきます。0・1・2歳児と3歳以上児の長期の指導計画、短期の指導計画の作成の仕方について学びましょう。
また、指導計画を作成するうえでの留意事項についても理解していきましょう。

4コマ目	全体的な計画とは	42
5コマ目	長期的な指導計画の作成（0・1・2歳児）	54
6コマ目	長期的な指導計画の作成（3歳以上児）	70
7コマ目	短期的な指導計画の作成（0・1・2歳児）	80
8コマ目	短期的な指導計画の作成（3歳以上児）	94
9コマ目	指導計画作成上の留意事項（0・1・2歳児）	114
10コマ目	指導計画作成上の留意事項（3歳以上児）	132
11コマ目	指導計画作成上の留意事項（異年齢）	144
12コマ目	指導計画に基づく保育の柔軟な展開	154

4コマ目

全体的な計画とは

今日のポイント

1. 全体的な計画は、その園の保育の全体像を示している。
2. 全体的な計画は、保育時間や在籍期間の長短にかかわらず、すべての子どもを対象とする。
3. 保育所のすべての計画が全体的な計画をもとに作成されている。

1　全体的な計画とは何か

1　保育者の子どもへの関わりには理由がある

　皆さんは子どもと接するとき、どんな思いをもちますか。元気よく遊んでほしい、友だちと仲よくしてほしいなど、何かしらの願いをもつと思います。その願いはどこからきたものでしょうか。それは、皆さんの子ども時代の経験や、現在の生活のなかで大切だと思う事柄となんとなくつながっているのではないでしょうか。

　保育の専門家である保育者の場合は、皆さんとは少し違います。保育者の、子ども一人ひとりにこんなふうに育ってほしい、こんな経験をしてほしいという願いは、保育者のこれまでの人生経験や保育経験から生まれたものだけではなく、目指す子どもの姿（保育目標）と目の前の子どもたちの姿から、筋道を立てて考えられたものです。

　保育はチームで行います。園で暮らす子どもたちの豊かな生活と育ちを保障するためには、保育者がどのようなことを大切にして保育をするのか、子どもたちにはどんなふうに育ってほしいのかという基本的な事柄について、園で共通の認識をもっている必要があります。そのため、各教育・保育施設には保育方針や保育目標があります。保育者はその目標や方針をよりどころにし、目の前の子どもにこんなふうに育ってほしいという願いをもちながら、そのときどきの関わり方の判断を行っています。

保育者の言葉や関わりには、根拠があるのですね。

2　全体的な計画が示しているもの

　保育目標や保育方針は、全体的な計画に示されています。全体的な計画とは、各保育所の保育目標に向かって、入園から卒園までどのように養護と教育が一体となった保育を進めていくのかという道筋を表したものです。

　子どもから見ると、入園から卒園までの保育所での生活のなかで、どの

●図表 4-1　全体的な計画が示しているもの

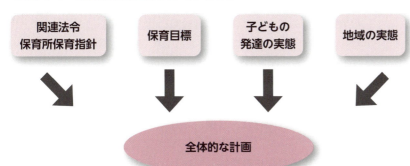

ような経験をしていくのかという道筋ということになります。全体的な計画は、「児童福祉法」及び関連法令、「保育所保育指針」「児童の権利に関する条約」などとともに各保育所の保育方針を踏まえて、各園に1つ作成されます。園ごとに作成されるものなので、在園する子どもたちの実態や、園の規模、地域の生活条件や環境に即した園の特色が反映されるものになっています（図表 4-1）。

記載の様式は各園に任されていますが、「保育所保育指針」に沿って作成されますので、内容の項目はどの園でもおおむね共通しています。

「保育所保育指針」第1章3「保育の計画及び評価」では、全体的な計画について、以下のように規定しています（赤文字は筆者による）。

> (1) 全体的な計画の作成
> ア　保育所は、（中略）保育の目標を達成するために、各保育所の保育の方針や目標に基づき、子どもの発達過程を踏まえて、保育の内容が組織的・計画的に構成され、保育所の生活の全体を通して、総合的に展開されるよう、全体的な計画を作成しなければならない。
> イ　全体的な計画は、子どもや家庭の状況、地域の実態、保育時間などを考慮し、子どもの育ちに関する長期的見通しをもって適切に作成されなければならない。
> ウ　全体的な計画は、保育所保育の全体像を包括的に示すものとし、これに基づく指導計画、保健計画*、食育計画*等を通じて、各保育所が創意工夫して保育できるよう、作成されなければならない。

全体的な計画は、その園の保育の全体像を包括的に示すもので、すべての指導計画のよりどころになるものです。また、保育時間や在籍期間の長短にかかわらず、すべての子どもの園生活を表すものになっています。

さらに、「保育所保育指針解説」には、全体的な計画の手順について、次のように記されています。

園に通う子どもたちの家庭での過ごし方の特徴や、保護者の意向の傾向、周辺環境など、園によって違いがありますよね。

重要語句

保健計画
→子どもの心身の健康の保持増進を図るための計画。

食育計画
→乳幼児期にふさわしい食生活が展開されるための援助や、乳幼児に必要な食をとおしての経験を示した計画。

> 全体的な計画作成の手順について（参考例）
> 1）保育所保育の基本について、職員間の共通理解を図る。
> ・児童福祉法や児童の権利に関する条約*等、関係法令を理解する。
> ・保育所保育指針、保育所保育指針解説の内容を理解する。
> 2）乳幼児期の発達及び子ども、家庭、地域の実態、保育所に対する社会の要請、保護者の意向などを把握する。
> 3）各保育所の保育の理念、目標、方針等について職員間の共通理解を図る。
> 4）子どもの発達過程を長期的に見通し、保育所の生活全体を通して、第2章に示す事項を踏まえ、それぞれの時期にふさわしい具体的なねらいと内容を、一貫性をもって構成する。
> 5）保育時間の長短、在籍期間の長短、その他子どもの発達や心身の状態及び家庭の状況に配慮して、それぞれにふさわしい生活の中で保育目標が達成されるようにする。
> 6）全体的な計画に基づく保育の経過や結果について省察、評価し、課題を明確化する。その上で、改善に向けた取組の方向性を職員間で共有し、次の作成に生かす。

重要語句

「児童の権利に関する条約」
→子どもの基本的人権を国際的に保障するために定められた条約。1989年の第44回国連総会において採択され、1990年に発効した。日本は1994年に批准した。

　以上のように、「保育所保育指針」と「保育所保育指針解説」に書かれている保育の基本を踏まえたうえで、それぞれの園の実態をとらえ、特色ある全体的な計画を作成します。

　また、保育所では、すべての子どもの健やかな育ちの実現を目指しています。関連する法律や制度を理解し、子どもの人権に配慮した保育を行っています。

　子育ては社会全体で行っていくものです。保育所は、子育て家庭や社会に対して、地域におけるもっとも身近な社会福祉施設としての役割を果たさなくてはなりません。そのため保護者や地域社会と連携していくために保育の内容を示していく必要があります。つまり、全体的な計画は、保育を説明する際のよりどころとなる保育の全体像を包括的に示すものです。

3　全体的な計画の実際

　50～51ページの図表4-5は、ある保育所の全体的な計画です。この園の保育の根本を示した保育理念（①）が、一番上に記載されています。続いて、保育所で働く保育者などの行動の方向性を示す保育方針（②）が示されています。保育方針は保育理念に基づいています。

　さらに、保育所の生活全体をとおしてこんなふうに育ってほしいという保育目標（③）が示されています。また、子どもの発達過程を踏まえた年齢別保育目標（④）と子どもの発達過程を踏まえた保育の内容（⑤）が年齢別、および養護と教育の両側面から示されています。年齢別の目標と内容は、園の保育目標を達成することを目指して段階的、計画的に構成され

ています。

そのほか、「保育所保育指針」に基づく内容が以下のようにⒶ〜Ⓔの項目に記載されています。

> Ⓐ：第1章に示されている事項について（保育所に対する社会の要請、保護者の意向に関わること、評価改善に関わることなど）
> Ⓑ：第2章「保育の内容」について（小学校や地域との連携を含む）
> Ⓒ：第3章「健康及び安全」について
> Ⓓ：第4章「子育て支援」について
> Ⓔ：第5章「職員の資質向上」について

以上のように、全体的な計画は、「保育所保育指針」に基づいて作成されていることがわかります。全体的な計画は、保育所すべての計画の上位に位置づけられているものです。職員全員が全体的な計画に基づいた共通認識をもって、その園らしい保育を計画的、組織的に進めていくことが求められています。

保育内容を年齢ごとに見ていくと、子どもの発達の様子がわかります。全体的な計画というと、皆さんと直接関わりがないように思えるかもしれませんが、実習で作成する指導案と似ているところがあります。日々の指導案ももとをたどれば全体的な計画につながります。

2 全体的な計画と指導計画の関係

1 指導計画の種類

前節の「保育所保育指針」の文章のなかに、全体的な計画に基づいて指導計画を作成するという内容が記されていました。指導計画には、長期的な見通しをもった長期指導計画と、子どもたちの具体的な生活に応じた短期の指導計画があります。

長期指導計画には、年間指導計画、期ごとの指導計画、月ごとの指導計画があります（➡2コマ目参照）。期というのは、子どもの発達の節目ごとにひとまとまりにとらえ、その期ごとの発達の姿を表したものです。たとえば、入園や進級で新しい生活が始まり不安な気持ちになる4月から、生活に慣れ安定して過ごすようになる5月中旬までをⅠ期とします。各園のその時期ならではの生活や、季節、行事などの流れを踏まえて分けられますので、いくつに分けるかは園ごとに異なりますが、4期から6期に分けてとらえるのが一般的です。

短期の指導計画には、週案、週案に日ごとの過ごし方が加えられた週日案、そして日案があります。短期になるほど、具体的な子どもの姿が反映されたものになります。また、長期の指導計画よりも活動の内容が詳細に

0歳から入園する子どももいれば、1歳、2歳、3歳からと子どもによって在籍期間が異なります。また、保護者の就労時間の長短により一日の保育時間が異なります。さらに、延長保育を利用する場合もあります。在籍期間、保育時間がさまざまであるすべての子どもたちそれぞれにふさわしい生活を保障しなくてはなりません。子どもや家庭の状況などを考慮し、長期的見通しをもって作成します。

子どもの発達の節目ごとなので、期の長さはまちまちです。養成校の前期後期とは考え方が異なります。子どもに合わせたものになっています。

書かれることになります。

2　長期指導計画

　長期の指導計画は、その年齢で何を育てたいのかという全体的な計画に示された目標に向けて、1年間の生活の流れのなかでどのような経験をしてほしいのかが示されます。それぞれの時期にふさわしい保育の内容をねらいや環境構成とともに記します。

　年間指導計画や期ごとの計画は、年度のはじめに出来上がっているものなので、園でこれまで生活してきた多くのその年齢の子どもの姿と、子どもたちの昨年の育ちから今年の姿を予想して作成されます。一般的にはそれぞれの年齢に1つ作成します。

　月の指導計画は、ほとんどの園でクラスごとに作成しています。年間、期ごとの指導計画をもとに、クラスの子どもたちの実態や発達に合った保育の内容をねらいや環境構成、保育者の援助とともに記します。前月の子どもたちの生活する姿や、興味・関心に即したものになります。特に心身の発育・発達が著しいため月齢による差が大きく、個人差も大きい3歳未満児については、個別の指導計画の総合的なものとして、クラス全体のなかでの一人ひとりの状況を把握できるようなものとなっています。

3　短期指導計画

　先週、あるいは前日の子どもの具体的な姿が反映されています。○○ちゃん、△△ちゃんと一人ひとりの子どもが生活する様子や、○○遊びや△△ごっこなどが展開されている遊びを思い浮かべ、どのようなことに興味や関心をもっているのかを考えながら作成します。先週の子どもの姿と今月のねらいを照らし合わせ、この一週間のねらいをたてます。そのねらいを達成するために具体的に子どもたちが経験することが内容に記され、そのために必要な環境構成と保育者の援助も、ともに記載されます。日案も同様です。前日の子どもの姿と今週のねらいを照らし合わせて作成されます。3歳未満児については、個別の指導計画が作成されます。

　皆さんが実習で作成する日案や部分案も同じです。実習前に作成しなければならないときには、一般的な発達の姿をもとに考えますが、実習が始まって子どもたちに会ったのちに実際の子どもの姿をとらえ、目の前の子どもたちに合ったものに修正しましょう。

短期指導計画では、ねらいを達成するために子どもたちが経験することが内容として具体的に記されています。

4　全体的な計画から指導計画へ

　園の保育目標や保育方針を全体的な計画に基づき、具体化したものが指導計画です。全体的な計画に基づいて長期指導計画が、長期指導計画に基づいて短期指導計画が作成されます。指導計画の作成にあたっては、入園から卒園までの期間を見通しながらも、一人ひとりの子どもの発達に即してその時期にふさわしい生活を展開し、必要な体験を得られるようにしなければなりません。

　図表4-2に全体的な計画から日案までのつながりをまとめます。

●図表 4-2　全体的な計画から日案までのつながり

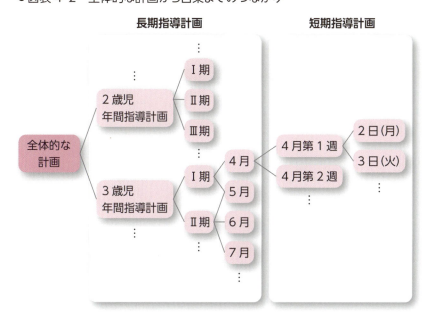

5　指導計画から全体的な計画へ

　保育は、指導計画をもとに実践し、そのときの子どもの姿から省察して次の計画を作成するという一連の流れ（PDCAサイクル）のなかで行われています（➡3コマ目参照）。これは、毎日書く日々の指導案も、数年ごとに見直す全体的な計画も同じです。

　さらにいうと、1日の保育時間中にも当てはまります。保育の計画に基づいて（P）保育を実践し（D）、目の前の子どもたちの反応を見ながら反省し、そのときの子どもに合うように修正し（C）、援助を工夫したり環境を再構成したりする（A）という一連の行動は、PDCAサイクルであるといえます。

　日案は、保育中に反省・評価・修正した前日の保育をもとに作成し、月案は、日々反省・評価、修正されながらつくられた1か月分の毎日の日案をもとに作成し、年間指導計画は、毎月反省・評価、修正された1年分の月案をもとに作成しています。つまり、大きなPDCAサイクルのなかに、小さなサイクルが、またそのなかにいくつもの小さなサイクルがあるのです（図表4-3）。

　全体的な計画は、育みたい資質・能力を念頭に置き、幼児期の終わりまでに育ってほしい姿（10の姿）をイメージするとともに、その園の実態を踏まえて作成します（➡2コマ目参照）。指導計画も同様です。育みたい資質・能力を念頭に置き、目の前の子どもたちの姿を5領域の窓口からとらえるとともに、幼児期の終わりまでに育ってほしい姿をイメージして、目の前の子どもたちに必要な経験を考えます。そのときには、各年齢なりの経験が考えられます。以上をまとめると、図表4-4のようになります。

● 図表 4-3　大きなサイクルと小さなサイクル

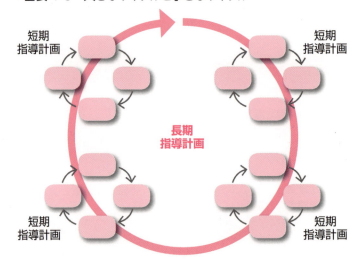

出典：松本峰雄監修『流れがわかる幼稚園・保育所実習——発達年齢、季節や場所に合った指導案を考えよう』萌文書林、2015年、71ページ

● 図表 4-4　幼児期の終わりまでに育ってほしい姿の位置づけ

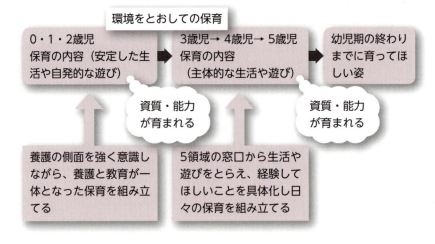

　幼児期の終わりまでに育ってほしい姿は到達目標ではありません。こうならなければならない姿ではなく、5領域のねらいを達成するためにさまざまな経験を積んだ結果としての卒園のころの姿です。保育者や小学校教員が子どもの育ちを見る視点となるものだと考えましょう。

おさらいテスト

❶ 全体的な計画は、その園の保育の［　　　］を示している。
❷ 全体的な計画は、保育時間や在籍期間の長短にかかわらず、［　　］を対象とする。
❸ 保育所のすべての計画が［　　　］をもとに作成されている。

● 図表4-5　全体的な計画

① 保育理念	○子どもの健やかな育ちを援助する保育　　○保護者と分かち合う保育
② 保育方針	乳幼児が人としての基礎を培う場として、健康、安全で情緒の安定できる環境をつくり、一人ひとりの個性を大切にしながら豊かな心身を育む。

【発達過程について】
○年齢別に園生活を送り、保育所保育指針に定義づけられている「育みたい資質・能力」と「幼児期の終わりまでに育ってほしい姿」を意識して年間指導計画が作成されている。子ども一人ひとりの成長段階を踏まえながら養護と教育が一体的に展開される。　Ⓐ Ⓑ

【基本的社会的責任】
○人権尊重（児童福祉法・子どもの権利条約）
○保育の説明責任（懇談会、個人面談、保育参加）
○地域交流（行事参加の案内）
○個人情報保護
○小学校との連携（保育要録の送付）
○苦情処理解決　Ⓐ

保育の

		0歳児	1歳児	2歳児
④ 年齢別保育目標		●一人ひとりの生理的欲求を満たした生活リズムが整う ●遊びをとおして五感の発達が育まれる	●一人遊びや探索活動を十分に楽しむ ●安定した生活のなかで基本的生活習慣の獲得を目指す	●自我の芽生えるなかで気持ちのぶつかり合いをとおして友だちとの関わり方がわかる ●基本的生活習慣の確立を目指す
養護	生命の保持 情緒の安定	●子どもの発達過程に応じた生活リズムをつくる ●安全で清潔な環境を整え、健康増進を図る ●保育者に見守られながら、安心・安定した生活を送ることができる環境を整える	●保育者との信頼関係を深め、愛着を育む ●一人ひとりの子どもが安心感をもって過ごせるようにする	●保育者が見守るなか、食事、排泄、衣服の着脱など簡単な身の回りのことを自分でしようとする気持ちを育てる ●保育者との安定した信頼関係のもとで、子どもが自分の気持ちを表現できるように見守る
教育	〈0歳児〉⑤ ●健やかに 　のびのびと育つ ●身近な人と気持ちが通じ合う ●身近なものと関わり感性が育つ 〈1歳児〜〉 ●健康 ●人間関係 ●環境 ●言葉 ●表現	●食欲・睡眠・排泄などの生理的欲求が満たされ快適に過ごす ●身近な保育者のもとで基本的信頼感が育つ ●安心できる人的、物的、自然環境のもとで五感の働きが豊かになる ●優しく語りかけてもらい、発声や喃語に応答してもらうことで、発語の意欲が育つ ●保育者の声や表情に安心感を覚え、快・不快感を表現し欲求を表す	●行動範囲が広がり、探索活動が活発になる ●身のまわりの簡単なことを自分でしようとする ●保育者や友だちに関心をもち、模倣して遊んだり、自分から関わったりしようとする ●安全で活動しやすい環境のなかで自由に体を動かすことを楽しむ ●日常生活に必要な言葉がわかり、言葉で気持ちを表そうとする ●歌、手遊びなどを模倣しながら、のびのびと表現し楽しむ	●戸外で十分に体を動かし、遊具や用具を使った簡単な運動遊びを行う ●友だちとの関わりをとおして、簡単な約束事があることを知る ●自然とふれあうなかで好奇心や探究心が芽生える ●生活や遊びのなかで自分のしたいこと、してほしいことを言葉で表す ●見立て、つもり遊びによって互いにイメージを共有し合い、ごっこ遊びを楽しむ
Ⓒ	健康支援	全園児健康診断（年2回）／0歳児健康診断（毎月）／身体測定（毎月）／歯科健診（年1回）／日々の健康視診／食育の推進／保健指導（手洗い・歯みがき・うがい）／保健・食育計画の作成／保健だより・給食だよりの発行／感染症の発生及び対応の広報		
Ⓒ	環境・衛生管理	保育室・園舎・園庭・周辺道路の清掃および安全確認／玩具の洗浄・消毒／遊具清掃／職員細菌検査（毎月）／感染症の早期発見・周知徹底／感染予防の実施／衛生管理マニュアルの確認		
Ⓒ	安全対策 事故防止	避難・消火訓練（毎月）／保護者引き取り訓練（年1回）／消防設備点検（年2回）／遊具・施設設備安全点検／防火管理者講習の受講／事故記録簿の作成		
Ⓓ	保護者・地域への支援	保護者懇談会／保育参加（ママパパ先生・随時）／個人面談／園だより・クラスだよりの発行／連絡帳による情報交換／園庭開放／地域育児相談（随時）／行事参加／実習生・中高生職場体験・ボランティアの受け入れ／ウェブサイトの運営／第三者評価		

養護は「生命の保持」と「情緒の安定」、教育は、0歳児は3つの視点から、1歳以上児は5領域の視点から記載されています。

保育は養護と教育が一体となって展開されるため、保育の内容は養護と教育の項目からなっています。

△△保育園

○地域に密着した子育て支援

3 保育目標	○明るく元気な心と体 ○気づき動く心と体	

【地域の実績に応じた事業】	【保育時間】	
○園庭開放（月・木）10～12時 ○行事参加 ○体験入園 ○育児相談　　Ⓐ　Ⓓ ○絵本読み聞かせ ○園情報提供（園だより・保健だより・給食だよりなど）	○標準時間保育　　7：00～18：00 ○短時間保育　　　8：30～16：30 ○延長保育　　　 18：00～19：00	
	【主な行事】	
	入園式・七夕まつり・運動会・生活発表会・卒園式 季節の行事・月の行事	

> 保護者の就労時間の長短により保育時間が異なります。

内容

3歳児	4歳児	5歳児
●保育者や友だちとの関わりをとおして、自分の思いや感じたことを言葉や態度で表現する ●基本的生活習慣がおおむね確立する	●保育者や友だちとつながるなか、葛藤しながら人の気持ちに気づき、自己調整力やコミュニケーション力を身につける ●さまざまな経験をとおして日常の生活に必要な習慣、態度、言葉を身につける	●自然や身近な社会事象に興味や関心をもち、遊びや活動をとおして豊かな心情や知的な好奇心を高める ●さまざまな遊びの経験をとおして得た判断力をもって、就学に向けて基本的な生活や態度を身につける
●基本的生活習慣を身につけ、自信をもってのびのびと生活できるようにする ●衛生的で安全な環境のなかで、心身ともに快適で安心した生活を送れるようにする ●一人ひとりの欲求を受け止めて、子どもが自信をもって楽しんで生活できるようにする	●基本的生活習慣が身につき、主体的に行動している姿を認めていく ●さまざまな経験をとおし、自己肯定感が育まれ、保育者との信頼関係が深まるようにする	●自分でできることの範囲を広げながら生活を送る姿を見守る ●他者から自分の存在を認めてもらうことの喜びを感じ、達成感や自信をもてるようにする
●外遊びを十分にし、積極的に体を動かす楽しさを味わう ●友だちと簡単なルールのある遊びをとおして約束を守る大切さを知る ●身近な動植物や自然現象を見たりふれたりして、親しみをもって遊ぶ ●自分の思いや経験したことを保育者や友だちに話し、会話を楽しむ ●さまざまな表現方法を知り、そのおもしろさに気づき自由に表現しようとする	●全身を使いながらさまざまな遊具や遊びに挑戦し、積極的に遊ぶ ●身近な人と関わり、思いやりや親しみをもつ ●友だちと共同で使うもので楽しく遊ぶ経験をし、大切に扱うことを知る ●身近な事物や社会、自然事象に興味や関心をもって関わり考えたり試したりして、工夫して遊ぶ ●保育者や友だちとの会話を楽しみながら、自分の思いや経験したことを相手に伝わるように話す工夫をする ●友だちとイメージを共有するなかでおもしろさ不思議さ美しさに気づき、一緒に表現することを楽しむ	●さまざまな遊具や用具を使いこなし、複雑な運動や集団遊びをとおして体を動かす ●異年齢児との活動をとおし、年長児としての自覚をもち、年下の子どもへの思いやりの気持ちをもつ ●身近な人との関わりのなかで、人の立場を理解して行動する ●日常生活における事物の働きやしくみ・性質に興味や関心をもち、試したり工夫したりして遊ぶ ●身近な人の話をよく聞き会話を楽しみ、日常生活に必要な言葉を適切に使う ●日常生活のなかで文字や記号などに興味をもつ ●自分のイメージしたことを、いろいろな方法で表現したり、友だちと伝え合ったりし、優しさや尊さなどの感性を豊かにする

> 年齢を追ってみると発達の連続性がわかります。

Ⓑ	小学校との連携	保育所児童保育要録の送付（5歳児）／就学支援シートの作成（保護者より要請時）／小学校見学（5歳児）／幼保小連携会議の実施
Ⓔ	研修計画	法人内交流研修（保育一般・給食栄養・保健・新人職員）／園長会主催研修／その他外部研修（適宜）／園内研修（保育テーマ研究・事例検討）
Ⓑ	特色ある保育	バスを使った園外活動で健康的な体づくり、自然とのふれあい、開放感 専任講師による体育指導・言葉遊び（英語）・音楽遊び／菜園活動／貸し出し図書
Ⓑ	町への行事参加	市主催冒険あそびの参加、○○自治体への提灯貸し出し

保育方針・保育目標を調べよう

近所にある保育所のホームページを見て、保育方針・保育目標を調べてみましょう。

〈保育方針〉

〈保育目標〉

演習課題

年齢別の保育目標について理解しよう

以下の文章は、ある保育所の年齢別保育目標です。年齢順に並べ替えて書いてみましょう。

・自我の芽生えるなかで気持ちのぶつかり合いをとおして、友だちとの関わり方がわかる ・基本的生活習慣の確立を目指す	・一人ひとりの生理的欲求を満たした生活リズムが整う ・遊びをとおして五感の発達が育まれる
・保育者や友だちとつながるなか、葛藤しながら人の気持ちに気づき、自己調整力やコミュニケーション力を身につける ・さまざまな経験をとおして、日常の生活に必要な習慣、態度、言葉を身につける	・一人遊びや探索活動を十分に楽しむ ・安定した生活のなかで基本的生活習慣の獲得を目指す
・保育者や友だちとの関わりをとおして、自分の思いや感じたことを言葉や態度で表現する ・基本的生活習慣がおおむね確立する	・自然や身近な社会事象に興味や関心をもち、遊びや活動をとおして豊かな心情や知的な好奇心を高める ・さまざまな遊びの経験をとおして得た判断力をもって、就学に向けて基本的な生活や態度を身につける

〈1歳児〉
_____
_____

〈2歳児〉
_____
_____

〈3歳児〉
_____
_____

〈4歳児〉
_____
_____

〈5歳児〉
_____
_____

➡ 解答例は 202 ページ

5コマ目 長期的な指導計画の作成（0・1・2歳児）

今日のポイント

1. 長期的な指導計画は、年・数か月単位の期・月などで計画される。
2. 長期的な計画は全体的な計画に基づいて作成する。
3. 保健計画、食育計画、避難訓練計画などもある。

1 長期的な指導計画とは

　長期的な指導計画とは、どのような計画でしょうか。まずは、「保育所保育指針解説」から理解しましょう。第1章「総則」3（2）「指導計画の作成」のアに述べられているとおり、指導計画とは、「全体的な計画に基づいて保育を実施する際のより具体的な方向性を示すもの」であり、そのなかで、「年・数か月単位の期・月など長期的な見通しを示すもの」「子どもの発達や生活の節目に配慮し、たとえば1年間をいくつかの期に区分した上で、それぞれの時期にふさわしい保育の内容について作成する」ものが長期的な指導計画になります。

　1年間をいくつかの期に区分して作成した指導計画は、年間指導計画とよばれます。年間指導計画は、多くの教育・保育施設（保育所、幼稚園、認定こども園）で年度はじめに作成されています。年度はじめに作成するということは、入園前や入園まもなくで、どのような性格や発達の子どもたちがいるか把握しきれていない段階で、1年間の保育計画を立てることになります。ですが、まだ子どもたちの姿がわからないからといって、やみくもに計画を立てるのではありません。以下の点が重要となります。

1 全体的な計画に基づいて作成すること

　全体的な計画（➡4コマ目参照）は、「保育所保育指針」や関係法令、各保育所の保育方針や目標に基づき作成されたものです。全体的な計画なくして長期的な指導計画は作成できません。

2 子どもの発達や生活の節目に配慮すること

　0・1・2歳児は、1年間で心身が大きく発達します。図表5-1に、0～2歳児の発達の目安を掲載します。各年齢の心身がどのように発達してい

● 図表 5-1　発達の主な目安（0歳～2歳）

2～3か月	○空腹で目覚め、満腹で寝るリズムで過ごす　○徐々に午前・午後・夕方の3回寝になる　○首がすわり始める　○自分の手を見たり動かしたりする　○あやすと声を出したり笑い返したりする　○音のするほうを見たり視野に入ったものを追ったりする　○徐々に親指が開いてきて玩具など握ることがある
4～5か月	○授乳間隔が徐々に空き睡眠と目覚めのメリハリがついてくる　○夜と昼のパターンが決まってくる　○身近な大人の顔や声がわかる　○腹ばいにするとひじで上半身を支える　○身近な大人のほほえみに対してほほえみ返す　○目と手の協応が始まり、見たものに手を伸ばし、しっかり握る
6～8か月	○ほかの子が食べているものを見て欲しがる　○寝返りをする　○うつぶせ、あおむけを繰り返し、転がるように移動しながらはいはいを始める　○よく抱いてくれる人を見ると自分から抱いてもらいたがる　○人見知りが始まる　○喃語が始まる　○見たものを手にとったりなめたりする　○顔や頭に薄い布を掛けられると引っぱって取り除く　○欲しいものが得られないと怒る
9～11か月	○午前・午後の2回寝になる　○はいはい→つかまり立ち→つたい歩きをするようになる　○自分の名前を呼ばれると振り向く　○欲しいものを見つけ指さしをする　○「バイバイ」など大人のしぐさをまねようとする　○いくつかの言葉を理解する　○「マンマ」など要求に結びついた喃語をいう　○小さなものを親指と人さし指でつまむ
12～17か月	○排尿間隔が一定になってくる　○一人で立つ　○一人で歩く　○積み木を2～3個積む　○親指と人さし指でつまんだものを穴に入れる　○ほかの子に関心を示すようになる　○ほかの子と場所の取り合いをする　○自己主張が強くなる　○一語文を話す
18～24か月	○排尿間隔が長くなる　○歩行が安定する　○しゃがんで遊ぶ　○階段の上り下りをする　○積み木を調節しながら遊ぶ　○「マンマちょうだい」など二語文を話す　○自我が発達し「自分で」と主張するようになる　○自分の名前を呼ばれて返事をする

くかをおおまかにでも理解していないと、計画を作成することは難しいでしょう。子どもの発達を理解していれば、目の前の子どもたちの実態が把握しきれていなくても、おおまかな計画は立てられます。子どもの発達にそぐわない指導計画、メリハリやおもしろみのない生活の指導計画になっていないか注意しましょう。

3　家庭および地域との連携に配慮すること

　0・1・2歳児は大人との愛着形成を特に大切にしたい時期です。家庭と子どもの成長を共有し合い、生活の流れを途切れずに把握する意識をもちましょう。地域との連携は社会性を育てることにつながりますし、保育所等は、子育て支援や災害時の連携施設としての役割も求められています。

4 行事等と日常のつながりに配慮すること

　生活にメリハリやうるおいをもたせようとさまざまな行事を計画することはもちろんよいことですが、大切なのは、0・1・2歳児に無理のない、日常生活や子どもの興味・関心に沿った計画になっているのかどうかを意識することです。

2　年間指導計画

1 さまざまな区分で1年間を見通す

　年間指導計画は、1年間をいくつかの期に区分し、それぞれの時期にふさわしい保育の内容について作成します。たとえば、1年間を4期で計画した場合、次のような区分が考えられます。

```
（例）
　Ⅰ期：4～5月
　Ⅱ期：6～8月
　Ⅲ期：9～12月
　Ⅳ期：1～3月
```

　乳児（0歳児）の場合は、同じ期のなかでも個々の発達の差が大きく、寝返りする子どももいればよちよち歩きの子どももいます。また、ミルクを飲む子どももいれば、離乳食を自分で食べようとする子どももいます。そのため、12か月を区分するのではなく、月齢で区分した指導計画もあります。

```
（例）
　Ⅰ期：生後3か月～9か月未満
　Ⅱ期：生後9か月～1歳未満
　Ⅲ期：生後1歳～1歳3か月未満
　Ⅳ期：生後1歳3か月～2歳未満
```

2 乳児（0歳児）の指導計画

　2017（平成29）年に改定された「保育所保育指針」第2章「保育の内容」では、乳児と1歳以上3歳未満児に関するねらい及び内容の記述が大幅に加えられました。そのなかで、乳児は今までの5領域の視点ではなく、3つの視点で子どもの姿をとらえます。なぜなら、この時期は心身の様々な機能が未熟であると同時に、発達の諸側面が互いに密接な関連をもち、未分化な状態であるからです。3つの視点とは「健やかに伸び伸び

です（➡9コマ目参照）。これらの視点をもって指導計画を立てましょう。64～65ページの図表5-2は、0歳児の年間指導計画の例です。作成の際のポイントや視点を確認しましょう。

3　1歳児の指導計画

　1歳児は、0歳児同様、個人差がまだ大きくあります。「個々の」「一人ひとりの」をキーワードに、健康で安定した生活をねらっていきます。保育者との信頼関係のもと、時期や季節を考慮しながら生活リズムの確立や探索活動の広がり、言葉への関心がもてるよう援助していきます。

　また、歩行が確立すると行動範囲が広がり、目が離せなくなります。危険がなく興味の尽きない環境構成が保育者の配慮となります。身体面も未熟です。季節の変わり目や寒暖差などでかぜや感染症にかかりやすく、長引くことが多くなります。健康管理と清潔な環境整備も大切な配慮です。

4　2歳児の指導計画

　2歳児は、基本的生活習慣の自立が主なねらいとなるでしょう。「自分で」という気持ちが強く出てきて、保育者が手を出すことを嫌がるときがあります。一方で、できるのに甘えてやろうとしないときもあります。基本は、保育者との信頼関係のもとに時には見守り、時には甘えさせてと受容していくことが保育者の配慮となるでしょう。

　計画のなかで「～する」よりも「～しようとする」という表現が多いのは、できなくてもしようとする姿勢を認めていくからです。また、友だちとの関わりと言葉が増えてきます。保育者が仲立ちとなっていねいに関わり方を伝えていくことが「人間関係」や「言葉」の領域を豊かに育んでいきます。

3　期別指導計画

　長期的な指導計画では、期別に指導計画を作成することがあります。期別の指導計画では、子どもの生活の節目や季節で区切り、計画を立てていきます。前述の「2　年間指導計画」❶の例のように1年間を4期に分けた場合の作成のポイントを見ていきましょう。

1　I期（4～5月）

　新しい環境に慣れることを大切にしていきます。入園や進級で不安や緊張のみられる子どもが、保育室や保育者に慣れるようにスキンシップを図り、生活リズムを整えていくことが配慮となります。

2　II期（6～8月）

　梅雨から夏の期間です。湿度や温度の変化が大きく、体温調節機能が未

熟な0・1・2歳児が健康に過ごせるようなねらいをもちましょう。また、慣れてきた環境や生活リズムのなかで心地よく過ごすことや、夏ならではの沐浴や水遊びをすることなどがポイントとなります。

3　Ⅲ期（9〜12月）

秋から冬に向けての期間です。個々の子どもやクラスがさまざまな体験や行事をとおして充実していけるような内容にしましょう。実りの秋として、見る、ふれる、味わうなど五感を刺激するような活動を計画したり、季節の移り変わりによる自然の変化を楽しんだりする内容もよいでしょう。

4　Ⅳ期（1〜3月）

冬の期間です。大人でもかぜや感染症にかかりやすい時期です。感染症予防を心がける配慮が必要です。またこの時期は、一年間を締めくくり、次年度に向けて準備をする期間です。生活リズムや基本的生活習慣が身についているか一人ひとり振り返り、必要に応じて整え、スムーズに進級できるような配慮があるとよいでしょう。

4　月別指導計画

月別の指導計画は毎月の指導計画です。期別と同じように子どもの姿を振り返り、翌月のねらいや内容を保育者の願いとともに立てていきます。月ごとの行事が具体的に内容にも反映されるとよいでしょう。0・1・2歳児の各月のねらいの例は66ページの図表5-3のとおりです。

5　指導計画の工夫

「保育所保育指針解説」第1章の3（2）において、指導計画は「子どもの発達の状態などに応じて、個別の指導計画、あるいはクラスやグループの指導計画など、必要なものを書式も含めて工夫して作成することが求められる」とあります。

67ページの図表5-4は、1歳児の期別指導計画（Ⅱ期）の例です。低月齢グループと高月齢グループとで分かれたグループ別の指導計画になっています。作成の際のポイントや視点を見てみましょう。

6 保健計画

　2017（平成29）年改定の「保育所保育指針」第3章「健康及び安全」では、近年の一般社会情勢を踏まえた内容が加えられました。そのなかで、第3章の1（2）では、「子どもの健康に関する保健計画を全体的な計画に基づいて作成」することとなっています。

　「保育所保育指針解説」より保健計画を立てる際のポイントを確認しましょう。

ア　全体的な計画に基づいて年間の保健計画を作成すること
イ　健康診断などの記録から評価・改善し、子どもの健康の保持と増進を図ること、また全職員が共通理解をもって取り組むこと
ウ　睡眠、食事、遊びなどの一日を通した生活リズムを整えること
エ　保護者と協力し家庭と園での生活リズムをバランスよく整えること
オ　子どもたちが健康に関心をもち、健康保持・増進のための適切な行動がとれるよう援助すること
カ　子どもの身体機能の発達を促すため、体力づくりができるよう工夫すること
キ　保護者に健康への理解を深める働きかけや連携を図ること

事例① 生活リズムが整わないAちゃん

　2歳児クラスのAちゃんはいつも眠そうに登園してきます。母親は朝早い出勤で帰りは夜遅く、祖母が保育所へ送迎しています。Aちゃんは日中、ぼんやりと遊ぶことが多く、夕方になると活発になります。母親が夜9時ごろ祖母の家に迎えに行くと、Aちゃんは夕飯もお風呂もすませています。母親は自宅に戻ってからふとんに入るよう促しますが、すぐに起き上がってきてしまいます。母親は何度もたしなめたり、促しながらも自分はシャワーを浴びたり、ご飯を食べたりと忙しく家のことをすませます。Aちゃんを早く寝かせなくてはいけないことはわかっていますが、なかなかいうことを聞いてくれないAちゃんに少々困っているようです。

　保健計画を立てる際のポイントの「エ　保護者と協力し家庭と園での生活リズムをバランスよく整えること」は、2歳児クラスのAちゃんに当てはまることでしょう。では、「オ　子どもたちが健康に関心をもち、健康保持・増進のための適切な行動がとれるよう援助すること」をAちゃんに当てはめたらどうでしょうか。Aちゃんはなぜ、促されてもたしなめられても、寝ずに遅くまで起きてしまうのでしょうか。それは、2歳児だから

健康への関心をもたせることが難しくても睡眠の大切さは伝え、睡眠ができるように環境を整えてあげることが2歳児への配慮です。

です。まだ自分の健康への関心よりも母親と一緒にいたいという気持ちが大きいのです。ですから、2歳児クラスの保健計画を立てるときに「オ」の項目を大きなねらいにすることは難しいことです。年齢や発達に合わせた計画が大切です。

68ページの図表5-5に保健計画の例を掲載します。

7 食育計画

「保育所保育指針」第3章の2では、食育の推進が明示されています。そのなかで保育所の食育は「健康な生活の基本としての『食を営む力』の育成に向け、その基礎を培うことを目標とすること」とされています。具体的には「子どもが生活と遊びの中で、意欲をもって食に関わる体験を積み重ね」ることを大切にし、「食べることを楽しみ、食事を楽しみ合う子どもに成長していくこと」が期待されています。

保育所の食育に期待されていることを踏まえ、食育計画を作成する際のポイントを「保育所保育指針解説」より確認しましょう。

ア　全体的な計画に基づいて、食育計画を作成すること
イ　子どもの日々の主体的な生活や遊びの中で食育が展開されること
ウ　保育所での食事の提供も食育の一部とすること
エ　食育計画は柔軟で発展的で、各年齢をとおして一貫性があること
オ　食育の実践を記録して評価を行い改善し次の計画につなげること
カ　食事内容を含め、食育の取り組みを保護者や地域に発信すること
キ　栄養士がいる場合は、専門性を生かすこと

0・1・2歳児において、日々の主体的な生活や遊びのなかで食育を展開していくには、給食やおやつなどの「保育所での食事」が一番身近でしょう。なぜなら幼児に野菜の栽培や調理を行わせたり、季節や行事にちなんだ食事に興味をもたせたりすることは難しいからです。次ページに、給食の際の実践例を掲載します。

また、0・1・2歳児は、母乳やミルクから少しずつさまざまな食材のいろいろな味や舌触り、大きさ、かたさを体験して離乳食から幼児食に移行していきます（図表5-6）。また、食具を使うことも身につけていきます。以上のことを念頭に0・1・2歳児の食育計画を立てていくとよいでしょう。

【実践例】 きのこちぎりをしてみよう（1歳児　10月）

計画
給食の豚汁に出るブナシメジを保育者と一緒に細かくほぐし、興味をもたせる

実践記録
1歳児でも簡単にほぐせ、集中していた。給食時は、きのこが苦手なＳくんが「これ、Ｓくんのきのこ！」とすすんで口にしていた

改善
引き続き、きのこちぎりは取り入れていくが分量を配慮する。豚汁のようにいろいろな食材がある場合は、給食時にやりとりを楽しみながらほかの食材にも興味をもたせる

評価
興味をもって取り組めてよかったが、細かくほぐしたがり、時間がかかった。取り組む分量は減らしたほうがよい

● 図表 5-6　離乳の目安（0歳〜1歳11か月）

2〜3か月	○授乳の間隔がおおむね3時間くらいになる　○おなかがすいたら泣く
4か月	離乳食準備期 ○スプーンから液体状のものを飲むようになる　○授乳間隔が4時間くらいになる　○舌の押し出しの反射が少なくなる
5〜6か月	離乳食初期（1回食） ○ポタージュ状（ドロドロ）のものから、少しずつ水分の少ないジャム状（ベタベタ）のものを取り込むようになる　○離乳食のあとにミルクを飲む
7〜8か月	離乳食中期（2回食） ○舌で楽につぶせるかたさの離乳食をもぐもぐと口を動かして食べるようになる　○食事の量や種類が徐々に増えていく ○離乳食後のミルクの量が減ってくる
9〜11か月	離乳食後期（3回食） ○歯茎でつぶせるかたさの離乳食を口の中で移動させながらかんで食べるようになる　○上下に前歯でかみ切って食べる ○手にもって食べようとする　○前歯でかみ切り一口量を知る ○食べたいものを指さしたりする
12〜17か月	離乳食完了期 ○舌やあごが自由に動くようになる　○少しずつスプーンにすくって口に運ぶようになる　○自分の食べ物と人の食べ物の区別ができる
18〜23か月	○スプーンを上握りで持ち食べようとする　○幼児食に移行していく　○好き嫌いが出てくる　○こぼすことも多いが自分で食べる

避難訓練計画

　皆さんは、今、大地震が起きたらどのような行動を起こしますか。どこが安全でどこが危険かをすぐに判断できますか。

　災害はいつ起こるか予測できません。保育所等ではそのような災害の備えについて計画を立てる必要があります。これは、保育所全体で取り組んでいくことです。

　乳幼児の避難訓練計画は、基本的に保育者の判断、誘導が重要となります。職員全体で幼い命を安全に守ります。避難訓練では気づくこと、改善することが大事です。そして実際に災害が起きた場合も訓練のように落ち着いて対応し、判断する心構えをもちましょう。

事例②　1人でしっかり歩けない！

　地震の避難訓練が始まりました。これから園内放送の指示に従い、園庭に避難します。0歳児クラスでは9人の子どもを3人の保育者で保育していました。3人の保育者は、それぞれ1人をおんぶし1人を抱っこすることにしました。残り3人は手を引いて誘導しますが、まだ歩き始めたばかりのJちゃんはすぐに座り込み、ほとんど移動できませんでした。

〈反省〉
　歩行が安定していない子どもたちの避難方法を確立していなかった。

〈改善例〉
（1）ほかの職員に手伝いを求める。
（2）ベビーカーや散歩車を室内に持ち込み、複数児が一度に移動できるようにする。

事例③　先生、どこ行くの？

地震の避難訓練が始まりました。2歳児クラスは室内で遊んでいました。突然の非常ベルの音にB保育者は何事かと様子をうかがいにテラスに出ました。B保育者につられて、3人の子どもが一緒にテラスに飛び出しました。

〈反省〉
　もし、園舎の上から何かが落下してきたら非常に危険だった。

〈改善例〉
　地震が起きたら、まず身の安全を守ることを徹底する。テーブルの下にもぐる、ダンゴムシのポーズを取るなどの言葉かけをする。いきなり戸外に飛び出さない。

　事例②は、まだ歩行の安定していない乳児クラスの避難訓練です。どの子をおんぶして、どの子を抱っこしようか、など避難訓練のたびに検討し、改善例のほかにも施設の構造や職員の配置に合わせた体制を整えていく必要があります。

　事例③は、パニック時によく起こる集団行動です。保育者自身が避難訓練を繰り返し経験し、突然の災害にも冷静に判断できるよう心がけましょう。

おさらいテスト

❶ 長期的な指導計画は、年・数か月単位の［　］・［　］などで計画される。
❷ 長期的な計画は［　　　］に基づいて作成する。
❸ ほかに［　　］計画、［　　］計画、避難訓練計画などがある。

● 図表 5-2　0歳児の年間指導計画

> 子どもの生活の節目や季節の変化などを考慮して記します。

期	I 期（4～5月）
ねらい	●新しい環境や生活リズムに慣れる ●保育者に見守られながら安心感をもつ
保健	●新しい環境に慣れ、生活リズムを整える
家庭との連携 保護者支援	●一人ひとりの家庭での生活リズムを受け止め把握する ●新しい環境での子どもの様子を伝えたり保護者の思いを聞き、ていねいに関わり、信頼関係を築いていく ●保護者懇談会や行事をとおして園やクラス、担任が大切にしていることなどを伝える
行事	慣らし保育　入園式　親子遠足 歯科健診　誕生会　避難訓練
健康　安全 災害	●受け入れ時、受け入れ後の十分な視診をする ●毎日の清掃や保育備品など消毒、園内外の安全点検を行う ●午睡時チェックにより乳児突然死症候群を予防する
食育	●おなかがすき、安心した環境のなかで食事（離乳食）を喜んで食べ心地よい生活を味わう

> 0歳児の指導計画は、クラス共通の季節や行事、生活について記した期別計画と、個々の発達に合わせて記した月齢別計画を組み合わせている場合があります。

> 「養護」は子どもの生命の保持及び情緒の安定を図るために保育士等が行う援助や関わりのことです。主語は「保育者等」です。教育と一体となって展開されるため、「養護」として区分けしない場合もあります。

> 子どもの発達過程を見通して記します

月齢別		3か月～9か月未満
内容	養護	●十分に体を動かして遊べるよう安全な環境をつくる ●誤飲や転倒、転落などの事故がないように整理整頓をする
	健やかにのびのびと育つ／身近な人と気持ちが通じ合う／身近なものと関わり感性が育つ	●身近な大人の声や顔がわかり、抱かれたり声をかけられて安心する ●安心して入眠したり、目覚めたりする ●ミルクを満足するまで飲む ●さまざまな食材を知り、離乳食に慣れる ●目の前やまわりで動くものや人に興味を示し、目で追ったり手足を動かしたりする ●おもちゃにふれ、握ったり、しゃぶったりして遊ぶことを喜ぶ ●泣き声や喃語で自分の要求を表そうとする
	環境構成／保育者の関わり／配慮事項	●一人ひとりにゆったりとふれあい、欲求に応じ、心地よく過ごせるようにする ●睡眠時は、あおむけに寝かせ、呼吸の有無や顔色の状態などを詳細に確認する ●授乳時は視線を合わせ、優しく言葉をかけていく ●離乳食は家庭や栄養士と連携しながら無理なく進めていく ●一緒に遊びながらスキンシップを図り、子どもの動きや気持ちに言葉を添えていく

> 「内容」は「ねらい」を達成するために、具体的に子どもが経験し身につける事項を記します。主語は「子ども」です。表面的な活動を羅列するのではなく、内面的な経験を見いだすことが大切です。

> 乳児（0歳児）は3つの視点でとらえます。

> 「環境構成」「保育者の関わり」「配慮事項」の主語は「保育者等」。ねらいを達成するための具体的なことを記します。「内容」と関連したものを記しましょう。

第2章 保育の計画とはどのようなものか

	Ⅱ期（6〜8月）	Ⅲ期（9〜12月）	Ⅳ期（1〜3月）
年間目標	◎身近な人へ親しみをもち、生理的、心理的欲求を満たし心地よく生活する ◎安全な環境のもとでのびのびと過ごし、食べる、動く、発語するなどの感覚を豊かにする		
	●快適に過ごす ●遊びをとおして、夏の雰囲気を感じる	●保育者や友だちと同じことをしたり、まねをして楽しむ ●秋の自然にふれ、戸外で元気に遊ぶ	●周囲の人やものに興味をもち、安心してやりとりや探索をする ●冬の季節を感じながら健康に過ごす
	●清潔に過ごす	●気温の変化に合わせ、衣服の調節をする	●寒さに負けず、外気にふれる
	●梅雨期、夏期に流行しやすい感染症を知らせ、衛生面に留意できるようにする ●プール遊びで必要なものを早めに知らせる ●朝の受け入れをていねいに行い、保護者とのやりとりを密にする	●行事に向けて、張り切ったり恥ずかしがったりする子どもなりの表現や姿を保護者に伝え、関心をもてるようにする ●感染症予防について周知し、家庭での意識を高め、早期発見や拡大防止に理解を促す	●保護者懇談会を通じて一年を振り返り、保護者とともに子どもの成長を喜び合う
	人形劇鑑賞会　プール遊び 七夕まつり　誕生会　避難訓練	運動会　作品展　生活発表会 クリスマス会　誕生会　避難訓練	餅つき　豆まき　保護者懇談会 ひな祭り会　誕生会　避難訓練
	●避難訓練をとおして、災害時に安全に避難する方法を身につける ●室内を整理整頓し、清潔で安全な環境をつくる		
	●いろいろな食べ物を見る、触る、味わう経験をとおして自分で進んで食べようとする		

「保育所保育指針」第3章「健康及び安全」について、今まで以上に配慮事項が強く打ちだされました。意識を高めるために、全体的な計画だけでなく年間指導計画に具体的に記す保育所もあります。

1歳以上児からは5領域の視点でとらえます。

	9か月〜1歳未満	1歳〜1歳3か月未満	1歳3か月〜2歳未満
	●一人ひとりのペースや様子に合わせながら食事や睡眠のリズムを整えていく ●食事や睡眠、排泄などのケアのなかで、子どもが人としての心地よさが味わえるように応答的に関わる		
教育（健康・人間関係・環境・言葉・表現）	●さまざまな味を知り、離乳食を喜んで食べる ●一定時間安定して眠り、機嫌よく目覚める ●さまざまな動きや姿勢をとって遊ぶ ●喃語や指さしを受け止めてもらいやりとりを楽しむ ●保育者のまねをして楽しむ ●身のまわりのことに興味を示し、手に取ったり、落としたりして遊ぶ ●戸外や散歩に行くことを喜ぶ	●安心した環境のなか、食事、排泄、睡眠をする ●はいはいや歩くことを十分に楽しむ ●保育者やまわりの子どもの行動に興味をもつ ●探索活動を楽しむ ●簡単な言葉がわかり、動作と一致する ●保育者の模倣を楽しむ	●全身を使って遊ぶことを楽しむ ●保育者や友だちと一緒にいることを喜ぶ ●戸外で自然物にふれて興味をもつ ●簡単な言葉がわかり、話そうとする ●いろいろな素材にふれ親しむ
	●離乳食は一人ひとりに応じて進め、食べる意欲を大事にする ●寝返りやはいはい、つたい歩きなどが盛んになるので周囲の環境を安全に整える ●機嫌のよいときは、戸外や散歩に出かけ近隣の人やものとふれあえるようにする ●まわりにあるものに興味をもち、手を伸ばしたり、指さしたり、喃語を発したりする姿にていねいに関わりさらに安心して探索できるようにする	●食事や着替えなど自分でしようとする気持ちを受け止め、さりげなく手伝いながら一人でできた喜びを味わえるようにする ●保育者やまわりの子どもとふれあいや簡単なやりとりを楽しめるよう、必要に応じて仲立ちをする ●自分の思いが噛みつきやひっかきなど突発的な行動に現れることを理解し、気持ちを代弁して受け止めていく	●動きたい気持ちを受け止め、十分に体を動かせるようにする ●戸外で砂や石、草花や昆虫を見たり、ふれる機会をもち、身近な自然物への関心を引き出す ●食事や排泄、衣服の着脱などを自分でできた満足感から次への意欲につながるように援助する ●身振りや言葉で安心して欲求を表せるよう、自分なりに伝えようとする姿を優しく受け止める

● 図表 5-3　月ごとのねらいの例

期	0歳児	1歳児	2歳児
4月	●特定の保育者とふれあい、安心する ●ゆったりとした雰囲気のなかで、心地よく過ごす	●新しい環境に慣れ、安心して過ごす ●保育者に見守られながら好きな遊びをして機嫌よく過ごす	●新しい環境や保育者に慣れ、安心して過ごす ●春の暖かさを感じながら戸外遊びや散歩を楽しむ
5月	●自分の生活リズムで落ち着いて過ごす ●保育者に見守られながら、自然に親しんだり興味をもった玩具で遊ぶ	●保育者に親しみ、安心して自分を出す ●戸外で保育者や友だちとたくさん体を動かし、機嫌よく過ごす	●生活リズムを整えて快適に過ごす ●保育者や友だちと遊び、のびのびと体を動かす
6月	●梅雨時の衛生に留意された環境のなかで、健康に過ごす ●興味のあるものにふれたり、体を動かして遊ぶ	●身の回りの簡単なことに興味をもち、保育者と一緒にしようとする ●保育者に見守られながら、好きな遊びをじっくりとする	●生活に必要な言葉がわかり、あいさつや返事をしようとする ●気の合う友だちとの遊びや自分の好きな遊びを楽しむ
7月	●安定した生活リズムのなかで、暑い夏を快適に健康に過ごす ●水遊びや興味のある遊びを楽しむ	●一日の生活の流れがわかり、流れに沿って行動しようとする ●自然物や身近なものに興味をもち、見たりふれたりする	●水遊びや戸外遊びで全身を使って遊ぶ ●衣服や靴を一人で着脱しようとする
8月	●遊びと休息のリズムを整え、夏を健康に過ごす ●興味のある遊びを保育者に見守られながら楽しむ	●保育者に促されながら水分補給や汗拭きなどをし、夏を快適に過ごす ●水や砂の感触を楽しむ	●水分や休息を十分に取り、健康に過ごす ●保育者や友だちと簡単な言葉のやりとりを楽しむ
9月	●気温の変化に留意された環境のなかで、健康に過ごす ●体を動かして遊ぶ楽しさを味わう	●戸外遊びや散歩で、身近な秋の自然にふれる ●自分の思いを表情や指さし、片言で伝えようとする	●進んで汗を拭いたり、着替えたりして清潔を保つ ●保育者の仲立ちのもと、友だちと追いかけっこや簡単な集団遊びを楽しむ
10月	●散歩や園庭遊びで秋の自然に親しむ ●気温に応じて衣服の調整をしてもらい、快適に過ごす	●身の回りのことを一人でやりたい気持ちを出し、自分なりにしようとする ●保育者や友だちと一緒にいろいろな動きを楽しむ	●保育者や友だちと一緒に全身を使う運動遊びを楽しむ ●すすんでトイレで排泄しようとする
11月	●自分の思いを表情やしぐさで伝え、受けとめてもらう喜びを感じる ●体をたくさん動かしながら散歩や探索活動を楽しむ	●散歩や戸外遊びで秋の自然物や事象を見たり触れたりする ●保育者や友だちの行動に興味を示し、まねしたり一緒に行動したりする	●秋の収穫や料理を楽しみ、さまざまな食材に興味をもつ ●秋の自然にふれ、色や形、大きさに関心をもつ
12月	●体を使った遊びやリズムに合わせた遊びを繰り返し楽しむ ●喃語やしぐさ、発語による要求や欲求を保育者に受けとめてもらうことを喜ぶ	●保育者に促されながら手洗いや鼻拭きをし、清潔を保とうとする ●友だちと同じように遊ぶ楽しさを味わう	●手洗いや鼻をかむ意味が簡単にわかり、進んでしようとする ●友だちとのびのびと踊ったり歌ったりすることを楽しむ
1月	●冬の感染症に留意された環境のなかで、健康に過ごす ●行動範囲を広げながら、探索活動を楽しむ	●寒い時期を健康に過ごす ●保育者や友だちと簡単な言葉のやりとりをして遊ぶ	●鬼ごっこやかけっこなどでたくさん体を動かして遊ぶ ●経験したことや体験したことを保育者や友だちに話そうとする
2月	●衣服の調節をしてもらいながら健康に過ごす ●身近な大人や友だちに関心をもち、関わろうとする	●冬の自然事象に興味をもち、見たりふれたりする ●身の回りのことがわかり、自分なりにしようとする	●冬の自然にふれて親しみ、遊びに取り入れて喜ぶ ●身の回りのことを一人でしようとする
3月	●好きな玩具や遊具、自然物などに自分から関わり楽しむ ●安心して自分の欲求を表す	●保育者の仲立ちのもと、友だちと一緒に遊ぼうとする ●見立て遊びやつもり遊びを楽しむ	●進級に期待をもち、身の回りのことを進んでしようとする ●簡単な約束事がわかり、守りながら遊ぶ

第 2 章　保育の計画とはどのようなものか

● 図表 5-4　1 歳児の期別指導計画　Ⅱ期（6〜8月）の例

> 期別指導計画は、数か月間の見通しをもってねらいをたてます。その間にどのような季節や気候の変化があるか、子どもたちに体験させたい遊び、ふれさせたい文化や行事があるかを考えましょう。

> 個人差の大きい0・1・2歳児ではクラスを低月齢と高月齢でグループ分けして、より子どもたちの発達に寄り添った保育を展開している保育園もあります。

> たとえば、同じ1歳児クラスのトイレタイムでも低月齢グループと高月齢グループではねらいの内容が違うことが一目瞭然です。

Ⅰ期は「予想される」子どもの姿、Ⅱ〜Ⅳ期は「前期の」子どもの姿を記入します。

「子どもの姿」とこの時期の保育者の願いをからめて「ねらい」をたてます。

「ねらい」を達成するために具体的に子どもがどのような姿や体験をするかを「内容」で設定します。1歳以上は「健康」「人間関係」「環境」「言葉」「表現」の5領域を含んでいきます。

「ねらい」や「内容」の達成につながるよう、子どもが興味や関心をもてるような物的環境構成、人的環境構成、時間、空間などを記入します。

期	低月齢グループ	高月齢グループ
Ⅰ期の子どもの姿	○新しい環境に慣れ、泣かずに過ごしたり長い時間午睡ができるようになった ○はいはいやひとり歩きなどで探索していた ○見たり、気づいたことを指さしや表情、片言で伝えようとしていた ○保育者の介助のもと食事や着替えをしていた	○戸外での探索を楽しみ、見つけたものを保育者に知らせようとしていた ○自分の思い通りにならないと手が出たり、かみつくことがあった ○食事や排泄で自分なりにできることを意欲的にしていた
ねらい	●清潔を保ち、快適に過ごす ●簡単な身の回りのことに興味をもち、保育者と一緒にしようとする ●好きな遊びを見つけ、じっくりと遊ぶ	●保育者や友だちと体を十分に動かして遊ぶことを楽しむ ●促されて汗や鼻水を拭こうとし、清潔に過ごす心地よさを味わう
内容	●保育者に手伝ってもらいながら、汗を拭いたり着替えたりして清潔を保つ ●手づかみ食べや自分なりにスプーンを使い食事を楽しむ ●誘われて、おまるや便器に座ろうとする ●保育者に見守られながら、好きな遊びを十分楽しむ ●したいことやしてほしいことを指さしや身振り、片言で伝えようとする	●簡単な遊具を繰り返し楽しみ、体をたくさん動かす ●自分の思いを表現し、保育者に受け止めてもらうことで安心して過ごす ●自分でパンツやズボンの上げ下ろしをしようとする ●指先を使った遊びを楽しむ ●保育者の言葉や絵本に出てくる言葉をまねして楽しむ ●水遊びや感触遊びを楽しむ
環境構成	●梅雨や夏の暑い時期を健康に過ごせるように温湿度調整をこまめに行う ●自分の気持ちや要求を受けとめてもらう心地よさを感じられるよう、ていねいに応答する ●スプーン食べやおまる、トイレでの排泄に興味をもつ姿を受けとめたり、誘っていく。無理のないよう個別に対応する ●じっくりと好きな遊びをする姿に寄り添う子どもの思いを「気持ちいいね」「これが欲しいのね」などと言葉にしていく	●室内と室外の温度差に気をつけ、十分な睡眠や休息がとれるようにする ●安全な環境を整え、一緒に体を動かし共感する ●かみつきや引っかきは原因を探し、玩具を多めに用意する、安心して遊べる場所をつくるなどの対策を考え、職員間で共有する ●「自分で」という気持ちに共感する ●水遊びや感触遊びに抵抗を示す子には無理強いせず、保育者や他児の楽しく遊ぶ姿から興味をもたせていく
家庭との連携	●子どもの健康状態を見ながら水遊びやシャワーの可否を毎日記録してもらう ●暑さや気温差で体調を崩しやすいので健康状態をこまめに伝え合う ●食事や排泄、着替えなどの身の回りのことについて、子どもの意欲的な様子や保育所で取り組んでいる内容などを保護者に伝え関心を持ってもらう ●感染症予防について伝え、家庭でも感染症予防の意識を高めてもらう	

5 コマ目　長期的な指導計画の作成（0・1・2歳児）

67

● 図表5-5 2歳児の保健計画

年間目標	◎生活リズムを整え、健康に過ごす ◎健康に過ごすための基本的生活習慣を自分なりに身につける	
	ねらい(◎)内容(●)	環境構成・家庭との連携
Ⅰ期	◎新しい環境に慣れ、生活リズムを整える ●新しい環境での食事に慣れ、楽しく食べる ●安心して午睡する ●尿意を知らせたり、進んでトイレに行く	○食事は無理強いせず、ゆったりと楽しい雰囲気をつくる ○午睡時は部屋を薄暗くし、静かな環境をつくる ○個々に合わせておむつ替えをしたり、おまるやトイレへ誘い、我慢したり不安がることのないようにする ○家庭での生活の様子を聞き、一日を通して無理のない生活リズムを家庭とともにつくっていく
Ⅱ期	◎生活の流れがわかり、生活に必要なことを自分なりにしようとする ●戸外に出るときは帽子をかぶる ●水分補給をこまめにする ●汗を拭いたり、着替えたりして快適に過ごす ●休息を十分とる ●自分から尿意や便意を知らせ、トイレで排泄しようとする ●食後のうがいをていねいにする	○遊びに夢中になり熱中症や日射病にならないよう、帽子の着用や水分補給を促す。また、涼しい木陰や室内での遊びに誘う ○温湿度に応じて、冷房器具を利用して快適な環境をつくる ○自分からトイレに行きたいと伝える姿を受け止め、失敗しても不安にさせないような雰囲気をつくる ○食後のうがいは口をすぼめてブクブクとできているか確認し家庭でも試してもらう
Ⅲ期	◎保育者と一緒に風邪予防をする ●促されて衣服の調整を行う ●ガラガラうがいを身につける ●指先や手首までていねいに手を洗う ●保育者と一緒に衣服の着脱を行う ●尿意を感じたときにすぐに保育者に知らせる	○できるだけ薄着で過ごす。保護者には皮膚機能を高めるための薄着の取り組みをていねいに伝える ○寒くても、手洗いうがいがていねいにできるよう言葉かけをする。手洗い後はしっかり水分を拭きとっているか見守る ○長袖の着脱を苦戦しながらも自分で行う姿を励まし、必要に応じて援助する。生地により着脱しづらいものがあるので、家庭と相談し自分で着脱しやすい服を選んでもらう
Ⅳ期	◎寒さに負けず、元気に過ごす ●厚着にならないよう衣服の調節をする ●戸外で全身を動かして遊び、体力を養う ●鼻水が出たら拭いたり、かんだりする ●食後の歯磨きをていねいにする ●排泄後の始末を自分なりにしようとする	○部屋の換気や加湿をし、快適な環境を整える ○寒さに負けず体をたくさん動かせるよう一緒に遊ぶ衣服の調節を促し、薄着を心がける ○鼻水や咳が出たときのマナーを知らせていく。鼻水をうまくかめない子には仕上げ拭きをする ○歯ブラシの持ち方や歯磨き時の約束を伝え、安全に歯磨きができるようにする ○個々のトイレの間隔を把握し、タイミングをみて声をかける。排泄時の始末の仕方(ペーパーの量、拭き方など)を確認し、家庭と共有する

保健計画は、一人ひとりの子どもの生活のリズムや食習慣などを把握し、発育及び発達に適した生活を送ることができるように計画します。

↓

Ⅰ期は環境に慣れることが健康につながります。「安心」や「慣れる」がキーワードといってよいでしょう。

↓

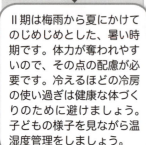

Ⅱ期は梅雨から夏にかけてのじめじめとした、暑い時期です。体力が奪われやすいので、その点の配慮が必要です。冷えるほどの冷房の使い過ぎは健康な体づくりのために避けましょう。子どもの様子を見ながら温湿度管理をしましょう。

↓

Ⅲ期ごろになると、生活に充実感がでてきます。食事や排泄、着替えなどの自立に意欲的になれるような環境づくりができるよう配慮しましょう。

↓

Ⅳ期は、感染症の多い季節です。子どもが自分なりに予防できるよう絵本などで伝えるのもよいでしょう。保護者が治りかけの子どもを登園させ、なかなか感染症がおさまらないことがあります。家庭の理解を促すことが大事です。

演習課題

環境づくりについて考えてみよう

① 59ページの事例①を読んで、Ａちゃんが早く寝られるような環境づくりを考えてみましょう。

② 災害時の対策方法として、ふだん、あなたがしていることをまわりの人と共有し合いましょう。共有したなかで、62〜63ページの2事例（事例②、事例③）の改善策に追加できそうなことがあればまとめましょう。

③ 長期的な計画は子どもの発達を理解していないと作成できません。極端にいえば、生後6か月の乳児に「トイレでの排泄を確立する」というねらいをもつことはありません。そこで、乳児の発達について調べて理解を深めましょう。

〈Ⅰ期：生後3か月〜9か月未満の子どものおおよその発達〉

［（例）喃語を発する

　

　

　　　　　　　　　　　　　　　　　　　　　　　　　　　　　　］

〈Ⅱ期：生後9か月〜1歳未満の子どものおおよその発達〉

［

　

　

　　　　　　　　　　　　　　　　　　　　　　　　　　　　　　］

〈Ⅲ期：生後1歳〜1歳3か月未満の子どものおおよその発達〉

［

　

　

　　　　　　　　　　　　　　　　　　　　　　　　　　　　　　］

〈Ⅳ期：生後1歳3か月〜2歳未満の子どものおおよその発達〉

［

　

　

　　　　　　　　　　　　　　　　　　　　　　　　　　　　　　］

➡ ①、②の解答例は202ページ

6コマ目

長期的な指導計画の作成（3歳以上児）

今日のポイント

1. 3歳以上児の指導計画では集団を意識する。
2. 4歳児になると協同性が芽生えてくる。
3. 5歳児クラスではほかのクラスの手本となるような活動を心がける。

1　3歳児の指導計画

1　3歳児の発達上の特徴

　3歳以上児の指導計画で0・1・2歳児と異なるのは、0・1・2歳児は個別に計画することが基本で、個々の発達段階の違いも多くみられる時期であるのに対して、3歳以上児になると集団を意識することが大切になることです。

　したがって、保育をするにあたっては、あらかじめ発達の流れを把握して見通しをもっておくことが大切です。3歳児はどんな発達の過程にいるのかを確認しておきましょう。

　3歳児は、日々の生活の簡単なことは一人でできるようになってきます。日々の生活の簡単なこととは、たとえば、はしで食事をすることや、自分でトイレに行くこと、衣服の着脱をすることなどです。基本的信頼感をもとに保育者や保護者に認めてもらいながら、こうしたことを達成していくなかで、子どもは満足感を覚え、自己肯定感や向上心を高めていきます。

　身体の技能についても、歩く・走る・投げる・けるといった基本的な運動ができるようになります。手先も徐々に器用になり、道具を用いた図画工作の幅が広がることで、表現を楽しむ気持ちが強く芽生えます。

　言葉については、このころから語彙＊が格段に増え、話し言葉が上達していきます。園での出来事を保護者に話したり、「〜したい」と自分の気持ちを伝えたりすることができるようになります。また、知らない言葉に対して関心が強くなり、言葉の意味を知りたがったりもします。

2　3歳児の年間目標

　以上のように発達していく3歳児を保育するにあたり、どのような年間目標が立てられるでしょうか。まず、基本的生活習慣を身につけること

年齢によって発達が違うから、計画の見通しも変わってきます。

プラスワン

基本的信頼感
発達心理学の用語の一つ。ここでいうと、困ったときや葛藤があるときに、保護者や保育者など、まわりの大人が必ず助けてくれると信じることができるということを指す。

語彙
→知っている言葉の数。

があげられます。そのうえで、保育者や友だちとふれあいながら園生活を楽しむことが目標となるでしょう。

ここで、3歳児の期案の実例を見ていきます（図表6-1）。

3　3歳児の月別のねらい

3歳未満児から3歳以上児に変わると、生活のリズムの変化が大きくなります。4月からはまず、新しい環境や生活に慣れることがポイントです。保育者との信頼関係を築き、生活の見通しが立てられるよう援助し、季節や地域に応じた活動を取り入れながら、友だちと関わることができるように計画を立てましょう。3歳児の月別のねらいの例は図表6-4に掲載しています。

年齢によって発達が違うため、計画の見通しも変わってきます。

2　4歳児の指導計画

1　4歳児の発達上の特徴

4歳児は、これまで身につけた基本的な生活の動作について、流れを理解して行動するようになります。また、自分一人では困難な動作について、保育者や保護者に援助を求めることができるようになるとともに、みずからも周囲の状況に応じて簡単な手伝いができるようになります。集団のなかに自分を位置づけて行動できるようになり、他者と上手に付き合っていくことができ、協同性が芽生えてきます。

このころになると、より活発に運動するようになり、ケンケンなどのやや複雑な運動ができるようになってきます。手指の技能について、利き手がほぼ決まり、徐々に細かな工作の技術が身につきます。

個人差はありますが、このころまでに日常生活で使うのにほぼ十分な語彙と文法を身につけます。自分が経験したことを「いつ・どこで・誰と」という情報を盛り込んで人に話せるようになり、またこうした話に合わせて質問することもできるようになってきます。

2　4歳児の年間目標

このように発達していく4歳児を保育するにあたり、どのような年間目標が立てられるでしょうか。

まずは、園生活に慣れて安心感をもつことが第1の目標となります。子どもはそのあとでだんだんといろいろなことに対して興味をもち、日常生活を送るための習慣を身につけていきます。これが第2の目標となるでしょう。そして、園生活や遊びのなかで保育者や友だちとの関わりを深めていくというのが最終的な目標になります。

ここで、4歳児の期間指導計画（期案）の実例を見ていきましょう（図表6-2）。

> **プラスワン**
>
> **協同性**
> 「幼児期の終わりまでに育ってほしい姿（10の姿）」の一つ。園での生活をとおして、いろいろな人と上手に生活していく力。

● 図表 6-1　3 歳児の期案の例

年間目標
・一人ひとりの子どもが、安心して活動ができるようにする。
・食事、睡眠、排泄、着脱など身の回りのことを進んでしようとする。
・経験したり、感じたりしたことを、言葉を使って表現できるようになり、友だちとの関係性も楽しめるようになる。
・貸し借りや順番を守れるようになる。

	Ⅰ期（4〜5月）	Ⅱ期（6〜8月）	Ⅲ期（9〜12月）	Ⅳ期（1〜3月）
ねらい	・保育者に親しみをもち、新しい環境に安心感をもつ ・園生活の流れを把握し、徐々に適応する ・園の遊具やおもちゃに興味をもって、それらで遊ぶ	・園での生活がわかってきて、身の回りのことを自分でするようになる ・好奇心の幅を広げ、より活発に遊ぶ ・周囲の環境に慣れ、生活に安心感をもつ	・トラブルなども経験しながら、友だちとの遊び方を理解する ・自分の感じたことを、自分なりの表現で発信する	・自信をもって身の回りのことができるようになり、友だちや保育者の手伝いをする ・成長する喜びと、進級に対する期待をもつ
内容	・保育者や友だちと親しむ気持ちをもちながら生活する ・自分の思いを表現しようとする ・絵本やおもちゃを楽しむ ・春の草花に興味をもち、観察する	・衣服の着脱などは徐々に補助なしでできるようになる ・活動や生活に必要な道具に興味をもち、ルールを守りながらそれらを使おうとする ・プールなど夏の遊びを楽しむ	・衣服の着脱や排泄、食事などをすすんで自分からするようになる ・具体的なイメージをもちながら友だちと活発に遊び、そのなかに喜びやくやしさを見いだす	・「手助け」の発想をもち、友だちや保育者が困っているときに助けようとする ・集団としての行動を楽しむ ・異年齢児や新担任とふれあう
関わり方のポイント	・一人ひとりをていねいに温かく受け入れて、安心感をもてるようにする ・園生活上のルールをわかりやすく、繰り返し伝える ・子どもの発想、発見を尊重して、子どもが表現する喜びや充実感をもてるようにする	・基本的な生活習慣について、援助しながら自分でしようとする気持ちを育てる ・おもちゃの場所などの決まりやルールを守れるよう、繰り返し伝える ・子どもの興味を大切にして、遊具や素材を準備し、それらで遊ぶ時間を確保する	・友だちと心を通わせる様子を見守り、必要に応じて間に入る ・備品の使い方、しまい方について、ていねいに教え、決まりを守ると気持ちよく生活できるのだという実感をもてるようにする ・自然のなかで見つけたもので製作を楽しむ時間を確保する	・生活習慣についてどの程度の補助が必要か見極めて、一人ひとりに合わせてサポートする ・進級前の不安を受け止めることで安心感をもたらし、新学期に期待感をもてるようにする ・年下、年上の子と関わる機会をつくり、人に親切にすることやされることへの充実感を味わえるようにする
家庭との連携	・情報交換をていねいに行い、信頼関係を築く ・環境が変わり不安定になりやすい子どもを、家庭ではできるだけゆったり受け入れてほしいと伝える	・休みが多くなるので、休み中の家庭や園での様子を相互に伝え、子どもが過ごしやすい生活リズムを考える	・衣服の調節やうがい、手洗いを家庭でも徹底するよう伝え、両者で感染症予防に努める ・子どもの成長を知るきっかけとなる園の行事について連絡し、参加を依頼する	・懇談会などの行事を通して1年間の成長を伝える ・進級後の話をして、新学期の見通しをもてるようにする

● 図表 6-2　4 歳児の期案の例

年間目標
・喜んでさまざまな活動に取り組み、日常生活に必要な生活や態度を身につける。
・さまざまな遊びに興味をもち、保育者や友だちとの関わりを広げていく。
・全身で体を動かして遊ぶ楽しさを味わうとともに、遊びの経験を広げ、いろいろな方法で表現できる。

	Ⅰ期	Ⅱ期	Ⅲ期	Ⅳ期
ねらい	・新しい担任や友だちと親しみ、心身ともに健康的に活動する ・感じたことや考えたことをさまざまな方法で表現する	・身の回りのことを自分で考えながら行う ・水遊びやプール遊びなどのほか、身近な動植物の観察をとおして夏を楽しむ	・工夫を加えながら友だちと一緒に遊び表現する楽しさを感じる ・イモ掘りなどを楽しみ、秋を感じる	・進級を前に、基本的な生活習慣が身につく ・年長組になることに期待感をもって意欲的に過ごす ・さまざまな素材を使って表現し、また、そうした表現のイメージを友だちと共有する楽しさを発見する
内容	・困ったことなどを担任に伝える ・気の合う友だちと一緒にのびのびと体を動かして遊ぶ ・自分の考えを表現すると同時に、友だちの考えや意見に耳を傾ける	・水遊びなどを楽しむためのルールを守る ・休息や水分補給、汗の始末などを自発的に管理する ・身近な動植物に興味をもち、ふれあうなかで生命の尊さに気づく	・気温に応じた衣服の調節や手洗いやうがいを意識して行う ・さまざまな材料を用いてつくったり、楽器に親しんだりして、表現の幅を広げる	・体調管理に関心を向け、自分で意識しながら生活する ・異年齢児と遊びながら進級に期待を寄せる ・友だちと接し気持ちを表現し合って、ぶつかったときには話し合って解決する
関わり方のポイント	・子どもが気持ちを保育者に伝えられるよう、安心感のある雰囲気をつくる ・生活上のルールは子どもが無理なく守れる範囲で決め、繰り返し伝える	・休息、水分補給の機会を設け、疲れを緩和できるようにする ・図鑑や虫かごなどを用意して興味をもった動植物にふれる機会をつくる ・異年齢児とふれあう機会をつくり、優しくする充実感や優しくしてもらう喜びを学べるようにする	・衣服の調節や手洗いやうがいの重要性を伝え、自発的にできるようにする ・創作がうまくいかないときにはアドバイスしたり、できた点をほめたりする ・友だちと接することが増えるなかで、保育者は一人ひとりのもつ思いをていねいに受け止める	・清潔を保つための生活習慣を自発的に行う様子を見守る ・人の力になろうとする心の動きをとらえて、手伝いの機会を設ける ・一人ひとりの成長に目を向け、認め、進級への期待感をもてるようにする
家庭との連携	・保護者が安心できるよう、子どもの様子を伝えることはもちろん、個人の発達に応じた園での保育の方法を紹介する	・子どもの様子を保護者が理解しやすい形（クラスだよりなど）で伝える ・水遊びなどの遊びも行うので、保護者と相互に健康管理には十分に気を配る	・子どもの自立を急がず、甘えたい気持ちを変わらず受け入れることや、スキンシップの大切さを伝える ・運動会をとおして成長した姿を伝える	・子どもの成長を伝えて、保護者の進級への期待を高める ・進級後の保育内容などについてあらかじめ伝えておき、わからないことについては気軽に尋ねてもらうようにしておく

3 4歳児の月別のねらい

　子どもたち一人ひとりの成長はもちろんのこと、クラスとしても子どもたちの仲間意識や絆（きずな）が強くなるので、一人ひとりの成長をとらえながら集団としてのまとまりも意識することが大切になります。また年長児へのあこがれも強くなることから、さまざまなことに挑戦する意欲を汲み取って計画を立てるとよいでしょう。4歳児の月別のねらいの例は図表6-4に掲載しています。

3　5歳児の指導計画

1 5歳児の発達上の特徴

　生活するうえでの基本的な動作の数々が習慣づき、生活の流れを意識して過ごせるようになります。年長児としての自覚が芽生え、保育者の行動を手伝おうとしたり、年下の子どもに対して気遣ったりする姿もみられ、異年齢保育＊の活動などでは積極的にリーダーになることができます。
　5歳児になると、大人とほぼ同じくらい自由に体を動かせるようになります。なわとびや鉄棒、跳び箱など、全身に複雑な動きを求められる運動にも挑戦できるようになります。手先もより器用になり、ひもを結んだり、細かなものを組み立てたりできるようになります。援助を受けながら、かなづちやのこぎりなどの道具の使用にも挑戦します。
　このころには、物事を順序立てて考えることができるようになってくるので、遊び道具を前にして、楽しむ手段や手順を考える様子がうかがえるようになります。保育者の説明や注意を念頭に置いて行動することもできるようになります。

2 5歳児の年間目標

　このように発達していく5歳児を保育するにあたり、どのような年間目標が立てられるでしょうか。
　進級してからしばらくの間は、友だちと園生活を楽しみ、充実感を味わうことが目標となります。そして、友だちと接するなかで、子どもは社会生活において必要となる態度を身につけていきます。友だちの意見に耳を傾けることと自分の意見を主張することのどちらも大切で、意見がぶつかったときにはよく考え、話し合うことが必要であるということに気づき、情動コントロールができるようになってきます。こうした発見をすることを第2の目標として設定できるでしょう。この過程のなかで子どもは言葉を身につけますが、言葉を習得して表現の幅を広げることも大切な目標の一つです。
　ここで、5歳児の期案の実例を見ていきます（図表6-3）。

小学校への接続も意識したいですね。

重要語句

異年齢保育
→年齢の異なる子どもたちを同じクラスにして行う保育。
（例：3・4・5歳児の混合グループなど）

プラスワン

情動コントロール
自分の感情を自分自身で抑制したりできること。非認知能力の1つ。

●図表 6-3　5 歳児の期案の例

年間目標
・友だちと一緒に園生活を十分に楽しみ、意欲的に活動に取り組むとともに、主体的に行動して充実感や達成感を感じる。
・クラスの子どもたちとの関わりをとおして、社会生活における必要な態度を身につけ、みんなで協力したり、役割を分担したりしながら目的を達成する喜びを味わう。
・生活のなかで必要な言葉を身につけ、自分の気持を表現するとともに、伝えあう心地よさを味わう。

	Ⅰ期	Ⅱ期	Ⅲ期	Ⅳ期
ねらい	・5歳児の自信や自覚をもち、年下の子をリードしながら遊んだりする ・新しい環境に自分から進んで適応する	・生活上のルールについて、その意味から理解しようとする ・季節の自然に親しむ ・友だちと一緒に考えたり試したりしながら遊びを楽しむ	・目的をもって友だちと力を合わせ、目的を達成する喜びを味わう ・友だちと接するなかで、友だちとがんばりを認め合う	・就学への期待や自信をもって生活する ・年長組として頼られたり慕われたりする経験を通して誇りをもち、自意識を高めていく
内容	・昨年度の5歳児がしていた遊びをまねようとするなど、自分のしてみたい遊びを積極的にする ・5歳児の当番活動を把握し、友だちと協力して遂行しようとする ・年下の子どもとも親しみをもって関わる	・雨の日や暑い日の過ごし方を知って快適に過ごす ・集団における自分の役割を意識して生活する ・相手の話を聞き、お互いの考えを受け止める	・さまざまな遊具を用いて複雑な遊びができるようになる ・想像したことを絵にしたり演じたりして、多彩な表現をする ・友だちのがんばりやよさに気づいて認め合う	・安全に過ごす方法を学び、実践する ・友だちと遊び道具をつくったり遊びのルールを決めたりしながら、意欲的に活動する ・正月遊びや冬の自然現象にふれ、興味をもつ
関わり方のポイント	・5歳児としての当番活動の手順や遊具の扱い、その他のルールについて繰り返し確認し、不安をもつ子どもには補助をしながら活動して、みんなが達成感を味わえるようにする ・年下の子どもと接する機会をつくり、保育者を見て関わり方を学べるようにふるまう	・イメージに合ったものがつくれるような道具を準備する ・遊びのルールなどを思い出せるように話すことを心がける ・身近な自然についての図鑑などを用意しておき、それらを調べる楽しさを引き出す	・ふだんの園生活以外に、運動会などの機会を生かしながら、目標達成の充実感や友だちと協力することの楽しさを感じられるようにする ・いろいろな経験を製作遊びのなかに取り入れ、自由に表現することを楽しむ ・秋の自然を、行事や遊びのなかに取り入れる	・身の回りのことを自分でできるように援助する ・正月遊びをきっかけに、文字や数を少しずつ遊びに取り入れ、就学後の興味につなげる ・卒園に向け準備しながら、園生活を振り返る機会を設け、充実感をもたらし、就学後の期待につなげる ・自然に親しむきっかけをつくり、子どものもつ興味に寄り添う
家庭との連携	・今年度の保育方針や主な取り組みについてあらかじめ知らせることで、保護者に安心感を与える ・5歳児になりはりきっている様子にふれ、認めることの大切さについて保護者と話す	・気温の変化が大きいので、子どもが体調を崩さないよう保育者と連携する ・保護者が困ったときに気軽に相談してもらえるよう、信頼関係を築く	・冬期の健康管理、衣服の調節などについて伝える ・園での様子を知らせたり、協力を依頼したりしながら、園での活動に興味や関心をもってもらう	・保護者と生活習慣の確立の程度や生活リズムについて再確認する ・就学について不安をもっている保護者に対して、就学先の小学校と園が連携していることを伝える ・卒園式への参加を依頼する

6コマ目　長期的な指導計画の作成（3歳以上児）

3　5歳児の月別のねらい

最高学年になるので、園のなかで一番活動的なクラスとなり、ほかのクラスの手本となるような活動を心がけます。アプローチカリキュラムを意

● 図表6-4　月別のねらいの例（3・4・5歳児）

	3歳児	4歳児	5歳児
4月	・安心して園での時間を過ごす ・新しい環境に慣れる ・園生活のなかで好きなものや好きなことを見つける	・新しい環境に慣れ、自分でできることが増えていく喜びを感じる ・興味をもった遊びを楽しむ ・クラスの友だちと接する楽しさを感じる	・進級に喜びを感じながら生活する ・生活のルールや遊び場の使い方などを友だちや保育者と考えながら、園生活をともにつくっていく感覚をもつ ・友だちと一緒に興味をもった遊びをする
5月	・具体的な園生活を知り、安心感をもって過ごす ・自分の好きな遊びを楽しむ ・保育者や友だちと遊ぶことに喜びを感じる	・園での生活の仕方を把握し、自分なりにやってみる ・保育者や友だちとふれあう ・身近な自然にふれ、戸外の魅力を発見する	・積極的に戸外遊びをする ・友だちと思いを伝え合いながら遊びを楽しむ ・飼育物、栽培物の世話を保育者と行い、季節を感じる
6月	・天候に応じた生活について知り、自分ができることを積極的に行う ・同じものや場所を友だちや保育者と共有して遊ぶことを楽しむ ・雨、水たまり、アジサイ、カタツムリといった梅雨期の自然に興味をもつ	・気候に気を配り、衣服の調節などを自分から行う ・いろいろな遊びに興味をもち、おもちゃや遊具にたくさんふれる ・友だちとの遊びのなかで接し方や言葉の使い方を知る	・水遊びの準備を自分たちで行い、楽しむ ・梅雨期の自然に興味をもって調べたことなどを、友だちに教える機会をもつ
7月	・水遊びの準備などを自分からしようとする ・夏ならではの遊びを楽しみ、夏の自然にふれる ・好きな遊びを友だちと一緒に楽しむ	・水分補給や汗の始末を自分ですすんで行い、夏の過ごし方を知る ・植物の世話などをとおし、夏の自然に興味をもつ ・水や砂、泥の感触を味わいながら友だちと活発に外で遊ぶ	・友だちと知恵を出し合う経験などを踏まえて、気持ちを寄せて遊ぶ ・約束を守り、自分なりにめあてをもってプールで遊ぶ ・夏の自然について調べたり、疑問を友だちと共有したりする
8月	・夏の過ごし方を理解し、汗の始末などを自分で行う ・夏の自然に興味をもつ ・異年齢児と一緒に遊んで親しみをもつ	・体を健康で清潔に保つことの大切さに気づき、自己管理の意識を高める ・水遊びのほかに、夏野菜を収穫したり昆虫を観察したりして夏の魅力を知る ・異年齢児やほかのクラスの友だちとふれあう	・クラスの友だちはもちろん、年下の子どもとも関わり、世話をする ・昆虫や小動物の世話をする経験をとおして、命の大切さを学ぶ
9月	・休み明け、園生活のことを思い出し、リズムを整えながら過ごす ・保育者や友だちと体を動かして遊ぶ ・初秋の自然に興味をもつ	・園生活のリズムを取り戻し、身の回りのことを自分から行おうとする ・プールでできるようになった遊びを繰り返しながら、季節感を味わう ・身近な自然にふれ、秋への変化を感じる	・自分の気持ちや考えを表現することを大切にする ・敬老の日関連の行事などをとおし、身近な人とふれあう ・空を観察し、雲や風などに関心をもったり、季節の変化を感じたりする

識して、小学校への接続を考えながらねらいを立てるとよいでしょう。5歳児の月別のねらいの例を図表6-4に掲載します。

	3歳児	4歳児	5歳児
10月	・汗の始末や着替え、手洗いなどを自分からしようとする ・ルールを守って遊ぶ楽しさを学ぶ ・木の葉集めやサツマイモの収穫をとおして秋の魅力を発見する	・クラスの遊具や道具などをきれいに使い、片づけることに意識を向ける ・遊びのなかで友だちの言葉や動きに関心をもつ ・木の葉などの自然物にふれるほか、歌や絵本からも季節を感じ取る	・体を動かす喜びを覚え、その喜びを運動会でクラスの友だちと一緒に味わう ・運動会について、係活動なども担当して、達成感を味わう ・木の葉集めや虫の観察、サツマイモの収穫などをとおして秋を感じる
11月	・身の回りのことを一人でできたことに達成感を覚える ・保育者や友だちに、思いやイメージを伝えることを楽しむ ・秋の自然物やその他の素材を使って表現を楽しむ	・当番活動の流れを理解し、すすんで手伝う ・友だちと相互に考えやイメージを伝え合うことを楽しむ ・深まる秋の自然物を取り入れた遊びを楽しむ	・ものをつくって遊ぶとき、細かなところまでこだわって製作する ・4～5人程度の友だちで遊びなどについて相談し、話をまとめる ・秋の自然物やその他の素材を使って表現を楽しむ
12月	・防寒着の着脱や手洗いやうがいを自分からすすんで行う ・遊びや生活のなかで自分の思いを言葉にする ・冬の自然にふれたり、クリスマスや年末の行事に関心をもったりする	・歌や合奏をとおしてリズムや音を合わせる感覚をつかむ ・自分のイメージに沿って表現することを楽しむ ・友だちと鬼ごっこのようにルールがある遊びを行う	・共通の目的に向かうために協力することの大切さがわかり、自分の意見が通らないときには気持ちをおさめようとする ・年末年始の行事を楽しむ ・遊びながら数字や文字に興味をもつ
1月	・コマ回し、羽根つきなどの正月遊びを周囲と楽しむ ・ごっこ遊びや製作遊びをとおして、イメージをふくらませることを楽しむ ・戸外で体を動かしながら季節を感じる	・ルールがある遊びを一緒に楽しむことで、いろいろな友だちと楽しく遊べることを知る ・自分なりに目標をもって行動することに満足感を覚える ・冬の自然現象にふれる	・友だちとルールなどについて確認しあい、考えながら遊ぶ ・寒いなか戸外でみんなで遊び、体が温まる感覚を味わう ・文字や数字に興味をもち、すごろくやかるたで遊ぶ
2月	・園生活を見通す視点をもち、登園後の身支度、昼食の準備や降園の支度をすすんで行う ・楽器遊び、ごっこ遊びなどをとおして表現することを楽しむ ・雪や氷という冬ならではの自然にふれる	・発表会などに合わせてクラスみんなで表現に取り組み、イメージや考えを共有する喜びを味わう ・年長児の遊びに関心をもち、まねする ・日差しの暖かさや球根の発芽などから春の訪れを感じ取る	・日々の予定や発表会までの予定をカレンダーなどで把握し、見通しをもつ ・発表会に向け、友だちと協力しながら張り切って準備する ・衣服の調節を自分で行う
3月	・進級することを楽しみにする ・ひな祭りの行事を知り、楽しむ ・木の芽のふくらみを観察するなどして、春の訪れを感じる	・お別れ会などをとおして年長児とふれあい、進級後に期待をもつ ・友だちと遊ぶなかで、自分なりの力を発揮する ・季節の変化を感じ取る	・小学校に就学することを楽しみにする ・友だちと成長を認め合い、就学後の期待につなげる ・自然を観察したり図鑑や絵本を読んだりして春を感じる

6コマ目　長期的な指導計画の作成（3歳以上児）

そのほかの指導計画

　年間指導計画以外にも園にはさまざまな計画が存在します。具体的には保健計画、食育計画、避難訓練計画などがあげられますが（➡5コマ目参照）、園を構成するさまざまな職員（保育士・栄養士・看護師等）がそれらの計画を意識し、実際に行われる活動（行事）を協力して実施していくことが大切です。

　また、各園において全体的な計画を受け止めつつ、すべての保育者が計画編成の主体であると考えることが大切です。保育者は、PDCAサイクル（➡3コマ目参照）を意識して、自らがカリキュラム・マネジメント（➡2コマ目参照）の担い手であるという自覚が必要になります。

おさらいテスト

❶ 3歳以上児の指導計画では［　　］を意識する。
❷ 4歳児になると［　　］が芽生えてくる。
❸ 5歳児クラスではほかのクラスの［　　］となるような活動を心がける。

第2章 保育の計画とはどのようなものか

自分で書いてみよう

自分の卒園した保育所等の年間行事を思い出し、書いてみましょう。

年間行事

保育所・幼稚園・認定こども園名（　　　　　　　　　　）

月	どんな行事があったかな？	どんなことをしたかな？
例）7月	七夕	七夕のお話を知り、短冊に願いごとを書いた。
4月		
5月		
6月		
7月		
8月		
9月		
10月		
11月		
12月		
1月		
2月		
3月		

※住んでいる地域や園の方針によって、さまざまな行事があります。グループでどのような行事だったか話し合ってみましょう。

6コマ目　長期的な指導計画の作成（3歳以上児）

7コマ目 短期的な指導計画の作成（0・1・2歳児）

今日のポイント

1. 短期的な指導計画は、子どもの生活に即して週・日などで計画される。
2. 短期的な計画は長期的な計画を踏まえて作成する。
3. 計画作成には個別計画やデイリープログラムを活用するとよい。

1 0・1・2歳児の短期的な指導計画とは

短期的な指導計画とはどのような計画でしょうか。「保育所保育指針解説」によると、長期的な指導計画をもとに「更に子どもの生活に即した週・日などの短期的な予測を示すもの」としています。

短期的な指導計画を立てる際のポイントは以下のとおりです。

①長期的な指導計画を踏まえて作成すること
②子どもの興味や関心、実際の遊びや生活に即したものであること
③子どもの生活や遊びの連続性を尊重した柔軟なものであること
④一日の生活のなかで、多様な活動が調和的に組み込まれていること

短期的な指導計画は、全体的な計画や長期的な指導計画を踏まえて作成することとなっていますが、どのように踏まえればよいのでしょうか。1歳児の9月3週の週案のねらいを立てる場合の一例を見てみましょう。

● 図表7-1 週案のねらいの立て方

全体的な計画	体を動かす心地よさを味わう
年間指導計画	保育者とふれあいながら体を十分動かして遊ぶ
月別指導計画	保育者や友だちと一緒に、体を十分に動かして遊ぶことを楽しむ
週案	保育者や友だちと一緒にさまざまな動きを楽しむ

80

図表7-1からわかるように、全体的な計画の「体を動かす心地よさ」という健康の領域を意識した目標から、年間指導計画で「保育者とふれあいながら」と人間関係の領域を含んだ目標へとつながっていきます。さらに9月の指導計画では「友だち」との関わりもねらいに含まれ、9月3週では具体的に「表現」の領域も含んだ具体的な表現となっています。全体的な計画や長期的な指導計画を踏まえた短期的な指導計画は、このような流れで作成されます。

2　0・1・2歳児の指導計画作成で特に気をつけたいこと

　0・1・2歳児の指導計画作成にあたっては、以下のことに留意しなければなりません。

●図表7-2　指導計画作成の留意点

(1) 一人ひとりの子どもの状態に即した保育が展開できるような個別の指導計画

(2) 保護者の思いを受け止めながら「子どもの育ちをともに喜び合う」という基本姿勢

(3) 保育者間、看護師・栄養士・調理員などとの緊密な協力体制のもと、保健および安全に配慮

(4) 子どもの状況や季節の変化などにより、見通しに幅をもたせる

(5) 子どもとゆったりとした関わりをもち、情緒的な絆を深められるようにする

3　週案とはどういうものか

　短期的な指導計画の一つである週案は、週単位でねらいをもち、保育を展開していくものです。週案や日案は長期的な指導計画と異なり、目の前の子どもたちの実態を反映した計画を立てることができます。
1歳児の9月3週の週案例を見てみましょう（図表7-3）。

4　日案とはどういうものか

　もう一つの短期的な指導計画である日案は、その日に行う活動や遊びを、主に時間に沿って生活の流れを記入したものです。デイリープログラムとは異なり、生活のなかにねらいをもち、保育を展開していくものです（図表7-4）。

5　個別の指導計画とはどういうものか

　「保育所保育指針解説」では、「保育所では、障害のある子どもを含め、（中略）全ての子どもが自己を十分に発揮できるよう見通しをもって保育すること」とし、「必要に応じて個別の指導計画を作成し、クラス等の指導計画と関連付けておくことが大切である」としています。
　3歳未満児は心身の発育・発達が著しく、また個人差も大きいため、個別の計画と配慮が必要な場合も多々あります。
　個別の指導計画を作成する際のポイントは、以下のとおりです。
①子どもにとって課題となっていることが生じやすい場面や状況、その理由などを適切に分析する。

Bくんはトイレに行きたがらないなぁ……どうやらトイレの雰囲気が怖いみたい。

②そのうえで、場面に適した行動などの具体的な目標を、その子どもの特性や能力に応じて、1週間から2週間程度を目安に少しずつ達成していけるよう細やかに設定する。

Bくんがトイレに行けるようにしたい。別の場所なら安心してできるかしら。トイレを外から眺めていることはあるから興味はありそう。1週目はトイレの中に入るだけでもいいわね。慣れたら便器に座れるか促してみよう。

③そのための援助の内容を計画に盛り込む。

〈個別の内容例〉
・明るい雰囲気に装飾されたトイレに安心感をもつ。
・保育者と一緒にトイレに入り、雰囲気に慣れる。
・トイレの入り口にあるおまるで排泄しようとする。
・トイレで排泄しようとする。

図表 7-5 には、0 歳児の個別指導計画の例を掲載しています。

目標達成！

6 デイリープログラムとはどういうものか

　保育所では、指導計画とは別にデイリープログラムがあります。デイリープログラムとは、長い時間を保育所で過ごす子どもたちが、日々安定した生活を送るための生活時間の目安表です。これは、それぞれの保育所により地域性や特色を加えてつくられています。

　A園とB園の 2 歳児のデイリープログラムを比較してみましょう（図表 7-6）。同じ 2 歳児でも日々の生活時間が異なることがわかります。

　次に、A園の 0 歳児と 1 歳児のデイリープログラムを比較してみましょう。0 歳児は午前寝があったり、給食や午睡の始まる時間が異なっていたりすることがわかるでしょう。特に 0・1・2 歳児は食事の回数や摂取量、睡眠の長さや回数などが成長により変わっていくので配慮が必要です。

　0 歳児のデイリープログラムは年度末までずっと同じということではなく、1 歳児の基本デイリープログラムにむけて時間を少しずつ調整し、無理なく移行していくことが大切です（図表 7-7）。

おさらいテスト

❶ 短期的な指導計画は、[　　　　　]に即して週・日などで計画される。
❷ 短期的な計画は[　　　　　]を踏まえて作成する。
❸ 計画作成には個別計画や[　　　　　]を活用するとよい。

● 図表 7-3　1 歳児の週案の例

1歳児　9月第3週　週案

> 1週間をとおして、ねらいたい内容は矢印で引っぱって表すこともあります。
> 週案を立てるときに1週間分を見通して内容と環境構成を書きます。週の途中で子どもの興味・関心や天候により内容を変える必要が生じた場合は、その都度柔軟に変えていくようにしましょう。

前週の子どもの姿	●全員が欠席することなく過ごせたが、夏かぜが長引き、鼻水や咳の出る子がいた。 ●戸外に出て虫や草花を見つけ眺めたり、保育者や友だちと同じように動き喜んだりする姿があった。

日にち	内容	援助・配慮（環境構成）	記録
9月11日（月）	●自分なりにじっくりと遊んだり、保育者や友だちと一緒に遊んだりすることを楽しむ。 ●公園の遊具で遊んだり探索活動を楽しんだりする。	○一人ひとりの動きを把握し、子どもたちの発見したことや遊びに共感していく。	さくら公園へ行った。着くと真っ先にすべり台へ行く子がほとんどで、繰り返し楽しんでいた。階段を上手にのぼる子が増えた。ゆるやかな土手では虫や小花、ネコジャラシを見つけるなどじっくりと探索する姿があった。遊歩道を走ったり、土手を駆け下りたりして体をたくさん動かした。電車が見えると立ち止まり手を振ったり、声を出して喜んだりする姿もあった。
9月12日（火）	●周辺散歩をするなかで、身近な自然にふれる。 ●保育者や友だちと同じような動きをして楽しむ。	○明るく声をかけ、楽しい雰囲気をつくり、保育者や友だちと手をつないで歩いたり、ジャンプやかけっこなどいろいろな動きに誘ったりする。 ○まだ暑い日が続くので木陰を選んで散歩をし、虫や草木を一緒に観察する。	保育園の周辺を散歩した。隣のグラウンドで異年齢児のお遊戯練習を見てまねしてみたり、手をたたいたりしていた。散歩道では、個々のペースで歩いたり走ったり探索をしたりする姿があった。木の下をくぐったり、アリやセミの抜け殻を見つけ集めたりもした。ネコジャラシを見つけると、それでくすぐろうと追いかけっこが始まった。給食中に思い出し、「待て待てたね」「ネコジャラシくすぐったかったね」など言葉にしていた。
9月13日（水）	●運動会の雰囲気を感じながら運動会の練習に楽しく参加する。	○保育者や友だちと楽しさを共有できるような声かけをする。 ○運動会の練習の雰囲気に対しての個々の不安や興奮を表す姿を受け止めていく。	運動会の予行練習に参加した。全員そろって参加できた。子どもたちはとても落ち着いていて、入場も友だちや保育者と手をつないでしっかりと歩いていた。かけっこは笑顔で参加していた。以前、部屋で遊んだことがあったからか異年齢児のバルーンに興味を示していた。「パタパタやりたいね」と子どもから伝える姿もあった。
9月14日（木）	●ゆったりと過ごす。 ●靴の脱ぎ履きを自分でしようとする。	○好きな遊びを見つけ、繰り返し楽しむ姿を受け止めていく。 ○鼻水をこまめに拭き取り、清潔を保つようにする。 ○自分で靴の脱ぎ履きができるよう時間をゆったりととり、コツを伝えたり、励ましたり、自分で履けた喜びに共感したりする。	自分で靴や靴下を履く時間をゆっくりととった。援助が必要な子もいるが自分で履こうとする姿がみられた。園庭で遊び始めると個々に興味をもった遊具へ遊びに行き、何度も繰り返し楽しんでいた。三輪車やバイクに興味を示し、挑戦する子もいた。ジャングルジムにも興味を示し、のぼったり降りたりくぐったりして遊んでいた。砂場では、お店屋さんに見立てた保育者とのやりとりを盛んにしていた。
9月15日（金）	●秋の自然を感じながらじっくりと探索を楽しむ。 ●歩く、走る、土手のぼりなどいろいろな動きを楽しむ。	○危険なことやものがないかまわりに目を配りながら安心して遊べるようにする。 ○じっくりと探索できるよう時間をたっぷりとり、見つけたことに共感する。 ○自然公園のおもしろさが感じられるように、いろいろな場所でさまざまな動きをして、まねをしたくなるような雰囲気をつくる。	
9月16日（土）	●保育者や友だち、保護者と一緒に運動会に楽しく参加する。 ●保育者や友だちと手をつないで歩く、走る、ジャンプする、くぐるなど全身を使って遊ぶ。	○運動会の雰囲気を感じながら楽しく参加できるように声をかけていく。 ○保育者や友だちと一緒に、手をつないで歩いたり、競技や踊りに参加する姿を十分受け止める。 ○不安がる子には、個別に声をかけ安心できるようていねいに関わる。	「記録」と「評価（振り返り）」をまとめて表記する様式もあります。記録は「実際の子どもの姿」などと表現されていることもあります。記録から今日の保育の振り返りをします。ただの感想にならないために今日のねらいの内容にもう一度目を通し、内容に対してどうだったかも記述しましょう。子どもの姿で気づいたことや、環境設定や保育者の援助が適切であったかなどを振り返りましょう。

第2章　保育の計画とはどのようなものか

今週のねらい	◎保育者や友だちと一緒にさまざまな動きを楽しむ。 ◎戸外遊びや散歩で、身近な自然にふれる。 ◎夏の疲れに留意し、休息を十分とる。	行事	13日（水）運動会予行練習 16日（土）運動会

評価（振り返り）	ひとこと個人記録			
遊具遊びや探索がじっくりとできてよかった。保育者から発信するばかりではなく、子どもからも見つけたものを保育者に伝えようとしていた。発見する楽しさを共有することができた。虫や花の種類など子どもたちも覚えてきている。ものの名前も伝えながら探索を楽しんでいけるようにしたい。	H女　公園で自分で「おしっこ」といえた。 A女　「ごめんね」といえず、迷っていた。 I男　欠席（都合） G男　アリを見つけると座り込んで見ていた。 M女　食事中に立とうとする姿が目立った。		K男　「でてこないね」などとはっきりと話していた。 Y女　遊具の階段にとても慎重だった。 E女　活動の合間は泣いて不安がっていた。 S男　電車を見て「でんしゃ」と喜んでいた。	
身近な自然にふれたり、いろいろな動きを楽しむことができた。手をつないで歩くだけでなく、個々のペースで遊びながら歩いたことで楽しんで散歩することができた。無理せず、手をつなぐ練習をしていきたい。また、運動会が近いので他年齢児の練習を見たが、楽しそうに見ていたのでさまざまなクラスの練習を見て運動会の雰囲気を楽しめるようにしていきたい。	H女　欠席（都合） A女　追いかけっこを楽しんでいた。 I男　セミの抜け殻を手にいっぱい集めていた。 G男　給食中に散歩の出来事を思い出し話していた。 M女　木の下くぐりが気に入り何度もくぐっていた。		K男　貸し靴下を自分のじゃないと怒って投げた。 Y女　欠席（下痢） E女　異年齢児の遊戯を見てまねして踊っていた。 S男　欠席（都合）	
事前に他年齢児の遊戯を見たりバルーン遊びをしたことで興味をもって見ている子が前回より多く、楽しめていた。競技練習では、自分なりにのぼる、すべる、くぐる、走り抜けるなどさまざまな動きを体験できた。運動会の雰囲気は不安がることなく楽しめていたので、本番も楽しめるよう声かけや雰囲気づくりを大切にしていきたい。毎日体をたくさん動かし、週末は運動会を控えているので明日は1日ゆったりと園庭で過ごせるようにしたい。	H女　マットの山をすべらず、落ちそうになった。 A女　姉を探し、応援して楽しんでいた。 I男　保育者に抱っこを求める姿が多かった。 G男　一人でパンツをスムーズにはけてうれしそうだった。 M女　バルーンを見て「パタパタしたい」と手を動かしていた。		K男　泣かずにかけっこ競技を楽しんでいた。 Y女　入場行進では元気に手を振って歩いていた。 E女　一人であちこち動き回っていた。 S男　手をつなぐことを嫌がらずに入場行進した。	
十分な時間をとって靴や靴下を履く練習ができたので意欲をもって自分で履くことができた。園庭では、気に入りの遊具やおもちゃを見つけじっくりと遊べた。さまざまな遊具に挑戦する姿もみられ、子どもの発達に合わせて援助を心がけ、安全に遊ぶことができたのでよかった。園庭だけでなく、散歩先でもじっくり遊べるような時間配分をしていきたい。	H女　一人でおかずをきれいにまとめていた。 A女　ジャングルジムでのぼったまま横に移動できた。 I男　砂場で見立て遊びを楽しんでいた。 G男　ジャングルジムでA女をまねて降りられた。		M女　おかずを嫌がったが友だちが見にくると食べた。 K男　すべり台とコンビカーで繰り返し遊んだ。 Y女　保育者の言葉をおうむ返ししよくしゃべっていた。 E女　あちこちの遊具を渡り遊んでいた。 S男　砂場で集中して遊んでいた。	

> その日の「評価（振り返り）」が翌日のねらいへとつながっていきます。連続性を意識しましょう。

> 個人記録の仕方はさまざまです。一日のなかで、印象に残った姿や成長を感じたこと、気になったことなどを記録することでのちのち成長の変化に気づくことができます。

7コマ目　短期的な指導計画の作成（0・1・2歳児）

● 図表7-4　2歳児の日案の例

> 前日の子どもの姿を振り返り、今日はこのような生活を送ってほしい、こんな体験をしてほしいなどの保育者の願いを含めてねらいを立てましょう。

2歳児　11月9日　日案

子どもの姿	ねらい
○戸外でたくさん体を動かした。自然物を集めることに興味を示し、拾い集め持ち帰ることを喜んでいた。保育園に持ち帰ったものはおうちの人に見せたいと、ほとんどの子が家に持ち帰った。部屋では『3びきのやぎのがらがらどん』(福音館書店)のお話を繰り返し読み、覚えたフレーズをまねする姿があった。	◎戸外で体を思い切り動かす。秋の自然物にふれたり、冷たい風に秋を感じる。
	内容
	○戸外で遊ぶなかで、見たり、感じたりしたことを言葉で表そうとする。

時間	予想される子どもの姿	保育者の援助	留意点
7:00	○順次登園する ○遊ぶ（合同保育）	●笑顔であいさつを交わす ●視診する ●一緒に遊ぶ	●保護者から家庭での様子を聞く ●危険のないよう目配りをする。合同保育のため、年少児の動きに特に注意する
8:45	○片づける ○排泄をする	●片づけを促す ●トイレが混みあわないよう順に声をかけ促す	●全体的に落ち着きがなくなり、けがやトラブルが起こりやすいので注意する
9:00	○朝のおやつを食べる	●おやつの準備、提供、片づけをする	●全員そろうところで、出欠確認と体調チェックをする ●アレルギー児へのおやつの提供は担任複数人で献立内容を確認する
9:30	○散歩に行く（南公園） ●散策を楽しむ ●がらがらどんごっこを楽しみながら、たくさん体を動かす	●友だちや保育者と手をつないで歩くように伝える ●気に入った落ち葉や木の実を入れる袋を用意する ●トロルやヤギになり、追いかけっこを一緒に楽しんでいく	●通りを歩く際、保育者間で声をかけ合い安全に十分留意する
11:00	○帰園する ●手洗い、うがいをする ○排泄する ○給食準備をする	●外遊び後なので、ガラガラうがいを促す ●給食までの一連の流れを自分で進めようとする姿に寄り添い、必要に応じて援助する	●給食準備までに個人差があるので、支度に時間がかかる子には早めに声をかける ●けがの有無や顔色の変化を確認する
11:20	○給食を食べる	●食べている食材に興味がもてるような話しかけをする ●よくかむよう促す	●ふざけるのではなく、楽しく食べることを伝え、食事の雰囲気づくりをする

> 0・1・2歳児は食事や排泄、睡眠、着替えなどの基本的生活習慣を繰り返し経験していきます。

> おおよその目安を記入します。実際は子どもの状況により、柔軟に対応しましょう。

> 保育者は、子どもが安心して意欲的に遊びや生活ができるよう援助や配慮をすることが大事です。

第2章　保育の計画とはどのようなものか

> ０・１・２歳児は身体機能が未熟で急に体調不良となることがあります。配慮しましょう。

時間	予想される子どもの姿	保育者の援助	留意点
12:00	○午睡準備をする ●排泄する ●歯みがきをする ●絵本を見る 　『３びきのやぎのがらがらどん』	●個々のペースで排泄と歯磨きをすませるよう声をかける ●午睡前の読み聞かせを楽しみに準備をする姿を受け止めていく ●ゆったりとした雰囲気の中で、読み聞かせをする	●排便の始末や歯磨きの仕上げをていねいに行い、清潔を保つ ●歯ブラシをくわえたままにさせず、すぐに声をかける
12:20	○午睡する	●静かに横になる様子を見守る	●室内の温湿度を快適に保つ ●睡眠時チェックを忘れずに行う
14:30	○目覚める ●排泄する ●おやつの準備をする ●手洗いをする	●給食までの一連の流れを自分で進めようとする姿に寄り添い、必要に応じて援助する	●目覚めた子から順に準備を促す
15:00	○おやつを食べる	●おやつの進み具合を確認する顔色や機嫌などのチェックをする	●寝起きに発熱や体調不良の症状がみられることがあるので、ていねいに観察する
15:40	○園庭で遊ぶ ○順次降園する	●個々に好きな遊びを楽しむ姿を受け止めていく ●遊具の介助をしたり、一緒にがらがらどんごっこを楽しんだりする ●次の日を楽しみに来られるようなあいさつを交わす	●安全に遊べるよう職員間で配置や役割を柔軟に変えていく ●迎えに来た保護者に１日の様子や連絡事項を伝え、コミュニケーションをとる
16:45	○片づける ○排泄をする	●片づけを促す ●紙おむつで降園する子はパンツからはき替えるように促す	●個々に使用したタオルや着替えが間違えずにバッグに入れられているかを確認する
17:00	○遊ぶ（合同保育）	●合同保育の部屋に一緒に移動し、遅番保育者に引き渡す	●遅番保育者に引き継ぎをする（現在の人数、子どもの様子、保護者への伝言など）

振り返り・評価

戸外で思い切り体を動かせた。秋の風を感じて「つめた～い！！！」とはしゃぐ姿もみられた。保育者が「あの葉っぱは何色～？」と聞くと赤・黄・緑・青などさまざまな反応が返ってきた。これからの木々の色の変化に興味をもてるよう働きかけたい。いつもの鬼ごっこがストーリー性のあるがらがらどんごっこの追いかけっこに変化し繰り返し楽しめた。引き続き、興味のあることをいろいろな遊びに取り入れて遊ぶ楽しさを共有していく。寒くなり、トイレに間に合わない子が増えてきている。早めの声かけを心がける。

> 保育を振り返る際、ねらいに対して子どもの姿はどのようであったか、保育者の援助やねらいの設定は適切であったかを考えましょう。また、翌日へ継続していきたい取り組みや課題も記入すると、翌日のねらいが立てやすくなります。

７コマ目　短期的な指導計画の作成（０・１・２歳児）

● 図表 7-5　0歳児の個別指導計画の例

0歳児　個別指導計画　6月

クラスの ねらい	◎梅雨の時期の衛生や感染症に留意して、健康に過ごす ◎一人ひとりの発達や興味に合わせて伸び伸びと遊ぶ
名前	Sくん（6か月）
前月の 子どもの姿	●うつぶせとあおむけを繰り返しながら転がるように移動する ●手につかんだものをじっと眺めたり、なめたりする ●他児の食べる様子を興味をもって見ている
内容	●興味のある玩具や保育者のところへ転がるように移動することを楽しむ ●握りやすい玩具をつかんだり、振ったりして遊ぶ ●遊びながら保育者の呼びかけに反応し、顔を向けたり笑いかけたりする ●喃語を発し、自分の声に耳を傾ける
環境構成	●安心して移動を楽しめるよう、安全面に配慮した環境を整える ●同じ視線や姿勢で声をかけたり、一緒に動きながら腹ばいの姿勢を少しずつ長く保たせていく ●玩具は素材や大きさに注意し、子どもが口にしても安全なものを選ぶ ●他児の食事の様子を見せ、「もぐもぐ」「おいしそうね」と語りかけ、離乳食への興味をもたせる ●優しく語りかけながらおむつを替え、心地よさを味わえるようにする
家庭との連携	●日中の活発な様子を伝え、成長を喜び合う ●離乳食開始に向けて、家庭でどのように進めているかを確認する。形状や味付け、回数などをこまめにやりとりして家庭と保育園間で途切れずに進めていく
反省・評価	●いろいろなものに興味をもち、触ったりなめたりして感触を味わっていた。腹ばいで過ごす時間が増えたので、引き続きその姿勢でまわりを見渡したり、玩具で遊び楽しんだりできるようにしたい ●離乳食をはじめ、ミルク以外の味を抵抗なく口にしている。味だけではなく、形状も少しずついろいろなものを味わえるよう保護者と相談していく

> 個別指導計画は、個人差を配慮してねらいを立てます。クラス全体のねらいと前月の個々の姿を踏まえて、内容を設定しましょう。

> 乳児（0歳児）の内容は3つの視点「健やかに伸び伸びと育つ」「身近な人と気持ちが通じ合う」「身近なものと関わり感性が育つ」を意識して設定していきます。

第2章　保育の計画とはどのようなものか

0歳児　個別指導計画　6月

クラスの ねらい	◎梅雨の時期の衛生や感染症に留意して、健康に過ごす ◎一人ひとりの発達や興味に合わせて伸び伸びと遊ぶ
名前	Kちゃん（11か月）
前月の 子どもの姿	●保育者とのふれあい遊びで笑い声を出して喜ぶ ●座ったまま移動し、つかまり立ちを怖がる ●小さなものや細いものをつまんで見せる ●緑色の野菜はすすんで食べたがらない
内容	●保育者とのふれあいを安心して楽しむ ●つまむなど指先を使うような遊びを繰り返し楽しむ ●自分の伝えたいことを指さしや片言で知らせようとする ●おむつに排便すると態度でわからせようとする ●いろいろな食材を味わう
環境構成	●歩行や食事では慎重な面がみられる気持ちを受け止め、機嫌のよいときにつかまり立ちに誘ったり、さりげなく野菜を口に運ばせていく ●自分の気持ちを片言や身振りで示そうとする姿を受け止め、応答的に関わる ●おまるや便器に座ることに慣れるよう絵本を見せたり、指人形で興味をもたせたりしていく ●簡単なひも通しや穴落としなどを用意し、つまむ遊びの楽しさを深める ●汗をかきやすいので、こまめに体を拭き肌を清潔にする
家庭との連携	●あせもなどの肌荒れに留意し、着替えを多めに持ってきてもらう ●おむつへの排尿に不快を感じていることを伝え、家庭でも便器に慣れる機会をもってもらう
反省・評価	●梅雨の湿気でおむつかぶれが目立った。おむつ替えのたびにシャワーをし、清潔に保つようにした。しばらくシャワーを続け改善するか様子をみていく ●自分の思い通りにならないと手を出すことが多くなった。「こうしたかったのね」と気持ちに寄り添い、言葉で受容し、安定を図っていきたい

> 子どもの興味をとらえ、1歳児ごろの発達過程を理解していれば、Sくんが玩具を口に運ぶことを「汚い」「やめて」といったり、Kちゃんに「野菜食べなきゃだめ！」と怒ったりするべきではないことがわかります。
> 理解を示し、寄り添う保育者が子どもにとって素敵な人的環境となります。

> 反省・評価から翌月のSくんのねらい、Kちゃんのねらいにつながっていきます。

7コマ目　短期的な指導計画の作成（0・1・2歳児）

●図表 7-6　2歳児のデイリープログラムの例

デイリープログラム（2歳児）

時間	A園　2歳児　すみれ組	時間	B園　2歳児　うさぎ組
7:00	○順次登園する ○遊ぶ（合同保育）	7:30	○順次登園する ○遊ぶ（合同保育）
9:00	○おやつを食べる	9:00	○おやつを食べる ○朝の集いをする
9:30	○遊ぶ ●散歩、園庭遊び、室内遊びなど	10:00	○遊ぶ ●散歩、園庭遊び、室内遊びなど
10:45	○給食の準備をする ●着替え、排泄、手洗い	11:00	○給食の準備をする ●着替え、排泄、手洗い
11:15	○給食を食べる	11:30	○給食を食べる
12:00	○午睡準備をする ●排泄、歯みがき	12:15	○午睡準備をする ●排泄
12:20	○午睡をする	12:30	○午睡をする
		14:30	○目覚める ○おやつの準備をする ●排泄、手洗い
15:00	○目覚める ○おやつの準備をする ●排泄、手洗い	15:00	○おやつを食べる
15:30	○おやつを食べる	15:30	○帰りの集いをする ●排泄、荷物まとめ
16:00	○遊ぶ 　園庭遊び、室内遊び ○順次降園する	16:00	○合同で遊ぶ ●園庭遊び、室内遊び ○順次降園する
16:45	○片づけをする ●片づけ、排泄、荷物まとめ		
17:00	○合同で遊ぶ		
18:00	○延長保育 ●おやつ、遊び	18:15	○片づけをする
		18:30	○降園終了する
19:00	○降園終了する		

> 保育所の開園時間や保育時間は各園で違います。

> 0・1・2歳児の午睡時間は2〜3時間で設定している保育所が多いです。

● 図表 7-7　0・1歳児のデイリープログラムの例

デイリープログラム（0・1歳児）

時間	A園　0歳児　つくし組
7:00	○順次登園する ○遊ぶ（合同保育）
9:00	○おやつを食べる
9:30	○午前寝をする ○遊ぶ ●散歩、室内遊びなど
10:40	○給食の準備をする ●おむつ替え
11:00	○給食を食べる
11:45	○午睡の準備をする ●着替え、おむつ替え
12:00	○午睡をする
15:00	○目覚める ●おむつ替え
15:20	○おやつを食べる ○遊ぶ ●室内遊び ○順次降園する ○おむつ替えをする
17:00	○合同で遊ぶ
18:00	○延長保育 ●おやつ、遊び
19:00	○降園終了する

時間	A園　1歳児　たんぽぽ組
7:00	○順次登園する ○遊ぶ（合同保育）
9:00	○おやつを食べる
9:30	○遊ぶ ●散歩、園庭遊び、室内遊びなど
10:45	○給食の準備をする ●着替え、おむつ替え、手洗い
11:15	○給食を食べる
12:00	○午睡の準備をする ●おむつ替え
12:15	○午睡をする
15:00	○目覚める ○おやつの準備をする ●おむつ替え、手洗い
15:30	○おやつを食べる ○遊ぶ ●園庭遊び、室内遊び ○順次降園する
16:45	○片づけをする ●片づけ、おむつ替え
17:00	○合同で遊ぶ
18:00	○延長保育 ●おやつ、遊び
19:00	○降園終了する

月齢の低い子は午前寝をします。

少しずつ自分で身の回りのことをするようになったら時間を多めにとるようにします。

お迎えで子どもの人数が減ってきたら、合同で保育している保育所もあります。

演習課題

週案を仕上げてみよう①

84～85ページの週案を仕上げてみましょう。

①9月第3週の前半を月曜日から順に木曜日まで目をとおしましょう。読み取ったことを書き出したり、まわりの人と話し合ったりしてみましょう。

　＊どのような子どもたちがいましたか？

　＊どのような遊びが好きそうでしたか？

　＊担任の先生はどのような経験をしてほしいと思っていますか？

②9月15日（金）の「内容」と「援助・配慮（環境構成）」を読みましょう。

　＊自然公園に散歩に行く予定だということはわかりましたか？

　＊子どもたちにねらった内容は理解できましたか？

③ここからは、自分の想像をふくらませて書きましょう。子どもたちの日中の様子を「記録」し、自分なりに「振り返り・評価」をしてみましょう。保育は子どもの姿や行動を予測することが大事です。「今週は、このように過ごしているから今日もこのような姿がみられるだろう」「この公園だからこう動くかな」などと考え、計画を立てています。書いた内容を発表し合い、いろいろな保育のイメージを共有しましょう。

④同じように9月16日（土）運動会当日の子どもたちの姿もイメージをふくらませて記録にし、ねらいの内容が達成できたかどうかを振り返ってみましょう。書いた内容を発表し合い、いろいろな保育のイメージを共有しましょう。

週案を仕上げてみよう②

「ひとこと個人記録」を書いてみましょう。一人ひとりの記録を順に読んでいくと、性格や姿が何となく思い浮かびませんか。自分のイメージした子ども像が金曜日と土曜日にどのようなエピソードを残したかを記録してみましょう。

日にち	ひとこと個人記録			
9月11日（月）	H女	公園で自分で「おしっこ」といえた	K男	「でてこないね」などとはっきりと話していた
	A女	「ごめんね」といえず、迷っていた	Y女	遊具の階段にとても慎重だった
	I男	欠席（都合）	E女	活動の合間は泣いて不安がっていた
	G男	アリを見つけると座り込んで見ていた	S男	電車を見て「でんしゃ」と喜んでいた
	M女	食事中に立とうとする姿が目立った		
9月12日（火）	H女	欠席（都合）	K男	貸し靴下を自分のじゃないと怒って投げた
	A女	追いかけっこを楽しんでいた	Y女	欠席（下痢）
	I男	セミの抜け殻を手にいっぱい集めていた	E女	他年齢の遊戯を見てまねをして踊っていた
	G男	給食中に散歩の出来事を思い出し話していた	S男	欠席（都合）
	M女	木の下くぐりが気に入り何度もくぐっていた		
9月13日（水）	H女	マットの山をすべらず、落ちそうになった	K男	泣かずにかけっこ競技を楽しんでいた
	A女	姉を探し、応援して楽しんでいた	Y女	入場行進では元気に手を振って歩いていた
	I男	保育者に抱っこを求める姿が多かった	E女	一人であちこち動き回っていた
	G男	一人でパンツをスムーズにはけてうれしそうだった	S男	手をつなぐことを嫌がらずに入場行進した
	M女	バルーンを見て「パタパタしたい」と手を動かしていた		
9月14日（木）	H女	一人でおかずをきれいにまとめていた	K男	すべり台とコンビカーで繰り返し遊んだ
	A女	ジャングルジムにのぼったまま横に移動できた	Y女	保育者の言葉をおうむ返ししよくしゃべっていた
	I男	砂場で見立て遊びを楽しんでいた	E女	あちこちの遊具を渡り遊んでいた
	G男	ジャングルジムでA女をまねて降りられた	S男	砂場で集中して遊んでいた
	M女	おかずを嫌がったが友だちが見にくると食べた		
9月15日（金）				
9月16日（土）				

※この演習に正解はありません。まわりの人といろいろな姿を共有することで、予測する幅を広げてください。ただし、年齢から大きく外れた姿は不正解とします（例：公園でいきなり逆上がりができた、散歩中に昨日のテレビの内容を細かく話していた、など）。

8コマ目 短期的な指導計画の作成（3歳以上児）

今日のポイント

1. 保育者は、常に子ども主体の保育について考えながら計画を立てる。
2. 3歳以上児の保育においては特に「育みたい資質・能力」を意識して計画する。
3. 日案を立てる際には「幼児期の終わりまでに育ってほしい姿（10の姿）」を意識する。

1 3歳以上児の短期的な指導計画とは

1 3歳以上児の短期の指導計画を立てるには

　短期の指導計画は、全体的な計画（➡4コマ目参照）を踏まえ、年間保育計画に基づいて作成されます。まずは園の特徴や保育方針、保育理念を念頭に置きましょう。

　短期の指導計画には月案、週案、日案があります。短期の指導計画を立てるにあたっては、子どもたちの様子やその日の天候、園の行事などにより柔軟に対応することが大切です。また、指導計画とは別にデイリープログラムを作成している園もあります（➡7コマ目参照）。

　保育者は、常に子ども主体の保育について考えながら計画を立てることが大切です。保育者が主導する保育ばかりではなく、子どもたちが主体となって気づいたり、考えたり、試したりできるような保育内容や環境を構成しましょう。

　0・1・2歳児の保育においては、温かく応答的な保育を目指し、基本的信頼感やアタッチメント（愛着関係）＊を育むことが求められますが、3歳以上児の保育においては、そのような保育を基本としながら、保育所などでの生活のなかで「育みたい資質・能力」（➡2コマ目参照）を意識した計画を立てるとよいでしょう。

　したがって、指導計画の記述では、子どもの発達過程に合わせ「気づく」「試したり工夫したりする」「粘り強く取り組む」といった、3歳児以降ならではの表現が用いられるようになります。

計画を立てるときは、子どもが主体となった保育内容になっているかどうかが大切です。

重要語句

アタッチメント（愛着関係）
→乳児と保育者や保護者との間につくられる絆。基本的信頼関係のことをいう。

【3歳以上児の指導計画で用いられる表現】
- 気づく……例）花が咲く。散る。晴れている。雨が降っている。
- 試したり工夫したりする……例）友だちと工夫しながら遊びを楽しむ。
- 粘り強く取り組む……例）なわとびなどをあきらめないで粘り強く取り組む。

2 育みたい資質・能力と短期指導計画との関係

　実際の保育のなかで、「育みたい資質・能力」が育つ場面を想定しながら計画を立てるには、どのようにすればよいのでしょうか。ここでは積み木遊びを例に、幼児期に育みたい「資質・能力の3つの柱」に基づいて想定される場面を整理してみましょう。

①「知識及び技能の基礎」を育てる場面の例
　・最初は一人で熱中して遊びこむ。
　・積み木の形を知っていて、積み方を覚えている。
②「思考力、判断力、表現力の基礎」を育てる場面の例
　・もっと高く積み木を積んでみようとする。
　・より複雑な積み木に取り組む。
③「学びに向かう力、人間性等」を育てる場面の例
　・お店屋さんごっこなどで友だちと協力し、積み木遊びが広がっていく。

　以上から、日ごろの子どもたちの遊びのなかに「育みたい資質・能力」があることがわかります。それをとらえる専門性が保育者には求められます。

2 5歳児の指導計画作成で特に気をつけたいこと

　日案では「幼児期の終わりまでに育ってほしい姿（10の姿）」（以下、

10の姿）（➡ 2コマ目参照）を意識することが大切ですが、特に5歳児では10の姿につながることをイメージできる活動を取り入れていくとよいでしょう。

　また、計画を立案する際には、子どもたちが主体的に取り組める活動となっているかを考え、子どもたちの発見や気づき、やってみたいと思うような保育内容とは何かという視点をもつことが大切です。また単発の活動を計画するのではなく、遊びが広がり、発展するような配慮も必要です。

3　3歳以上児の指導計画作成のポイント

指導計画作成のポイントは以下のとおりです。

1　生活の流れに見通しがつくようにする

　計画をとおして、園での1日の生活リズムをつくっていくことが大切です。進級によってクラスが変わったりしたときなどには、生活のリズムが身につくまではなるべく1日のリズムを同じように繰り返し行うことがよいでしょう。そうすることで子ども自身がクラス全体の生活リズムを理解し、見通しをもって生活の流れに乗ることができます。

　また、保育所や認定こども園では、在園時間が異なる子どもがいることを踏まえて、長時間の保育の場合には活動と休息のバランスを考えることも重要です。特に午睡をとる場合には、子どもの発達の状況や個人差もあることから、一律とならないような配慮が必要です。

寝ない子を無理に寝かせたり、長時間午睡させたりするのは子どものことを考えた行動とはいえません。

2　子どもを待たせる時間を減らす

　たとえば、「全員でトイレに行きましょう」と一斉にトイレに行かせたり、グループごとに行かせたりするとクラス全体の待ち時間が長くなります。個々の排泄の間隔などに配慮し、みずからトイレに行きたくなったら行く、という自立心を促すことも大切です。

3　遊びの連続性を意識する

　子どもたちの遊ぶ時間を設けるときには、子どもたちが主体的に遊ぶことのできる環境をまず考え、材料などを準備します。さらに、遊びの連続性を意識した計画を心がけることが大事です。砂場遊びを例にとって、連続性を意識した遊びの具体的な手順をみてみましょう。

【連続性を意識した遊びの具体的な手順】
①最初は熱中して砂場遊びをしている。
(保育者の視点)もう少し違う道具を用意してみよう。
↓
②お団子をつくっている子どもと、アイスクリームをつくっている子どもをつなげて、お店屋さんごっこやおままごとを始める。
(保育者の視点)遊びと遊びをつなげて発展させる。
↓
③道具の貸し借りによるトラブルも社交性が育つチャンス。
(保育者の視点)言葉を使っていねいに気持ちを汲み取る。道具の貸し借りをとおして、他者と上手に付き合っていく力が育まれる。「かーしーて」といえた子には、貸してといえたことを褒める。「いいよ」といって貸してくれた子には、自分のやりたいという気持ちを抑えて貸してくれたことを褒める。

　以上のように、今、子どもたちがどのような遊びをしているのかをとらえ、遊びを発展させるという考え方が大切です。その発展がその日のうちにみられる場合もあれば、次の日につながる場合もあります。柔軟に調整しながら計画を立てるとよいでしょう。
　また、0・1・2歳児は一緒の場にいてもそれぞれが個別に遊んでいることがほとんどですが、3歳児では同じ遊びをすることを楽しみ、4歳児では友だちとのつながりを感じ、5歳児では友だちとの関係性のなかで協力しながら遊びが発展していくようになります。

4　短期指導計画の実例

　ここからは、3歳以上児の短期指導計画の実例をみていきましょう。

1　3歳児の指導計画の実例(週案、日案)

　3歳で入園してくる園児が多いため、まずは園の生活に慣れることが最優先です。そしてだんだんと保育者との信頼関係を築いていき、見通しをもって生活ができるようにするためにゆとりをもった計画を立てるとよいでしょう。図表8-1に週案の、図表8-2に日案の実例を示します。

● 図表 8-1　3歳児の週案の実例

4月1週の計画

週のはじめの園児の様子	期待感をもって保育室で過ごしたり、体を動かしたりしている。環境、担任などの異動で不安定な子もいる
今週の戸外	サクラの花びらが舞い、植え込みにはパンジーとチューリップが咲いている
ねらい・内容	ねらい ・新しい環境に慣れる ・園庭に咲く色とりどりの花に興味をもてるようにする ・保育室のおもちゃや遊具を使って遊ぶ 内容 ・保育者の援助を受け、少しずつ生活に慣れ、遊ぶ ・自分のロッカーと靴箱、タオル掛けの場所を知る
整備する環境と保育者の援助	整備する環境 ・ロッカーなどの設備にはマークをつけ、把握しやすくする ・同じ場所で同じ遊びができるように、おもちゃをだす場所を固定する ・食事の席を決めて、いつでも同じ場所で食事ができるようにする ・食事の量も一人ひとりに合わせて、食べきる喜びを感じられるようにする 保育者の援助 ・登園時には笑顔で迎えて安心感をもてるようにする ・トイレや手洗いに付き添って、必要な子には援助をする ・保育室を出て遊ぶ子について、他クラスの先生と連携をとって様子をみられるようにする ・降園時にも笑顔で接して、翌日も気持ちよく登園できるようにする ・園庭に咲く草花の名前を教えたり、一緒に観察したりすることで色や花のにおい、花びらの数などに興味をもてるようにする

6月1週の計画

前週の園児の様子	・登降園時の流れや昼食の準備のことがわかってきているが個人差がある ・気に入った遊びを繰り返している ・友だちがしていることにも興味をもつようになり友だちと関わって遊ぶが、保育者の仲立ちを必要とする子もいる
今週の戸外	裏庭にシロツメクサがたくさん咲いている
ねらい・内容	ねらい ・好きな場所、遊具、おもちゃで遊ぶ ・身近な自然にふれる ・梅雨の時期の自然に気づき、興味・関心をもつ ・ハサミやのりの使い方を知る

第2章　保育の計画とはどのようなものか

	内容 ・みんなで裏庭にでかけて自然を観察したり遊んだりする ・折り紙を切ったものを画用紙に貼って作品にする
整備する環境と保育者の援助	整備する環境 ・好きな遊びに必要なおもちゃをいつもと同じ場所に置く ・でかける際は注意を払う ・つくったものを保育室に飾って、満足感を味わえるようにする 保育者の援助 ・好きな遊びが見つからない子には、ほかの子が遊ぶ様子を見に行ったりして、一緒に好きなものを探る ・好きな遊びで自分の思いが伝わる ・ハサミやのりの正しい使い方をわかりやすく、繰り返し伝える

9月2週の計画

前週の園児の様子	園生活のリズムを取り戻そうとしながら、できることを自分でしようとしている
今週の戸外	・夏野菜が大きく育っている ・園庭にトンボやバッタがいる
ねらい・内容	ねらい ・好きな遊びを楽しむ ・残暑を感じながらも、トンボやバッタを見つけ少しずつ秋の気配を知る ・保育者や友だちと遊んだり話したりする 内容 ・砂遊びやごっこ遊びなどの好きな遊びを友だちと楽しむ ・園庭の野菜を収穫し、実りの喜びを感じる ・収穫した野菜でスタンプ遊び（スタンピング）を楽しむ
整備する環境と保育者の援助	整備する環境 ・戸外に出て小動物や草花にふれる時間をつくる ・野菜のスタンピングがスムーズにできるよう、インクをセットしておく 保育者の援助 ・収穫の喜びに共感し、みんなで喜ぶ感覚をもてるようにする ・スタンピングをする際、子どもの気づきに寄り添う ・クラスのみんなで楽しむイメージをつくる

1月4週の計画

前週の園児の様子	戸外で元気に体を動かしながら、氷や霜柱にも興味を示している
今週の戸外	園庭のスイセンのつぼみがふくらんでいる
ねらい・内容	ねらい ・保育者や友だちとごっこ遊びを楽しむ ・節分の行事を楽しむ

8コマ目　短期的な指導計画の作成（3歳以上児）

99

	・冬の寒さを知り、冬ならではの自然事象にふれる 内容 ・好きなキャラクターや役になりきってみんなで遊ぶ ・氷や霜柱にふれ、冬の寒さや自然事象を知る ・鬼の面を準備し、豆まきを行う
整備する環境と 保育者の援助	整備する環境 ・氷づくりができるようにカップなどを準備しておく ・ごっこ遊びで使う道具をわかりやすい場所に置いておく ・鬼の面づくりを楽しむための道具を用意しておく 保育者の援助 ・遊びのなかでの言葉のやりとりを見守り、適宜仲立ちする ・ハサミなどの扱いについて改めて伝える ・鬼を怖がる子もいるので、そうした子には優しく声をかける

● 図表 8-2　3歳児の日案の実例

4月25日（水）の計画

環境の構成	予想される 子どもの活動	保育者の援助	10の姿
・おもちゃをいつもの場所に出しておく ・手にインクを付けるためのスタンプ台を用意しておく ・付けたインクを落とすためのスポンジなどを手洗い場に用意しておく	登園する 登園後の支度をする 好きな遊びをする 片づけ、排泄、手洗い、うがいをして保育室に集まる 模造紙のこいのぼりに皆で自由に色つけして、大きなこいを完成させる 園庭で外遊びをする 片づけて屋内に戻り、排泄、手洗い、うがいをする 昼食をとる	・笑顔で迎え、連絡帳チェックをする。視診で体調の様子もチェックする ・自分でやろうとする気持ちを尊重し、必要に応じて援助する ・保育者が参加し、一緒に遊ぶ楽しさを感じてもらう ・園庭のこいのぼりを色に注目して見てもらい、模造紙のこいのぼりには色がついていないことに気づくようにする ・「じゃあ、みんなで素敵な色にしよう」と誘う ・手形を押してうろこにすることを提案し、ためしにやってみせ、楽しさを伝える ・4～5人ずつ順番に手形を画用紙に押してうろこをつくっていく	協同性 豊かな感性 と表現 思考力

• 午睡の間にこいのぼりを仕上げておく	午睡をする 完成したこいのぼりを見る	• 午睡の間に手形を切ってこいのぼりを完成させておくことを伝え、期待をもって待ってもらう • 手形によってカラフルなこいのぼりができたことをみんなで喜ぶ	
• お迎えの際、保護者に見てもらえるように掲示する	降園準備をして、降園		

6月18日（月）の計画

環境の構成	予想される子どもの活動	保育者の援助	10の姿
• 水遊びが楽しみになるよう、ジョウロや水鉄砲を見える場所に準備しておく • 日差しが強く当たらない場所にプールやすのこ、たらいなどを設置する • 足を洗うためのたらいやすのこも準備しておく • 着替えが終わった子がくつろげるようカーペットを出しておく	登園する 登園後の支度をする 好きな遊びをする 片づけて集まる 保育者の説明を聞く 身支度をする 園庭で水遊びをする 体をきれいにして、着替える 昼食をとる 午睡をする 室内で遊ぶ 降園準備をする 降園	• 笑顔で迎え、プールカードをチェックする • 支度を忘れている子には支度を促す • 水遊びに期待をもってもらえるよう、水遊びの話題を出す • 水遊びにおける注意点を伝える • 身支度は手順を見せながらわかりやすく説明する • 必要に応じて援助する • 保育者も水遊びをする様子を見せ、楽しい遊び方を見て参考にできるようにする • 水遊びが苦手な子にはジュース屋さんごっこを提案するなど、一人ひとりが自分に合った遊び方をできるようにする • 疲れが出ていないか気を配りながら、室内でゆったりと遊べるようにする（具体的にはお絵描き、絵本、歌、ブロックなど）	道徳性・規範意識の芽生え 自立心 健康な心と体

2　4歳児の指導計画の実例（週案、日案）

　4歳児になるとできることも増え、さまざまなことをやってみようとします。年長児への憧れの気持ちをもち、戸外遊びや行事をとおして年長に向かう意識を高めていくことが大切です。一方で、まだ個人差が大きい時期でもあります。集団性を意識しつつも個別配慮もしっかり行いながらクラス運営をするとよいでしょう。図表8-3に週案の、図表8-4に日案の実例を示します。

●図表 8-3　4歳児の週案の実例

4月3週の計画

前週の園児の様子	・新入園児も進級児もだんだんと活発に活動するようになってきた ・新しい遊びにも徐々に興味を示し、楽しんでいる
今週の戸外	・日差しが強い ・こいのぼりが設置される
ねらい・内容	ねらい ・園庭の草花や虫などにふれ、春の自然に親しむ ・保育者と一緒に遊んだり、集団で活動したりする楽しさを味わう 内容 ・園庭の草花にふれたり、身近な生き物に親しみをもって関わったりする ・遊具、用具の使い方を知って、遊びの幅を広げる ・保育者や友だちのしていることに関心をもつ
整備する環境と保育者の援助	整備する環境 ・子どもが自由な発想を出せるような用具を用意する ・クレヨンやハサミはマークによって自分のものと判断できるようにして、使ったあとには戻すことを習慣づけていく ・飼育物を身近なところに置き、えさをあげられるように準備し、親しみをもって関われるようにする 保育者の援助 ・保育者自身がものをつくってみせ、発想の可能性を広げる ・皆でいるとき、近くの友だちと接する活動を取り入れて、友だちに関心を向け関わり合ったりできるようにする ・遊んだあとは、保護者も一緒に片づけながらやり方を知らせ身につくようにしていく ・園庭の草花や、ダンゴムシやアリなどの虫探しをするなかで、子どもたちの気づきに共感したり、発見を一緒に喜んだりして過ごせるようにする

6月2週の計画

前週の園児の様子	・登園後の支度や衣服の着替えを自分から行おうとする ・自分なりにつくって遊ぶことを楽しんでいる
今週の戸外	・梅雨入りし、雨の日が多くなる ・池のオタマジャクシがカエルになる ・カタツムリやダンゴムシが見られる
ねらい・内容	ねらい ・自分の興味に基づいて遊ぶ ・気の合う友だちと関わり合う ・梅雨期の清潔・安全に配慮しながら健康で心地よい生活ができるようにする 内容 ・梅雨期の自然事象を知る ・保健衛生に留意して、心地よい生活や遊びをできるようにする ・保育者や友だちと一緒に動植物を観察する
整備する環境と保育者の援助	整備する環境 ・雨天時でも遊びたい気持ちを室内で十分に発散できるよう準備する ・季節を感じられる歌や絵本、図鑑を準備する ・室内の遊びを落ち着いてできるように、ゴザやサークルを設けて意識的に場所を区切る 保育者の援助 ・マットやフープなどを準備し、室内でも体を楽しく動かせることに気づけるようにする ・遊びのなかで子どもが思いを表現する瞬間を大切にし、子ども同士でぶつかりそうになったときには言葉を補ったりする

9月3週の計画

前週の園児の様子	・友だちと場所や道具を共有して遊ぼうとしている ・戸外での活動を積極的に楽しんでいる
今週の戸外	・暑さが落ち着いてきた ・運動会に向け、力を合わせて練習に参加する ・バッタやカマキリが草むらにみられる
ねらい・内容	ねらい ・運動会に向けて、一人ひとりが目標をもって練習する ・友だちと一緒に体を動かす楽しさを味わう ・友だちと遊ぶなかで自分の考えや思いを表現する ・みんなで体を動かすことの楽しさや力を合わせることの大切さを知る 内容 ・保育者も加わって鬼ごっこをやってみる ・身近な秋の虫を観察する

| 整備する環境と保育者の援助 | 整備する環境
・一人ひとりが自信をもって運動会の練習ができるようにクラスの目標を立てる
・一人ひとりが興味をもった遊びをできるよう用具を準備しておく
・あぶくたった、引っ越し鬼などの物語性のある鬼ごっこを取り入れる
・虫のことを知るために、虫かごや図鑑を用意しておく
保育者の援助
・友だちとルールを共有して遊ぶ楽しさを知ることができるよう、ルールをていねいに確認する
・虫を飼うための環境づくりについて一緒に考えたり、死んでしまった虫を一緒に悼(いた)んだりして、生物との付き合い方を考えられるようにする
・負けたり失敗したりしたときのくやしい気持ちを受け止め、次の力につなげられるように共感する
・子どもたち一人ひとりのがんばりを認め、達成感がもてるように声をかける |

1月1週の計画

週のはじめの園児の様子	・休み中のことを友だちや保育者に伝えようとする ・正月遊びを友だちと楽しもうとする
今週の戸外	門松が飾られている
ねらい・内容	ねらい ・園生活のリズムに再び慣れる ・正月遊びを友だちと楽しむ ・正月の伝統行事を知る 内容 ・身支度や手洗い、うがいなどの習慣を主体的に行ってリズムをつくる ・正月遊びや七草などを通して、正月の伝統に関心をもつ
整備する環境と保育者の援助	整備する環境 ・門松や鏡餅を置くなどして正月の雰囲気を感じられるようにする ・休み前に好んでいた遊びを引き続きできるよう用具を準備しておく ・正月遊びをいろいろと試してみられるよう、コーナーを設置する 保育者の援助 ・休み中の話をしたい気持ちを受け入れて話を聞き、その際に友だちの話に耳をかたむけることの大切さにも気づけるように接する ・コマ回しなど少し難しい遊びは、巻き方や回し方を教える ・お正月の伝統的なものが目で見えるように絵本や写真などを準備しておく

第 2 章　保育の計画とはどのようなものか

● 図表 8-4　4歳児　日案の実例

6月 12 日（火）の計画

環境の構成	予想される子どもの活動	保育者の援助	10 の姿
・自由に遊べるよう、遊具や用具をそろえておく ・アジサイやカタツムリに興味をもち観察できるよう、花瓶や虫かごに入れておく ・製作に必要な道具を準備しておく ・つくったものをすぐに飾れるよう、保育室に壁面の基本構図を準備しておく ・製作物のできばえを確認する時間をつくる	登園する 登園後の支度をする 好きな遊びをする 片づけて集まる 保育者の話を聞く アジサイの製作物をつくる 手洗い、うがいをする 昼食をとる 好きな遊びをする 降園準備をして降園	・自分でやろうとする気持ちを尊重する ・友だちの好きな遊びを認めたり、自分の好きな遊びを共有したりできるようにする ・みんなで観察したり、アジサイの製作につながる話や絵本を導入したりする ・製作の見本を提示し、手順についてもわかりやすく伝える ・個人差に応じて繰り返し伝えたり援助したりする ※同じアジサイ製作でも、一人ひとり出来上がった作品が違うこと、みんなの作品が集まるとまた素敵な作品になることが気づけるような言葉がけをする。そこででてくる子どもたちの言葉を大切にする	 自然との関わり 生命尊重 思考力の芽生え 数量や図形、標識や文字などへの関心・感覚 豊かな感性と表現 言葉による伝え合い

105

1月23日（水）の計画

環境の構成	予想される子どもの活動	保育者の援助	10の姿
・寒さから室内にこもりがちになるので、体を動かして遊ぶこと、防寒着の着脱や取り扱い、うがい、手洗いなどをみずからできるようにする ・興味をもった遊びに打ち込めるような環境を整える ・中当てドッジボールのコートを用意しておき、興味を引き出しておく ・人数やボールを投げる力を考え、コートの大きさやボールの質を決める	登園する 登園後の支度をする 好きな遊びをする 片づけて外に出る 体操をする 中当てドッジボールを楽しむ 片づけて屋内に戻り手洗い、うがいをする 昼食をとる 降園準備をして降園	・着脱では時間がかかっても、納得のいくまで一人でチャレンジできるように言葉をかける ・一緒に体を動かして遊び、体が温かくなることを伝える ・保育者が参加して、一緒に楽しく遊ぶ ・中当てドッジボールのルールをていねいに伝え、危ない動きについてあらかじめ具体的に知らせる ・4歳児が楽しく遊べるよう、ゲームの途中でも時間を区切って繰り返し遊べるようにする（最後の1人が当てられるまで続けるのは遊び方を楽しめる5歳児） ・戸外遊びのあとの手洗い、うがいの重要性を改めて確認する	健康な心と体 道徳性・規範意識の芽生え 数量や図形、標識や文字などへの関心・感覚

3 5歳児の指導計画の実例（週案、日案）

　小学校への適応を目的にして、10の姿をベースにしながら活動を進めることが求められます。ややもすると、知識や技能を一方的に教え込む小学校の先取り教育を実施することだと勘違いしがちですが、知識だけでなく、思考力・学びに向かう力などの資質・能力を意識することが大切になります。図表8-5に週案の、図表8-6に日案の実例を示します。

● 図表 8-5　5歳児の週案の実例

4月2週の計画

前週の園児の様子	・友だちと誘い合い、遊びを楽しんでいる ・新しい環境のなかで、ロッカー内の整頓や当番活動を行っている
今週の戸外	・タンポポがたくさん咲いている ・春らしい天気が続く
ねらい・内容	ねらい ・保護者や友だちと一緒に生活の仕方や役割を話し合い、進んで動こうとする ・友だちと好きな遊びを楽しむ ・身近な自然に興味をもって、遊びに取り入れる 内容 ・友だちと言葉による表現を試みる ・1日の生活の流れや、自分のグループ、当番の活動などがわかり行動する ・草花を集めたり遊びに使ったりする
整備する環境と保育者の援助	整備する環境 ・ボール遊びやなわとびなどの道具を準備しておく ・子どもたちの発想や思いを十分に受け止め、やりたいことをできるようにする ・近くの公園などに下見に行って、草花や虫を観察することができる場所を探す ・年下の子どもと関わる機会をつくり、親しめるようにする 保育者の援助 ・遊びの拠点となるような場づくりができるように、用具や遊具を用意したり空間を確保したりする ・草花を遊びに取り入れる様子を見守る ・年下の子どもへの接し方に戸惑っている子には、寄り添って一緒に考える

6月1週の計画

前週の園児の様子	・友だちと体を動かすことを楽しむ ・遊びのなかで自分の考えがうまく伝わらない経験をしている子どもも多い
今週の戸外	気温と湿度が高まる
ねらい・内容	ねらい ・自分の思いや考えを相手に伝えながら、ルールを守って友だちと遊ぶ ・遊んでいる友だちに自分の考えをわかってもらえるように伝える ・自分の歯に関心をもち、健康への意識を高める。また、気温に合わせて衣類の調節や汗の始末など自分でできるようにする

	内容 • ルールを確認したり守ったりして、友だちと一緒に遊びを楽しむ • 自分の思いや考えを相手に伝えたり、思いや考えが伝わるうれしさを感じたりする • 歯みがきのくわしい方法を知り、健康の重要性を学ぶ
整備する環境と保育者の援助	整備する環境 • 5歳児が楽しめる遊びは何か考え、用具を用意する • ルールのある遊びを友だちと楽しめるように、子どもたちでできるものを用意しておく。集団で遊ぶ時間も設けていく • 雨で室内での活動も多くなるので、身近な遊具や用具、素材を準備し自由に遊べる環境をつくる • 雨の日ならではの発見やつぶやきを見逃さず、さまざまなことを考えたり不思議に思ったりすることに共感していく • 歯科医と打ち合わせて歯みがき指導に必要な準備を進める 保育者の援助 • 皆が園庭を広く使って遊べるよう、他クラスの先生と打ち合わせをする • 遊びのルールや決まりについて子ども同士がぶつかったときには、互いの思いを聞いて受け止め、相互に理解が深まるように援助する • 絵本や手鏡を用意して、歯に関心がもてるようにする • 歯みがき指導をとおして、歯を健康に保つという目的のために歯みがきの習慣があるということを実感できるようにする

9月4週の計画

前週の園児の様子	• 運動会に対して期待感をもつ • 敬老の日には、高齢者とのふれあいを楽しむ
今週の戸外	空や風の様子から秋の訪れが感じられる
ねらい・内容	ねらい • 友だちと競ったり、協力したりすることの楽しさを感じる • 運動会までの見通しをもって過ごす 内容 • 自分たちの運動会であるという意識をもって準備に取りかかる • 月について関心をもち、話を聞いたり調べたりする

整備する環境と保育者の援助	整備する環境 ・勝ち負けのある競技の練習をとおして楽しさを感じられるようにする ・応援用のポンポンや旗を手づくりする機会をつくる ・運動会までの予定をカレンダーなどで共有し、見通しやすくする ・月見の会などを通して月に興味をもてるようにする 保育者の援助 ・どうすれば勝てるか一緒に考え、バトンの渡し方などについて伝える ・特に負けたくやしさを感じている子には、がんばりを認めたり、励ましたりしながら次の意欲につなげるようにする ・踊りの練習では、皆で動きをそろえる楽しさを伝える ・月や星について、図鑑を用意したり話したりして情報を伝える ・月見の会では異年齢児ともふれあえるようにする

1月3週の計画

前週の園児の様子	・たこ、カルタ、すごろくなどのお正月の伝承遊びや昔の遊びに興味をもち、友だちと楽しむ ・戸外でもよく遊ぶ
今週の戸外	氷や霜柱が見られる
ねらい・内容	ねらい ・生活発表会に向けて友だちと話し合う ・寒さに負けず、外で遊ぶことを楽しむ 内容 ・友だちと話し合うことに充実感を覚える ・なわとびに挑戦し、とべた数のカウントをとおして数字を増やす喜びを覚える ・友だちと主体的に遊びについて考え活動する
整備する環境と保育者の援助	整備する環境 ・寒い外での遊びに工夫をプラスし、繰り返し取り組めるようにする ・生活発表会の内容を子どもたちと相談する機会を設ける ・自分たちで準備を進めていけるように時間や場所を調整する 保育者の援助 ・なわとびカードをつくり、回を重ねることに喜びを感じられるようにする ・話し合いの場では、それぞれの意見に耳をかたむける姿勢をつくる ・楽器遊びや紙芝居など、生活発表会で何をしたらよいのかを見極める

● 図表 8-6　5歳児の日案の実例

9月21日（金）の計画

環境の構成	予想される子どもの活動	保育者の援助	10の姿
※前日までの遊びの続きができるように、遊びに使いそうな遊具などは整理しておく	登園して支度をする	・友だち同士で誘い合って遊びを始め、自分たちで遊びを進めていこうとする姿を見守る ・必要に応じて言葉を補ったりする	
・世話をするなかで、植物の生長などに気づけるようにする ・興味をもった遊びに打ち込めるような環境を整える ・ほかのクラスの活動時間も確認し、調整しておく	栽培物の世話をする 好きな遊びをする 片づけて外に出る クラスでリレーをする 手洗い、うがいをして昼食をとる	・植物の変化を意識させる声かけをする ・遊びのなかで友だちの意見を聞くこと、また自分で発信することを促す ・勝ち負けにこだわるだけでなく、仲間を応援することの大切さや最後までやり抜くことの達成感を感じられるようにする	自然との関わり・生命尊重 健康な心と体 協同性 道徳性・規範意識の芽生え
それぞれが落ち着いて、主体的な遊びができるように遊びの場を分けて用意しておく	屋内の遊びを中心に過ごす 降園準備をして降園	・子どもたちが自分のペースで過ごせるように、遊びや遊ぶ場所を選べるようにしておく ・楽しかったことについて話を聞いたり、明日の活動に期待をもてるような話をしたりする	

1月10日（木）の計画

環境の構成	予想される子どもの活動	保育者の援助	10の姿
・子どもたちが準備から進んで正月遊びを楽しめるように道具をそろえておく ・郵便ごっこのための製作に必要な道具をそろえておく ・降園時には、活動内容を振り返る時間をつくる	登園して支度をする 正月遊びを楽しむ 片づけて集まる 郵便ごっこを準備から行う 昼食をとる 降園準備をして降園	・一人ひとりの子どもとあいさつを交わし、健康状態を把握する ・感染症が流行しやすい時期であることを伝え、手洗い、うがいの大切さに気づけるようにする ・それぞれが工夫しながら正月遊びを行うのを見守り、必要に応じて援助する ・年賀状をもらったり書いたりしたときの情報を集め、皆で話し合って遊びの内容を決めていく ・郵便ごっこにはどんなものが必要か確かめる（ハガキ、切手、ポスト、配達カバンなど） ・つくったものはみんなで遊べるように共通理解をもっておく ・翌日の予定や当番活動についての確認を行う	 生活との関わり 思考力の芽生え 言葉による伝え合い 数量や図形の基礎

おさらいテスト

❶ 保育者は、常に［　　　　　］について考えながら計画を立てる。
❷ 3歳以上児の保育においては特に［　　　　　］を意識して計画する。
❸ ［　　　］を立てる際には10の姿を意識する。

演習課題

四つ葉のクローバー探し

次の場面を見て、10の姿を選んで入れてみましょう。

①健康な心と体　②自立心　③協同性　④道徳性・規範意識の芽生え　⑤社会生活との関わり　⑥思考力の芽生え　⑦自然との関わり・生命尊重　⑧数量や図形、標識や文字などへの関心・感覚　⑨言葉による伝え合い　⑩豊かな感性と表現

(1) みんなでおままごと
春になり、園庭にはクローバーがたくさん生えてきました。友だちと一緒におままごとで遊ぶ子どもたちの姿がみられます。

(2) 四つ葉のクローバー探し
保育者の「クローバーには葉っぱが3枚と4枚のものがあるんだよ」「みんなで探してみよう」の言葉がけで四つ葉のクローバー探しが始まりました。

(3) 先生見て！
Rちゃんは、担任の保育者に「先生見て！」と四つ葉のクローバーを見せました。保育者は「本に挟んで、押し花にしてみようか」と提案。理子ちゃんは大切にカバンにしまいました。

(4) 見つけたよ！
がんばって2つも見つけたRちゃん。見つけられない友だちにプレゼントしていました。

演習課題

園庭での遊び

また、次の場面を見て、10の姿を選んで入れてみましょう（10の姿の番号・内容は左ページを参照）。

(1)

(2)

➡ 解答例は202〜203ページ

9コマ目

指導計画作成上の留意事項（0・1・2歳児）

今日のポイント

1. 保育は養護と教育が一体となって展開されている。
2. 0歳児からの学びがある。
3. 3歳未満児は特に個人差に配慮した計画が必要である。

1 指導計画作成にあたって

1 保育の基本を押さえる

❶ 保育所の目標

「保育所保育指針」では、保育の目標として大きく2つをあげています。一つは、「子どもが現在を最も良く生き、望ましい未来をつくり出す力の基礎を培う」、もう一つは「入所する子どもの保護者に対し、（中略）その援助に当たらなければならない」としています（→第1章1（2）参照）。

保育所においては、子どもが日々安心感と信頼感をもって今を過ごすことと、未来に向かって主体的により豊かに暮らしていけるような資質・能力を育てること、さらにそれは保護者を援助し、保護者とともに行っていくことが基本になります。

❷ 養護と教育

保育は、養護と教育が一体となって行われています。養護とは、「子どもの生命の保持及び情緒の安定を図るために保育士等が行う援助や関わり」であり、教育とは、「子どもが健やかに成長し、その活動がより豊かに展開されるための発達の援助」です（「保育所保育指針」第2章、2コマ目参照）。

幼児期だけでなく、乳児*期にも教育的な側面があります。たとえばおむつ替えのときに、生理的欲求を満たすだけでなく、保育者が「気持ちいいね、さっぱりしたね」と優しく関わることを繰り返すことで、清潔で心地よい感じを知り、身近な人への親しみを感じるという学びがあります。

また、子どもは保育所の生活全体のなかで学んでいます。保育者の養護的な関わりのなかにも教育的な側面があり、教育的な関わりのなかにも養護的な側面があります。快適に安定感をもって過ごしているからこそ、自己を発揮して生活し、保育所で育みたい資質・能力につながるさまざま

語句説明

乳児

→「保育所保育指針」では、0歳児の子どもを指して乳児という。しかし、一般的に保育所では3歳未満児クラスについて乳児クラスと呼ぶことが多い。

経験を積んでいきます。年齢の小さい０・１・２歳児では特に、養護的な関わりが大切になります。保育所での日々の健康状態の確認はもちろん、家庭と協力して一人ひとりの子どもの生活や発達過程などにふさわしい生活のリズムがつくられていくことが大切です。

❸ 子どもの主体性を大切にする

「幼児期は自分の生活を離れて知識や技能を一方向的に教えられて身に付けていく時期ではなく、生活の中で自分の興味や欲求に基づいた直接的・具体的な経験を通して、この時期にふさわしい生活を営むために必要なことが培われる時期である」（「幼稚園教育要領解説」第１章第１節２）とあります。「保育所保育指針」にも「乳幼児期にふさわしい体験が得られるように、生活や遊びを通して総合的に保育すること」（第１章１（３））と記述されています。

乳幼児期は、生活や遊びのなかで主体的に学んでいるのです。そのため、保育は環境をとおして行われます。

2　指導計画の作成手順を理解する

指導計画は、子どもたちの姿をもとに、園の全体的な計画に示された目標や方針とのつながりを確認しながら長期的な見通しをもって作成していきます。計画の項目は、園の様式や指導計画の種類によって異なりますが、基本的に以下の項目からなります。

❶ 子どもの姿

年間指導計画、期の指導計画はそれまでその園で過ごしてきた子どもたちの一般的な姿をイメージして記入します。月案、週案、日案は担当クラスの前月末まで、先週まで、昨日までの実際の子どもの姿を記入します。

はじめに、子どもたちの様子を下記にあげた視点からとらえます。次に、クラス集団としてはどうなのか、個人で見た場合はどうなのかの両方から考えます。その際、子どもたちの姿は肯定的にとらえましょう。子どもの姿を書くことで、子どもたちはどうしたいのか、また、子どもたちにとって何が課題となっているのかが明らかになります。そこから生まれる保育者の願いがねらいにつながります。

◎遊び

どのような遊びをしているのか、そのなかでどのようなイメージをもっているのか、何がおもしろいのかなど、子どもの興味や関心、取り組み方を記します。これまでの遊びからのつながりや変化に着目すると、子どもの様子がみえてきます。

◎生活

食事、睡眠、衣服の着脱、身支度や持ち物の始末、片づけ、排泄や手洗いなど基本的な生活習慣などについて特徴的な姿を記します。３歳以上児では、１日の流れがわかっているかなど、場面ごとだけではなく１日を通しての様子をとらえます。また、流行性疾患の状況、気候など健康に関することも押さえます。３歳未満児については、生活リズムや発達の状況、家庭での様子など養護（生命の保持及び情緒の

子どもは体が安全で心が安定してはじめて、いろいろなことにチャレンジできます。保育者は常に養護と教育の両方を心にとめて保育しています。

９コマ目　指導計画作成上の留意事項（０・１・２歳児）

実際の指導計画（67ページの図表5-4や、86～87ページの図表7-4）の項目と照らし合わせて理解を深めましょう。

安定）の視点からも記します。

◎人との関わり

保育者や友だちとどのように関わっているのか、誰と一緒に遊んだり生活したりしているのか、そのなかでどのような経験をしているのかについて記します。低年齢児では、保育者との関わりが中心になりますが、周囲の子どもにどのように関心をもっているのか意識してみましょう。自己主張の強い時期ではどのようないざこざがあり、そこでどんな経験をしているのか、一方で、仲間同士で遊ぶ喜びはどのような場面で感じているのかなどについて考えてみましょう。友だち同士で遊ぶようになったら、役割の分担や仲間関係について着目するとよいでしょう。

◎自然や季節の変化への関わり

身近な自然へどのように関わっているのかを記します。どんなことを感じたり、発見したりしているでしょうか。また、季節の変化に応じた生活の様子について記します。

◎行事

行事に向けての取り組みや当日の様子のなかでどのような経験をしたのか、子どもたちはどんなことを感じたのかについて記します。また、行事を経験してどのようなことが育ったのか、その変化をとらえます。

週案や日案では、「自然や季節の変化への関わり」「行事」を必要に応じて記入します。

【子どもの姿の例】

暑かったり湿度の高かったりする日が多かったせいか、朝のスタートがゆっくりである（①）。給食の進みもよくなくなっている（②）。遊びだすと、やりたいことを見つけて取り組む子が多い（③）。雨の日の新聞紙遊びや、砂場などでは大勢で集まり楽しむことができた（④）。やっていることはバラバラだが、一緒にいることで楽しいと感じる子どもが増えている（⑤）。戸外では、トンボとりなどに夢中になる子どもが多い（⑥）。虫網を借りて楽しんでいる子、保育者を頼りにしている子などさまざまな姿がみられた（⑦）。

生活①②、遊び③④⑤⑥⑦、人との関わり④⑤⑦、自然への関わり⑥⑦について記述されています。個人を想起して書いているもの③⑦、クラス全体を想起して書いているもの④⑤⑥があります。また、朝のスタートや給食、一緒にいることで楽しいと感じる子が増えているなど、これまでの姿からの変化をとらえて記述されています。短い文章ですが、子どもの姿をとらえる視点を踏まえた文章になっていることがわかります。

❷「ねらい」と「内容」

保育を通じて「育みたい資質・能力」（➡2コマ目参照）を子どもの生活する姿からとらえたものが「ねらい」です。「内容」は、ねらいを達成するために、子どもの生活やその状況に応じて保育者が適切に行う事項（養

護）と、保育者が援助して子どもの環境に関わって経験する事項（教育）です。①の子どもの姿と、園の全体的な計画に記されている目標やねらいと内容、および「保育所保育指針」に示されているねらいと内容と照らし合わせて設定します。年間指導計画よりも期、週、日と短い期間の指導計画になるほど、具体的な「ねらい」と内容になります。

> 例）養護のねらい（○）と内容（・）
> ○一人ひとりの子どもが健康で快適に過ごせるようにする。
> 　・保育室の室温、換気に気をつけ、一人ひとりの子どもの健康状態を把握し、異常を感じる場合には適切に対応する。
> ＊保育者が行うことなので、保育者が主語になります。
>
> 例）教育のねらい（○）と内容（・）
> ○友だちと一緒に、伸び伸びと体を動かすことを楽しむ。
> 　・高鬼をとおして追いかけたり逃げたりすることを楽しむ。
> ＊保育者の援助のもとで子どもたちが経験することなので、子どもが主語になります。

「ねらい」は、子どもの姿と保育者の願いを合わせて設定します。現在の子どもたちが楽しみにしていることや興味・関心のあることから、この先の子どもの発達過程を見通し、こんな経験をしてほしいと考えて設定するのです。子どもの姿に基づかない一方的な保育者の願いにならないよう、注意が必要です。子どもが主体性を発揮できるものでなくてはなりません。

同じねらいであっても、指導計画の種類によって内容が変わります。たとえば、年間指導計画では高鬼に限定しないで、「・戸外で鬼あそびを楽しむ」という内容になります。実際その時期になって、子どもたちが好きな遊びは高鬼かもしれないし、しっぽ取りかもしれません。また、同じねらいであっても年齢によって内容が変わります。たとえば、1歳児では「・リズムに合わせて喜んで走ったり跳んだりする」という内容になります。

❸ 環境構成

子どもたちが「ねらい」を達成するための経験をすることができるよう、保育者が行う間接的な援助です。子どもたちの成長に意味のある状況をつくります。まずは安心で安全な環境であることが大切です。そして、年齢や時期に合った、関わりたくなるような魅力的な環境を考えます。ものの配置だけでなく、保育者やまわりの友だちとの関わりのなかで、どのような時間を過ごすのか、どのような雰囲気で過ごすのかということも考慮します。

❹ 予想される子どもの活動

内容（ねらいを達成するための子どもたちの経験）が得られる具体的な活動のことです。具体的なものですから、年間指導計画や月の指導計画では「予想される子どもの活動」の欄がない場合が多くみられます。週案や

> 環境構成を計画する際には、物的環境、人的環境、空間や時間について考えます。

日案などの具体的な指導計画のなかで記します。

❺ 保育者の援助・配慮

環境構成や予想される子どもの姿に応じた、保育者の直接的な援助です。子どもたちが主体的に環境に関わってねらいを達成できるような遊びや生活が展開できるよう、適切な援助や配慮を考えます。養護と教育の両面から、保育者の言葉かけ、行動、見守りなどが記されます。

保育者には、子どもの心のよりどころとしての役割、理解者・共同作業者としての役割、モデル・遊びの援助者としての役割などがあります。

援助を表す言葉の例)
- 全般的に使う言葉：〜できるようにする　〜できるように関わる　促す　伝える　説明する　誘う　手伝う　配慮する　援助する　支える　心がける　工夫する　声をかける　知らせる　確認する　用意する
- 心のよりどころとしての言葉：見守る　受け止める　代弁する　待つ　ふれる　聴く
- 理解者・共同作業者としての言葉：褒める　認める　励ます　一緒に遊ぶ　共感する　参加する　子どもの気持ちを言葉にして表す
- モデル・遊びの援助者としての言葉：提案する　話題にする　率先して〜する　問いかける　仲立ちする　関係づける

---

❻ 保護者との連携（子育て支援）

保護者支援も保育所の役割です。特に０・１・２歳児では大切です。保護者とともに子どもの成長を喜び合い、ともに子育てをしていく関係づくりについて記します。また、保護者が保育や子どもの発達についての理解を深めていけるような配慮について記します。

例)
- 離乳食の内容や状況について伝え合い、家庭と一緒に進めていく。
- クラスだよりをとおして１年間の計画を知らせ、保護者が見通しをもち安心できるようにする。

---

❼ 地域との連携（地域への支援）

保育所は、地域社会に保育所で行っている保育の内容を伝えなくてはなりません。また、子どもたちの生活が豊かになるよう、地域の自然や、人々、行事、施設などと関わるので、関係機関などとの交流や連携について計画に位置づけます。地域の子育て家庭への支援についても記します。

❽ 反省・評価

この欄は、計画した保育が終わってから記入します。子どもの姿とともに、保育者自身の保育を振り返ったり、職員間での話し合いをとおして反省と評価を行ったりします。次の保育への課題を明確にし、次のねらいにつなげていきます。

2 0歳児（乳児）の指導計画

1 「保育所保育指針」に示されている乳児保育の内容

乳児保育の内容は、乳児の生活や遊びの発達の特徴を踏まえ、3つの視点でとらえています（図表9-1）。この視点は、その後の5領域につながっています（図表9-2）。指導計画作成の際にはこれらの視点を意識して作成します。

・身体的発達に関する視点「健やかに伸び伸びと育つ」
・社会的発達に関する視点「身近な人と気持ちが通じ合う」
・精神的発達に関する視点「身近なものと関わり感性が育つ」

●図表9-1　0歳児（乳児）の保育のねらいと内容

視点	ねらい	内容
ア　健やかに伸び伸びと育つ	①身体感覚が育ち、快適な環境に心地よさを感じる。 ②伸び伸びと体を動かし、はう、歩くなどの運動をしようとする。 ③食事、睡眠等の生活のリズムの感覚が芽生える。	①保育士等の愛情豊かな受容の下で、生理的・心理的欲求を満たし、心地よく生活をする。 ②一人一人の発育に応じて、はう、立つ、歩くなど、十分に体を動かす。 ③個人差に応じて授乳を行い、離乳を進めていく中で、様々な食品に少しずつ慣れ、食べることを楽しむ。 ④一人一人の生活のリズムに応じて、安全な環境の下で十分に午睡をする。 ⑤おむつ交換や衣服の着脱などを通じて、清潔になることの心地よさを感じる。
イ　身近な人と気持ちが通じ合う	①安心できる関係の下で、身近な人と共に過ごす喜びを感じる。 ②体の動きや表情、発声等により、保育士等と気持ちを通わせようとする。 ③身近な人と親しみ、関わりを深め、愛情や信頼感が芽生える。	①子どもからの働きかけを踏まえた、応答的な触れ合いや言葉がけによって、欲求が満たされ、安定感をもって過ごす。 ②体の動きや表情、発声、喃語等を優しく受け止めてもらい、保育士等とのやり取りを楽しむ。 ③生活や遊びの中で、自分の身近な人の存在に気付き、親しみの気持ちを表す。 ④保育士等による語りかけや歌いかけ、発声や喃語等への応答を通じて、言葉の理解や発語の意欲が育つ。 ⑤温かく、受容的な関わりを通じて、自分を肯定する気持ちが芽生える。
ウ　身近なものと関わり感性が育つ	①身の回りのものに親しみ、様々なものに興味や関心をもつ。 ②見る、触れる、探索するなど、身近な環境に自分から関わろうとする。 ③身体の諸感覚による認識が豊かになり、表情や手足、体の動き等で表現する。	①身近な生活用具、玩具や絵本などが用意された中で、身の回りのものに対する興味や好奇心をもつ。 ②生活や遊びの中で様々なものに触れ、音、形、色、手触りなどに気付き、感覚の働きを豊かにする。 ③保育士等と一緒に様々な色彩や形のものや絵本などを見る。 ④玩具や身の回りのものを、つまむ、つかむ、たたく、引っ張るなど、手や指を使って遊ぶ。 ⑤保育士等のあやし遊びに機嫌よく応じたり、歌やリズムに合わせて手足や体を動かして楽しんだりする。

● 図表 9-2　保育の内容の関係

乳児の保育の内容	1歳以上3歳未満児の保育の内容
健やかに伸び伸びと育つ 健康な心と体を育て、自ら健康で安全な生活をつくり出す力の基礎を培う	**健康** 健康な心と体を育て、自ら健康で安全な生活をつくり出す力を養う。
	人間関係 他の人々と親しみ、支え合って生活するために、自立心を育て、人と関わる力を養う。
身近な人と気持ちが通じ合う 受容的・応答的な関わりの下で、何かを伝えようとする意欲や身近な大人との信頼関係を育て、人と関わる力の基盤を培う。	**環境** 周囲の様々な環境に好奇心や探究心をもって関わり、それらを生活に取り入れていこうとする力を養う。
	言葉 経験したことや考えたことなどを自分なりの言葉で表現し、相手の話す言葉を聞こうとする意欲や態度を育て、言葉に対する感覚や言葉で表現する力を養う。
身近なものと関わり感性が育つ 身近な環境に興味や関心をもって関わり、感じたことや考えたことを表現する力の基盤を培う。	**表現** 感じたことや考えたことを自分なりに表現することを通して、豊かな感性や表現する力を養い、創造性を豊かにする。

　この3つの視点は、5領域につながることからもわかるように、主に教育の側面から示されています。保育所が養護と教育を一体的に行う施設であり、そして、乳児の時期にも学びがあるということです。しかしながら、年齢が低いほど、養護的な関わりが重要です。特定の大人との信頼関係を基盤として周囲の環境に関わって学んでいくのですから、保育者は自分の関わりが子どもの育ちに大きく影響することをしっかりと意識することが大切です。

　次に、ねらいと内容を見てみましょう。「保育所保育指針」のねらいと

内容も、指導計画の作成の手順で述べたような関係となっています。乳児（0歳児）の間にこんなふうになってほしいという子どもの姿がねらいであり、ねらいを達成するために経験する事柄が内容です。指導計画に記した保育を1年をとおして行った結果、「保育所保育指針」のねらいと内容を達成する、経験することになるだろうか、という視点で確認しながら作成します。といっても難しく考えすぎなくても大丈夫です。「保育所保育指針」のねらいと内容を読んでみてください。日々保育のなかで意識することと変わりませんね。これらのねらい、内容を目の前の子ども一人ひとりの発達に合わせて具体化したり、季節や園ならではのその時期の生活を反映させたものとして具体化したりすることが指導計画を作成するということです。

2　0歳児（乳児）の発達の特徴

❶ 視覚、聴覚などの感覚

新生児にも、ある程度の視力があることがわかっています。聴覚については、胎児のころから機能し始めています。0歳児は、視覚聴覚などの感覚の発達がめざましく、自分を取り巻く世界を認知し始めます。3か月くらいから機嫌のよいときはじっと見つめたり、まわりを見回したり、物音や大人が話している声のするほうを見るようになります。

❷ 運動機能

3か月ごろから寝ているときに自由に首の向きを変えたり、腹ばいにすると頭をもち上げるようになります。4か月ごろから首がすわり、寝返り、腹ばいにより全身の動きを楽しむようになります。5か月ごろになると目の前のものをつかもうとしたり、手足の動きが活発になったりします。7か月ごろから一人で座り、その後、はうようになります。1歳前後にはつかまり立ち、つたい歩きをするようになります。運動機能の発達により、身近なものに興味をもって関わり、探索活動が活発になります。

❸ 生活

3か月未満児は眠っていることが多く、2～3時間おきにおなかがすきます。30～40分おきに頻繁に排尿し、便も1日2～3回ほどします。3か月を過ぎると、睡眠リズムが安定してきて、昼間に2～3回眠るようになります。首がしっかりすわった5か月ごろから離乳が開始され、初めてドロドロとした食べ物を口にします。

6か月を過ぎると睡眠時間が定まってきて、食事、睡眠、遊びのリズムが安定します。離乳食はしだいに固形物が食べられるようになり、舌と上あごでつぶしながら食べるようになります。9か月ごろにはコップ飲みができるようになります。食事の意欲が高まり、食べたいものが目の前にあると手を伸ばします。

❹ 言葉や社会性

泣いたり微笑したりという表情の変化や体の動きなどで、自分の欲求を表現する力をもっています。あやされると、あやしている大人の顔をじっと見たりします。3か月ごろには、ほほえみが生理的なものから、あやす

9コマ目　指導計画作成上の留意事項（0・1・2歳児）

新生児の浅い睡眠中に現れる生理的な微笑のことを生理的微笑といいます。あやされて返すほほえみを社会的微笑といいます。

5か月ごろ

7か月ごろ

9か月ごろ

のどを鳴らすような音、「ブーブー」「クク」という声をクーイングといいます。一定のリズムやイントネーションをもった「アー」「ウー」という声を喃語といいます。

と笑うなど社会的な意味をもつようになります。快と不快の感情が分化してきます。また、機嫌のよいときにのどの奥を鳴らすような音を出したり、「ブーブー」「クク」という声を出したりするようになります。感受性豊かに受け止め、優しく体と言葉で応答することにより、特定の保育者との間で情緒的な絆が形成されます。

　4か月を過ぎると、感情を訴えるような泣き方になり、また、大人の顔を見つめ、笑いかけ、「アー」「ウー」などと声を出すなど、しだいに社会的、心理的な表出へと変化していきます。6か月を過ぎると、身近な大人の顔がわかり、あやしてもらうととても喜ぶようになります。応答的に関わる特定の大人との間に信頼関係を築いていき、情緒的な絆が深まり、アタッチメント（愛着関係）が強まります。一方で見知らぬ相手に対しては人見知りをします。

　9か月ごろになると、応答的な関わりのなかで自分に向けられた気持ちや簡単な言葉がわかるようになり、自分の意志や欲求を身振りなどで伝えようとします。喃語も会話らしい抑揚がつくようになります。

■3　0歳児（乳児）の遊び

　保育室での遊びの例を紹介します。

❶ 保育者と一緒の遊び

・いないないばあ　・喃語をまねてやりとり　・わらべうた
・隠れる遊び　・ゆらゆらする遊び（ひざの上で・抱っこして・大きな布に乗せて）

❷ 見る、触る遊び

・つりおもちゃ　・握るおもちゃ　・音の鳴るおもちゃ　・ボール
・スロープで転がるおもちゃ　・出し入れを楽しむおもちゃ
・感触を楽しむ遊び

❸ 体を使う遊び

・ごろごろする　・起伏のあるところをのぼる、降りる
・クッションにまたがってバランスをとる　　・ボールプール

　0歳児の保育では、1対1の応答的な関わりが大切になります。遊びのなかで、しぐさや喃語、視線の方向から気持ちをくみとり、共感し、目を

合わせて言葉やスキンシップで応えましょう。また、生活リズムがそれぞれ異なる時期であり、発達のしかたもさまざまです。一人ひとりが快適に過ごせるよう、低月齢児と高月齢児でスペースを区切ったり、静と動の空間をつくるなど、さまざまな動きの子どもたちが安全に、十分に探索活動を行ったり、保育者と関わったりできるよう工夫する必要があります。

1・2歳児の指導計画

1 「保育所保育指針」に示されている1・2歳児の保育の内容

　1・2歳児の生活や遊びを、発達の特徴を踏まえ、健康、人間関係、環境、言葉、表現の5領域でとらえています（図表9-2参照）。この視点は乳児の3つの視点からの発展的なものとなっていて、3歳以上児の5領域につながっています。1歳児、2歳児といっても、おおよそ1歳、おおよそ2歳ととらえます。大切なのは子どもたち一人ひとりの発達の連続性をていねいに保障していくことです。

　「ねらいと内容」を見てみましょう（図表9-3）。子どもたちが経験する事柄である内容をみると、保育の様子が想像できます。たとえば人間関係からは、保育者の仲立ちによりほかの子どもと少しずつ関わりをもって遊んだり、決まりがあることに気づいたりすることがわかります。表現からは、水、砂、土、紙、粘土などで遊んだり、リズム遊びをしたりし、そのなかでさまざまな音、形、色、手触りなどに気づくことがわかります。これらを踏まえて、目の前の子どもたちの興味、関心や季節の変化に合わせて、具体的にどのように生活するのか、またどんな遊びをするのかを考えて計画します。

　「内容の取扱い」（図表9-4）では、保育者の援助、配慮、環境構成について記述されています。たとえば、ねらいと内容から、保育者の仲立ちによりほかの子どもと少しずつ関わりをもって遊ぶことがわかりました。では、そのときにどのような援助が必要でしょうか。人間関係をみてみると、ほかの子どもと関わって遊ぶ際、思い通りにいかなくて感情が不安定になった場合には、子どもの気持ちを受容的に受け止めることがわかります。また、立ち直ったり、感情をコントロールしたりできるような援助をすること、さらに、友だちの気持ちや友だちとの関わり方をていねいに伝えていくことがわかります。実際の子どもの姿と内容の取扱いを照らし合わせ、子どもたちにふさわしい環境を構成し、適切な援助ができるよう計画していきます。

● 図表 9-3　1 歳以上 3 歳未満児の保育に関わるねらいと内容

		ねらい	内容
健康	健康な心と体を育て、自ら健康で安全な生活をつくり出す力を養う。	①明るく伸び伸びと生活し、自分から体を動かすことを楽しむ。 ②自分の体を十分に動かし、様々な動きをしようとする。 ③健康、安全な生活に必要な習慣に気付き、自分でしてみようとする気持ちが育つ。	①保育士等の愛情豊かな受容の下で、安定感をもって生活をする。 ②食事や午睡、遊びと休息など、保育所における生活のリズムが形成される。 ③走る、跳ぶ、登る、押す、引っ張るなど全身を使う遊びを楽しむ。 ④様々な食品や調理形態に慣れ、ゆったりとした雰囲気の中で食事や間食を楽しむ。 ⑤身の回りを清潔に保つ心地よさを感じ、その習慣が少しずつ身に付く。 ⑥保育士等の助けを借りながら、衣類の着脱を自分でしようとする。 ⑦便器での排泄に慣れ、自分で排泄ができるようになる。
人間関係	他の人々と親しみ、支え合って生活するために、自立心を育て、人と関わる力を養う。	①保育所での生活を楽しみ、身近な人と関わる心地よさを感じる。 ②周囲の子ども等への興味や関心が高まり、関わりをもとうとする。 ③保育所の生活の仕方に慣れ、きまりの大切さに気付く。	①保育士等や周囲の子ども等との安定した関係の中で、共に過ごす心地よさを感じる。 ②保育士等の受容的・応答的な関わりの中で、欲求を適切に満たし、安定感をもって過ごす。 ③身の回りに様々な人がいることに気付き、徐々に他の子どもと関わりをもって遊ぶ。 ④保育士等の仲立ちにより、他の子どもとの関わり方を少しずつ身につける。 ⑤保育所の生活の仕方に慣れ、きまりがあることや、その大切さに気付く。 ⑥生活や遊びの中で、年長児や保育士等の真似をしたり、ごっこ遊びを楽しんだりする。
環境	周囲の様々な環境に好奇心や探究心をもって関わり、それらを生活に取り入れていこうとする力を養う。	①身近な環境に親しみ、触れ合う中で、様々なものに興味や関心をもつ。 ②様々なものに関わる中で、発見を楽しんだり、考えたりしようとする。 ③見る、聞く、触るなどの経験を通して、感覚の働きを豊かにする。	①安全で活動しやすい環境での探索活動等を通して、見る、聞く、触れる、嗅ぐ、味わうなどの感覚の働きを豊かにする。 ②玩具、絵本、遊具などに興味をもち、それらを使った遊びを楽しむ。 ③身の回りの物に触れる中で、形、色、大きさ、量などの物の性質や仕組みに気付く。 ④自分の物と人の物の区別や、場所的感覚など、環境を捉える感覚が育つ。 ⑤身近な生き物に気付き、親しみをもつ。 ⑥近隣の生活や季節の行事などに興味や関心をもつ。
言葉	経験したことや考えたことなどを自分なりの言葉で表現し、相手の話す言葉を聞こうとする意欲や態度を育て、言葉に対する感覚や言葉で表現する力を養う。	①言葉遊びや言葉で表現する楽しさを感じる。 ②人の言葉や話などを聞き、自分でも思ったことを伝えようとする。 ③絵本や物語等に親しむとともに、言葉のやり取りを通じて身近な人と気持ちを通わせる。	①保育士等の応答的な関わりや話しかけにより、自ら言葉を使おうとする。 ②生活に必要な簡単な言葉に気付き、聞き分ける。 ③親しみをもって日常の挨拶に応じる。 ④絵本や紙芝居を楽しみ、簡単な言葉を繰り返したり、模倣をしたりして遊ぶ。 ⑤保育士等とごっこ遊びをする中で、言葉のやり取りを楽しむ。 ⑥保育士等を仲立ちとして、生活や遊びの中で友達との言葉のやり取りを楽しむ。 ⑦保育士等や友達の言葉や話に興味や関心をもって、聞いたり、話したりする。
表現	感じたことや考えたことを自分なりに表現することを通して、豊かな感性や表現する力を養い、創造性を豊かにする。	①身体の諸感覚の経験を豊かにし、様々な感覚を味わう。 ②感じたことや考えたことなどを自分なりに表現しようとする。 ③生活や遊びの様々な体験を通して、イメージや感性が豊かになる。	①水、砂、土、紙、粘土など様々な素材に触れて楽しむ。 ②音楽、リズムやそれに合わせた体の動きを楽しむ。 ③生活の中で様々な音、形、色、手触り、動き、味、香りなどに気付いたり、感じたりして楽しむ。 ④歌を歌ったり、簡単な手遊びや全身を使う遊びを楽しんだりする。 ⑤保育士等からの話や、生活や遊びの中での出来事を通して、イメージを豊かにする。 ⑥生活や遊びの中で、興味のあることや経験したことなどを自分なりに表現する。

● 図表 9-4　1 歳以上 3 歳未満児の保育に関わる内容の取扱い

	内容の取扱い
健康	①心と体の健康は、相互に密接な関連があるものであることを踏まえ、子どもの気持ちに配慮した温かい触れ合いの中で、心と体の発達を促すこと。特に、一人一人の発育に応じて、体を動かす機会を十分に確保し、自ら体を動かそうとする意欲が育つようにすること。 ②健康な心と体を育てるためには望ましい食習慣の形成が重要であることを踏まえ、ゆったりとした雰囲気の中で食べる喜びや楽しさを味わい、進んで食べようとする気持ちが育つようにすること。なお、食物アレルギーのある子どもへの対応については、嘱託医等の指示や協力の下に適切に対応すること。 ③排泄の習慣については、一人一人の排尿間隔等を踏まえ、おむつが汚れていないときに便器に座らせるなどにより、少しずつ慣れさせるようにすること。 ④食事、排泄、睡眠、衣類の着脱、身の回りを清潔にすることなど、生活に必要な基本的な習慣については、一人一人の状態に応じ、落ち着いた雰囲気の中で行うようにし、子どもが自分でしようとする気持ちを尊重すること。また、基本的な生活習慣の形成に当たっては、家庭での生活経験に配慮し、家庭との適切な連携の下で行うようにすること。
人間関係	①保育士等との信頼関係に支えられて生活を確立するとともに、自分で何かをしようとする気持ちが旺盛になる時期であることに鑑み、そのような子どもの気持ちを尊重し、温かく見守るとともに、愛情豊かに、応答的に関わり、適切な援助を行うようにすること。 ②思い通りにいかない場合等の子どもの不安定な感情の表出については、保育士等が受容的に受け止めるとともに、そうした気持ちから立ち直る経験や感情をコントロールすることへの気付き等につなげていけるように援助すること。 ③この時期は自己と他者との違いの認識がまだ十分ではないことから、子どもの自我の育ちを見守るとともに、保育士等が仲立ちとなって、自分の気持ちを相手に伝えることや相手の気持ちに気付くことの大切さなど、友達の気持ちや友達との関わり方を丁寧に伝えていくこと。
環境	①玩具などは、音質、形、色、大きさなど子どもの発達状態に応じて適切なものを選び、遊びを通して感覚の発達が促されるように工夫すること。 ②身近な生き物との関わりについては、子どもが命を感じ、生命の尊さに気付く経験へとつながるものであることから、そうした気付きを促すような関わりとなるようにすること。 ③地域の生活や季節の行事などに触れる際には、社会とのつながりや地域社会の文化への気付きにつながるものとなることが望ましいこと。その際、保育所内外の行事や地域の人々との触れ合いなどを通して行うこと等も考慮すること。
言葉	①身近な人に親しみをもって接し、自分の感情などを伝え、それに相手が応答し、その言葉を聞くことを通して、次第に言葉が獲得されていくものであることを考慮して、楽しい雰囲気の中で保育士等との言葉のやり取りができるようにすること。 ②子どもが自分の思いを言葉で伝えるとともに、他の子どもの話などを聞くことを通して、次第に話を理解し、言葉による伝え合いができるようになるよう、気持ちや経験等の言語化を行うことを援助するなど、子ども同士の関わりの仲立ちを行うようにすること。 ③この時期は、片言から、二語文、ごっこ遊びでのやり取りができる程度へと、大きく言葉の習得が進む時期であることから、それぞれの子どもの発達の状況に応じて、遊びや関わりの工夫など、保育の内容を適切に展開することが必要であること。
表現	①子どもの表現は、遊びや生活の様々な場面で表出されているものであることから、それらを積極的に受け止め、様々な表現の仕方や感性を豊かにする経験となるようにすること。 ②子どもが試行錯誤しながら様々な表現を楽しむことや、自分の力でやり遂げる充実感などに気付くよう、温かく見守るとともに、適切に援助を行うようにすること。 ③様々な感情の表現等を通じて、子どもが自分の感情や気持ちに気付くようになる時期であることに鑑み、受容的な関わりの中で自信をもって表現をすることや、諦めずに続けた後の達成感等を感じられるような経験が蓄積されるようにすること。 ④身近な自然や身の回りの事物に関わる中で、発見や心が動く経験が得られるよう、諸感覚を働かせることを楽しむ遊びや素材を用意するなど保育の環境を整えること。

2　1・2歳児の発達の特徴

・**運動機能**

　運動機能の発達がめざましい時期です。1歳前後から歩き始め、しだいにつかまらずに歩けるようになり、押したり投げたりなどするようになります。生活空間が広がり、探索活動がより活発になります。身近な人の興味ある活動を模倣し、つまむ、めくる、通す、外す、なぐりがきをする、転がす、スプーンを使うなど運動の種類が豊かになっていきます。しゃがんだ姿勢で遊ぶようになります。

　2歳ごろになると、歩行の機能は一段と進み、走る、跳ぶなどの基本的な運動機能を獲得し、体を思うように動かすことができるようになります。早く歩く、ゆっくり歩くなどの動きを自分で調整し、言葉に合わせて動作を始めたりやめたりできるようになってきます。行動範囲が広がることで、ほかの子どもとの関わりも増えていきます。

・**生活**

　1歳ごろから、定まった時間に眠るようになります。衣服の着脱の際に、大人の言葉に合わせて足を動かしたりするようになります。また、徐々に大人に近い食事がとれるようになってくる時期です。唇や口角を動かして、奥歯でかめるようになってきます。手づかみで自分で食べます。1歳半ばごろになると、スプーンを使って食べようとします。

　2歳を過ぎると、舌を回しながらかんで食べるようになります。また、個人差がありますが、この時期には、排泄の予告、排泄の自立が進みます。排泄後は石けんを使い手を洗うことができるようになってきます。簡単な身の回りのことは自分でしようとします。2歳半ばを過ぎると、袖を通すときなどにちょっとした援助があれば衣服の着脱を自分ですることができます。ボタンのとめ外しも自分でしようとします。

・**言葉や社会性**

　大人の言うことがわかるようになり、呼びかけたり、拒否を表す片言を盛んに使うようになったりします。言葉で言い表せないことは、指さし、身振りなどで示そうとします。「ワンワンどれ？」などと聞かれると、指を指して答えたり、「お鼻はどこ？」などと聞かれると自分の鼻を指して答えたりするようになります。1歳後半には二語文を話し始めます。

　2歳ごろになると発声、構音機能が急速に発達し、発声がより明瞭になります。語彙も急速に増加します。語彙数は、2歳で300語前後、3歳でおよそ1,000語となります。語彙の増加に伴って「ワンワン　イル」、「カワイー　ワンワン」などさまざまな二語文を話すようになります。「大きい－小さい」「たくさん－少し」などの認識を獲得し、2歳の次は3歳になるという概念もわかるようになります。

　1歳ごろになると自我が芽生え、自分の思いを一方的に通そうとします。応じてもらえないとひっくりかえったり、泣いたりします。1歳後半から場面の切り替えができ始め、気持ちを立て直したりしますが、自分の気持ちをうまく表現できずにかみついてしまうこともあります。

　2歳を過ぎるといろいろなことができるようになり、自分に自信をもつ

ことができます。大人の手を借りずに何でもやってみようと意欲的になります。しかし、すべて自分できるというわけではなく、自分の思いが受け入れられないとかんしゃくを起こしたり、泣いて自己主張したりすることにもなります。一方で、気に入ったおもちゃなどをひとり占めしながらも他者にも1つだけ分けてあげるなど、周囲とのつながりももとうとするようになります。人と関わることが楽しくなってきて、ごっこ遊びを2人で楽しむ姿もみられるようになってきます。

3　1・2歳児の遊び

保育室での遊びの例を紹介します。

❶ 手指を使う遊び
・穴に入れて落とすおもちゃ　・ひもとおし　・つなげるおもちゃ
・型はめ　・パズル　・ままごと（食材、食器、スプーン、おたまなど）
・積み木　・シールを貼る遊び　・小麦粉粘土

❷ ごっこ遊び
・ままごと（人形、ふとん、おんぶひも、エプロン、スカート、バッグなど）
・○○ごっこ（おでかけごっこ、お店屋さんごっこなど）

❸ 歩く遊び
・押すおもちゃ　・引き車

❹ 全身を使う遊び
・起伏のあるところをのぼる、降りる　・巧技台　・リズム遊び
・まねっこ遊び

　手指の操作が発達する時期です。発達に合ったおもちゃを用意しましょう。体も思うように動かせるようになります。いろいろな動きを模倣したり楽しんだりする遊びを取り入れましょう。
　また、自分と他者との区別がつき始める時期でもあり、保育者を心のよりどころとして他者と関わり、遊びの世界を広げていきます。ごっこ遊びが楽しくなります。イメージが広がり、楽しさを共有できるような援助を

心がけましょう。

　一方で、自己主張をし、ものの取り合いやかみつきなども起こります。子どもの興味や関心に合ったおもちゃを十分に用意しておきましょう。また、保育者との1対1の応答的な関わりを大切にしなくてはなりません。ほかの保育者と連携して、時間と場を保障できるよう工夫します。

4 指導計画作成の際のポイント（0・1・2歳児）

1　個人差を大切に、一人ひとりとていねいに向き合う

　「保育所保育指針」第1章3「保育の計画及び評価」には、「3歳未満児については、一人ひとりの子どもの生育歴、心身の発達、活動の実態等に即して、個別的な計画を作成すること」とあります。どの子どもも、発達の方向や順序は一般的に共通していますが、発達の速度や現れ方には個人差があります。首がすわってからねがえりをうつようになる、お座りしてからはいはいをするようになるという順序は同じですが、現れる時期はそれぞれです。言葉の現れ方は特に個人差があります。また、月齢などによって体力にも大きな差があります。午睡に入る時間もさまざまです。子どもたち一人ひとりの生活リズムを形成し、それに沿ったデイリープログラム（➡7コマ目参照）を立てる必要があります。

　子ども一人ひとりを大切にするということは、一人ひとりを人として尊重（人権の尊重）することです。保育者は、経験を積むに従い、迅速に適切な対応ができるようになりますが、この子は○○ちゃんタイプと、これまで出会った子どもに当てはめて考える傾向が出てきてしまうことがあります。一人ひとりの子どもの行為の意味を考え、その子のことをわかろうとし続けることが大切です。

2　特定の大人と情緒的な絆を築く体制を整える

　子どもは、乳児期から毎日さまざまな欲求を表出し、身近な特定の大人に充足してもらうという応答的なやりとりを繰り返すなかで、「この人なら大丈夫」と特定の大人と信頼関係を築いていき、情緒的な絆が形成されます。そして、この特定の大人のもとでの安定感をよりどころとして、特定の大人を離れて周囲の環境に関わり、世界を広げていきます。

　0・1・2歳児保育では、担当制や、ゆるやかな担当制*を取り入れるなど、特定の大人と情緒的な絆が形成されるような体制をつくることが大切です。

もちろん3歳以上児も個人差を大切にしなくてはなりませんが、乳児期は特に大切です。

重要語句

担当制
→特定の保育者と子どもが関わることをいう。特定の大人がゆったりと関わり、身近な大人との間に安定した絆を形成することで、情緒が安定し、発達が促される。

3 家庭と連携する

このコマの冒頭で述べたように、保育所の保育の目標の一つに保護者への援助があります。0・1・2歳児の保育においては、子どもの24時間の生活の連続がスムーズに行われることが大切です。そのため、家庭との連携が欠かせません。子どもの成長を保護者とともに喜び合い、ともに育てていくためには信頼関係を築き、日ごろから安心して何でも話してもらえる関係をつくることが重要です。

保護者の置かれている状況はさまざまです。また、保護者にはこう育ってほしいという願いや、子どもの育ちに対する悩みがあります。状況を把握し、思いを受け止めることが大切です。食事や排泄など、生活に関する現在の姿、好きな遊びや興味・関心のあることなど、互いに理解を共有しながら指導計画に記述していきましょう。

4 健康・安全へ配慮する

0・1・2歳児は体力も十分ではなく疾病への抵抗力が弱いため、集団生活の場である保育所では、感染症に対する備えが大切です。乳幼児突然死症候群（SIDS）のリスクも高いため、午睡中の呼吸のチェックや状況の確認なども定期的に行っています。また、転倒、転落、誤飲、熱傷などの事故にも注意が必要です。

5 愛情豊かに、応答的に関わる

「保育所保育指針」第2章1（1）アに「発達の特徴を踏まえて、乳児保育は、愛情豊かに、応答的に行われることが特に必要である」とあります。「愛情豊かに、応答的に」とは具体的にどのような関わりでしょうか。

喜怒哀楽の情動が未分化な乳児期は、大人とのやりとりのなかで、今自分が感じていることが「気持ちがいい」ことなのか、「不快」なことなのかを理解していきます。乳児と関わる際に、「おいしいね」「おなかがすいたね」「気持ちいいね」と言葉を添えて、気持ちを通わせましょう。これは1、2歳児でも同じです。自我が芽生え、複雑になった自分の気持ちを整理しきれなくなったときに、「〜だったから困ったね」「〜だからうれしいね」と子どもの気持ちを優しく代弁しましょう。そのような保育者の配慮のある計画を作成しましょう。

> 保健計画だけでなく、日々の計画にも位置づけましょう。アレルギー対応など、個別にていねいに関わっていく必要がありますね。

> 3歳未満児で保育所に通っている子どもが増えています。また、保育時間が長い子どももいます。安心して過ごすことのできる環境が大切です。

6 温かな環境をつくる

　「保育所保育指針」第1章1（4）ウには、「保育室は、温かな親しみとくつろぎの場となるとともに、生き生きと活動できる場となるように配慮すること」と記述されています。0・1・2歳児にとって特に大切なことです。1日の生活が静と動のバランスのとれたものとなるよう配慮しなくてはなりません。思い切り体を動かしたり、遊びたくなる遊具があったりする環境があるとともに、家庭のようにいつでもくつろげる場や、時には一人になれる場があるでしょうか。家族のように大好きな大人がそばにいて安心できる場となっているでしょうか。家庭的な雰囲気を大切にした環境づくりが求められます。

おさらいテスト

❶ 保育は［　　　］と［　　　　］が一体となって展開されている。
❷ ［　　　］歳児からの学びがある。
❸ 3歳未満児は特に［　　　　］に配慮した計画が必要である。

演習課題

グループで考えてみよう

① 122ページの0歳児（乳児）の遊びのなかから遊びを1つ選び、その遊びのなかにどのような学びがあるか考え、グループで交流してみましょう。

② 「保育所保育指針」の1歳以上3歳未満児と3歳以上児の保育に関わるねらいと内容を比較して、グループのなかで気づいたことをあげてみましょう。

10コマ目 指導計画作成上の留意事項（3歳以上児）

今日のポイント

1. 保育の内容は、健康、人間関係、環境、言葉、表現の5つの領域で記述されている。
2. 保育所、幼稚園、幼保連携型認定こども園はすべて幼児教育を行う施設である。
3. 計画は、子どもの興味・関心に基づいて作成する。

1 保育の基本と指導計画の作成手順

　3歳以上児の指導計画の作成手順も、基本は0・1・2歳児と同じですが、3歳以上児になると月齢による発達の違いが小さくなるので、個別の指導計画は作成しません。とはいえ、まだまだ個人差の大きな時期なので、個人差に配慮したクラスの指導計画を作成します。そのうえで、必要に応じて個別の指導計画を作成することもあります。

　また、特別な配慮を必要とする子どもについても個別の指導計画を作成します。一方で、すべての子どもが生活や遊びをとおして、ともに育ち合う場が保育所です。クラスの指導計画のなかにも特別な配慮を必要とする子どもの保育を位置づけます。

2 3歳以上児の指導計画

1　「保育所保育指針」に示されている3歳以上児の保育の内容

　保育所、幼稚園、幼保連携型認定こども園はすべて幼児教育を行う施設です（図表10-1）。どの施設で過ごした子どもも一定以上の質をもった幼児教育を受け、小学校教育との連続性が保障されます。「保育所保育指針」第2章「保育の内容」の3歳以上児の保育については、「幼稚園教育要領」「幼保連携型認定こども園教育・保育要領」とほぼ同じ形で、ねらいと内容、内容の取扱いが5領域（図表10-2）で記述されています。

> 特別な配慮を必要とする子どもは、障害のある子どもだけではありません。発達の気になる子ども、外国籍などさまざまな文化を背景にもつ子ども、虐待や貧困などの問題を抱えている子どもなどがいます。そのような子どもたちすべてが「特別な配慮を必要とする子ども」ということになります。

●図表 10-1　幼児教育を行う施設

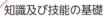

> 3歳以上児のねらいと内容は、「保育所保育指針」では「保育士等」「子ども」、「幼稚園教育要領」では「先生」「幼児」、「幼保連携型認定こども園教育・保育要領」では「保育教諭等」「園児」となっていますが、あとはすべて同じ文章です（図表10-1）。

●図表 10-2　5領域（3歳以上児）

「ねらい」は、「保育所保育指針」に示された保育の目標をより具体化したものであり、子どもが保育所において、安定した生活を送り、充実した活動ができるように、保育を通じて育みたい資質・能力を、子どもの生活する姿からとらえたものです。また、「内容」は、「ねらい」を達成するために、子どもの生活やその状況に応じて保育士等が適切に行う事項と、保育士等が援助して子どもが環境に関わって経験する事項を示したものです。

健康 健康な心と体を育て、自ら健康で安全な生活をつくり出す力を養う。	①明るく伸び伸びと行動し、充実感を味わう。
	②自分の体を十分に動かし、進んで運動しようとする。
	③健康、安全な生活に必要な習慣や態度を身に付け、見通しをもって行動する。
人間関係 他の人々と親しみ、支え合って生活するために、自立心を育て、人と関わる力を養う。	①保育所の生活を楽しみ、自分の力で行動することの充実感を味わう。
	②身近な人と親しみ、関わりを深め、工夫したり、協力したりして一緒に活動する楽しさを味わい、愛情や信頼感をもつ。
	③社会生活における望ましい習慣や態度を身に付ける。
環境 周囲の様々な環境に好奇心や探究心をもって関わり、それらを生活に取り入れていこうとする力を養う。	①身近な環境に親しみ、自然と触れ合う中で様々な事象に興味や関心をもつ。
	②身近な環境に自分から関わり、発見を楽しんだり、考えたりし、それを生活に取り入れようとする。
	③身近な事象を見たり、考えたり、扱ったりする中で、物の性質や数量、文字などに対する感覚を豊かにする。
言葉 経験したことや考えたことなどを自分なりの言葉で表現し、相手の話す言葉を聞こうとする意欲や態度を育て、言葉に対する感覚や言葉で表現する力を養う。	①自分の気持ちを言葉で表現する楽しさを味わう。
	②人の言葉や話などをよく聞き、自分の経験したことや考えたことを話し、伝え合う喜びを味わう。
	③日常生活に必要な言葉が分かるようになるとともに、絵本や物語などに親しみ、言葉に対する感覚を豊かにし、保育士等や友達と心を通わせる。
表現 感じたことや考えたことを自分なりに表現することを通して、豊かな感性や表現する力を養い、創造性を豊かにする。	①いろいろなものの美しさなどに対する豊かな感性をもつ。
	②感じたことや考えたことを自分なりに表現して楽しむ。
	③生活の中でイメージを豊かにし、様々な表現を楽しむ。

2　3歳児の発達の特徴

❶ 運動機能
　歩く、走る、とぶ、またぐ、押す、引っ張る、投げる、ける、転がるなどの基本的な動作がひととおりできるようになります。リズムに合わせて体を動かすことが上手になります。三輪車をこいだり、でんぐりがえしができたりします。その場でケンケンができるようになり、しだいに前に進みながらケンケンできるようになります。また、手を左右別々に動かしたり、丸が描けるようになったりします。

❷ 生活
　食事、排泄、衣服の着脱などの基本的な生活習慣の自立が進みますが、個人差は大きい時期です。保育者のお手伝いをして喜ぶ姿がみられます。何でもできると感じ、自分でできることに誇りをもつ時期です。

❸ 言葉や社会性
　日常生活での言葉のやりとりができるようになり、盛んにおしゃべりをします。知識欲が高まり、「なぜ？」「どうして？」などの質問をして、言葉がますます豊かになっていきます。お昼寝のあとはおやつなどといった予想をしたり、意図、期待をもって行動したりできるようになります。「きのう」「あした」という言葉を使い、未来を楽しみにします。並行遊びをしながらも、周囲の友だちに興味をもち、道具の貸し借りをしながら関わることもあります。遊具などの取り合いからけんかになることもありますが、しだいに分け合ったり、順番に使ったりするなど、決まりを守ろうという気持ちがでてきます。イメージが豊かになり、日常経験していることや、大人の行動などを取り入れてごっこ遊びを楽しみ、遊びが長く続くようになります。

3　3歳児の遊び

　遊びの例を紹介します。

❶ 体を動かす遊び
・音楽に合わせていろいろなものになって走ったり、スキップなどさまざまな動きをしたりするリズム遊び
・走ったり、のぼったり、とんだりするサーキット遊び
・ボールを投げたり、的に当てたりするボール遊び
・保育者が鬼になっての鬼ごっこやかくれんぼなどの集団遊び

❷ ごっこ遊び
・気の合う友だちと一緒に見立て、つもりを共有するごっこ遊びから、しだいに役とセリフのあるごっこ遊び

❸ 表現する遊び
・クレヨンや絵の具を使って自由に描くことを楽しむ遊び
・1回ちょきんとハサミで切ったり、切ったものをのりやテープで貼って作品をつくる遊び

ごっこ遊びが楽しくなります。

4　4歳児の発達の特徴

❶ 運動機能
　全身のバランスをとる能力が発達し、体の動きが巧みになります。転がってきたボールをける、なわとびができるなど、2つの動きを同時にできるようになります。手先も器用になり、ハサミで簡単な形を切ったり、ひもを結んだりできるようになります。

❷ 生活
　食事、衣服の着脱、排泄、清潔、片づけなど、身の回りのことがほとんどできるようになります。暑さ寒さに合わせて衣服の調整もできるようになります。1日の流れに見通しをもつことができます。

❸ 言葉や社会性
　自然や身近にあるさまざまな事柄に疑問をもち、「なぜ？」「どうして？」としきりに質問します。自分が感じたことを言葉や体で表現できるようになります。身近な人の気持ちに気づき、譲ったり我慢ができるようになったりしてきますが、まだ自分を抑えられないこともあります。好きな遊びをとおして気の合う仲間ができ、友だちに認められることを喜び、仲間と一緒にいる楽しさを感じるようになります。一方で、他人と自分を比較して競争心をもったり、自信をもったり落ち込んだりします。また、他者の期待にうまくこたえられなかったり、自分の思うようにできなかったりして葛藤することもあります。

5　4歳児の遊び

　遊びの例を紹介します。

❶ 簡単なルールのある鬼ごっこ・捕まったら鬼を交代する鬼ごっこ
・かくれんぼ　・しっぽ取り　・だるまさんがころんだ　・色鬼
・高鬼　・ひょうたん鬼

❷ 運動遊び
・エンドレスリレー　・中あてドッジボール　・鉄棒
・ケンケンしたり、平均台でバランスをとったり、とび箱にとび乗りとび降りるサーキット遊び

❸ 手指を使った遊び
・折り紙　・粘土　・ぬり絵　・あやとり　・ハサミを使った遊び
・ブロック　・シャボン玉

❹ 表現する遊び
・目の前のものを見て描く　・絵本の世界をイメージして描く
・身近な生活経験を取り入れたごっこ遊び
・気の合う友だちと共通のイメージをもちながら役になりきるごっこ遊び
・つくったものを使ってのごっこ遊び

❺ 自然にふれる遊び
・虫取り　・葉っぱや木の実、枝、石などを集める遊び

気の合う友だちと一緒に遊ぶことが楽しくなります。

6　5歳児の発達の特徴

❶ 運動機能
　全身運動が巧みになります。体全体を協応させた複雑な運動をするようになります。活発に体を動かして遊び、ボール遊びや自転車に乗ることが楽しくなります。手先もより器用になり、雑巾をしぼることもできます。

❷ 生活
　生活に必要なことはほとんど自分でできるようになります。人の役に立つことを喜び、お手伝いや小さい子どものお世話をすすんでします。見通しをもって当番活動などの仕事をすることができます。

❸ 言葉や社会性
　考えながら話をしたり、振り返って考えたりする力がついてきます。自分の気持ちをわかりやすく表現したり、相手の気持ちを聞いたり、トラブルを自分たちで解決しようとします。語彙が増え、想像力も豊かになります。しりとりやさかさ言葉で遊ぶことが楽しくなります。文字、数量、図形、記号などへの理解が進み、仲間ごとに集めたり、比べたり、数えたりします。仲間意識をもって、集団で遊ぶことが楽しくなります。クラスのなかでの役割がわかり、生活や遊びのルールを守ろうとする気持ちも強くなります。一方で、ルールを自分なりに都合よく解釈してしまう姿もみられます。難しいことにもチャレンジし、やり遂げようとする姿もみられるようになってきます。

> 挑戦することを楽しんだり、気の合う友だちを含む大きな集団で知恵を出し合って遊んだりすることが楽しくなります。

7　5歳児の遊び
　遊びの例を紹介します。

❶ ルールのある集団遊び
・缶けり　・どろけい　・ドッジボール　・サッカー

❷ 複雑な動きを楽しむ遊び
・とび箱　・竹馬　・木のぼり　・歌に合わせた大なわとび

❸ 構成する遊び
・折り紙　・ブロック　・積み木　・あやとり　・編み物　・木工工作
・ビー玉転がし

❹ 自然と関わって、試したり考えたり工夫したりする遊び
・葉っぱ、木の実、枝、石などをこだわりの仲間ごとに集める遊び
・虫や小動物の飼育　・落ち葉のこすり出し　・氷づくり
・光る泥団子づくり　・花や野菜を育てる
・風車やたこをつくって風を感じる

❺ 言葉や数、文字などを使った遊び
・かるた　・しりとり　・なぞなぞ　・すごろく　・ジェスチャーゲーム
・郵便屋さんごっこ　・猛獣狩り　・ことろことろ

❻ 探求心をもって協同して楽しむ遊び
・お店屋さんごっこ　・絵本の世界のごっこ　・遊園地づくり
・宇宙基地づくり　・街づくり　・劇遊び

3 指導計画作成の際のポイント（3歳以上児）

1 一人ひとりの様子からクラスの実態をとらえて「子どもの姿」を作成する

　3歳以上児では、クラスの指導計画を作成します。クラスに20人あるいは30人の子どもがいても、まずは一人ひとりの様子からクラスとしての姿を作成しなくてはなりません。

　一人ひとりの遊びへの興味・関心や取り組み方はどのような様子でしょうか。その遊びにどのようなイメージをもっているのか、何をおもしろいと感じているのか、遊びはどのように続いたり広がったりしているのか、遊びの傾向はどう変化しているのかなどについて考えます。基本的な生活習慣についても、具体的にそれぞれの場面で、どの程度身についているのか考えます。

　また、保育者や友だちとの関わり方はどうでしょうか。関わりのなかでどのような経験をしているか、どのような思いをもっているのか、仲間関係はどう変化しているのかなどについて考えます。

　以上のように、まずは一人ひとりの姿を具体的に考えたうえで、共通する姿をおおまかに、いくつかのグループでとらえていきます。以前の姿からの変化に着目すると、クラス全体としての今の状況がとらえやすくなります。

2 進級時の3歳への配慮

　どの年齢でも進級とともに新しい環境になるため、進級当初は不安をもつ子どもが多くいます。そのため進級時には、まず新しい環境に慣れ、安心できる配慮が必要になります。なかでも、2歳児から3歳児へ移行する際には大きな変化が伴います。これまで子ども6人に対して1人いた保育者が、子ども20人に対して1人になります。担任も今までアタッチメント（愛着関係）を築いてきた保育者から新しい保育者へ交代します。また、身体の発達とともに、デイリープログラムも大きく変わったり、保育室も遠くに移動したりするなど、変化が大きい園が多くあります。さらに、新

保育者1人に対する子どもの人数が増えても、一人ひとりを大切に、ていねいに関わるという基本は変わりません。

10コマ目　指導計画作成上の留意事項（3歳以上児）

入園児も入園してきます。
　新しいクラスに居場所を見つけたり、楽しいことを見つけたりできるよう、前担任やほかの保育者と協力して、一人ひとりにていねいに関わることが大切です。

3　子どもたちの興味・関心をとらえる

　3歳以上児の保育では、子どもたちの主体的・対話的、協同的な学びを特に大切にしています。ここでいう「主体的」とは、みずからやってみたいと思って行動することです。そのためには、安定感をもって自己を十分に発揮できる生活であることが大切です。「対話的」とは、人やもの、出来事に対して驚いたり、探求したり、試行錯誤をしたりする豊かな対話があるということです。そのためには、じっくり関わる時間、環境、それを見守る保育者の存在が必要です。「協同的」とは、子ども同士で思いを伝え合ったり、試行錯誤したりしながら一緒に活動を展開したり、共通の目的の実現にむかって活動を展開していくことです。そうした活動を展開する力は、保育者との信頼関係のもと、ほかの子どもたちとの関わりのなかで、多様な感情を味わい、思いや考えを共有する経験を積むなかで育まれていきます。
　そのような学びにつながる遊びや生活を送るためには、まず子どもたちの興味・関心を知り、子どもの興味や関心に沿った保育が計画されることが大切です。子どもがやりたいことと保育者の願いの両方が反映された計画にしていきましょう。

4　行事、地域の環境を長期の計画に位置づける

　長期の指導計画では、季節や環境の変化や行事、さらに地域の環境なども位置づけていく必要があります。子どもと一緒に季節に合わせた植物の種をまいたり、バッタや蝶がやってくるような環境を整えたりしておくなど、子どもたちの生活が豊かになるように見通しをもって計画します。
　園の行事については、自然な流れのなかで潤いとなるような楽しい機会にしましょう。ふだんの生活からかけ離れていたり、負担が大きかったりする場合には、思い切って見直すことも大切です。行事にむけて主体的に

家庭や地域社会と連携する保育が求められています。

楽しく取り組めたり、行事を経験したりすることで、その後の遊びが充実するような保育を計画します。また、地域の施設や行事も積極的に取り入れます。子どもたちの共通体験が園生活をより豊かなものにするよう、指導計画に反映させていきます。その際、家庭によって地域への関わり方はさまざまであることも考慮します。

5 個と集団のつながり・好きな遊びとクラスの活動のつながり

事例を見ながら、個と集団のつながりについて考えてみましょう。

事例① 3歳児クラスの実践

A児が「魚を描きたいけど描けない」と保育者にいってきました。そこで、5歳児クラスに図鑑を借りに行き、見ながら描いてみることにしました。3歳児の保育室にはない図鑑を借りてきたことで、まわりの子どもたちも描きたくなり、何人かの子どもたちが魚の絵を描きました。その後しばらくいくつかの魚の遊びが展開することとなりました。

A児は1つ描き終わると、ハサミで魚を切り出して外にもっていきました。外遊び用に置いてある、積まれたビールケースに貼りたいとのことです。どうやら水槽をイメージしているようです。けれども、何だか納得がいかないようでした。ビールケースから立体の水槽をイメージしているのかなと思った保育者は、翌日カラービニール袋に新聞紙を詰めて、立体の魚とイルカをつくって置いておきました。これが、A児のイメージに近かったようで、A児もイルカをつくり、それをもって園庭を走り回りました。その後、水族館のイルカショー遊びへとつながっていきました。

同じクラスのB児、C児を中心に、たくさんの魚の絵を切り出して床に置き、床を池に見立てるグループができました。担任と一緒に魚釣りをしようということになり、釣り竿をつくり、魚釣りコーナーができました。釣りがしたくて遊びに来る子どもたちが集まってきました。

D児、E児は図鑑を見て本物みたいに（といっても3歳児ならではのものですが）描くのが楽しくて、じっくり絵を描くことに取り組みました。図鑑はしばらく借りておくことになりました。

はじめは図鑑という、ちょっとステキなものがやってきたことで、子どもたちが集まり、図鑑を囲んでそれぞれ絵を描きました。描き終わったあとは、気の合うグループごとに違う遊びへと発展をしていきました。けれども、子どもたちは周囲の様子もよく見ています。A児が魚釣りコーナー

へ行くこともあったし、B児C児を含むほかの子どもたちがイルカショーで楽しく遊ぶこともありました。このように、出入りを繰り返しながら大勢の子どもが魚釣りやイルカと水族館の遊びに関わっていました。

基本的には気の合うグループで遊んでいましたが、時には大きな集団になったり、遊びによってメンバーが入れ替わったりするのが3歳児らしいところです。一人ひとりの遊びが充実することと、周囲に関心をもつことの両方を大切にした保育の計画があることがわかります。

事例② 5歳児クラスの実践

　このクラスの子どもたちは、アフリカの動物の様子が描かれた絵本が大好きです。担任の保育者がアフリカ旅行に行ったのをきっかけに、動物たちのことが知りたくなって調べたり、動物を紙粘土でつくったり、動物たちが暮らすアフリカのジオラマをつくったりしてきました（実践の様子は加藤繁美『対話的保育カリキュラム 上』ひとなる書房、2007年にくわしく載っています）。

　しばらくして、好きな遊びの時間に数名のグループでジオラマにある動物たちを動かしながらお話をつくる遊びが盛り上がっていました。ある日、担任保育者がお話を聞かせてもらうときに、お話を場面ごとに写真におさめました。翌日、写真にお話をつけてプリントしたものをクリアファイルに入れて、絵本棚に置いておきました。読み聞かせの時間になりました。子どもたちを集め、いつものように「本を読むよー」と絵本棚からファイルを取り、開いてみたら、保育室にある動物とアフリカのジオラマが出てきたのでみんなびっくりして大騒ぎ。自分たちがつくったお話が写真絵本になっていたのです。

　ほかの皆もやってみたくなって、今度は、クラス皆でお話をつくることにしました。もちろんそれも絵本にして読みました。その後、お話づくりが楽しくなった子どもたちは、気の合うグループでお話をつくり、担任保育者に写真を撮ってと頼みました。絵本棚に子どもたちがつくった絵本が増えていきました。

　このアフリカについて調べたり、動物やジオラマをつくるという一連の取り組みは、クラスの活動ですが、どこでどう関わるかは子どもたちに任されていました。知りたい、やってみたいと思った場面でそれぞれが調べたりつくったりして関わりながら、クラスの活動として身近にあるものでした。取り組みの終盤、数名のグループからクラス皆でのお話づくりとなり、その後再び気の合うグループでの活動となっています。

　いずれの事例も、子どもたちの興味・関心と、保育者のこんな経験をしてほしいという願いが組み合わさった実践です。好きな遊びがクラスの活動になり、クラスの活動が好きな遊びにつながっている様子がわかります。

■ 6 予想を超えた子どもたちの活動を生かしていく

　保育は、子どもの活動を予想し計画に基づいて行います。しかし、子どもたちの発想の多様性やさまざまな偶然によって、思いがけない展開に

なることがあります。保育は計画どおりに行うことが目的ではありません。計画は、子どもたちが主体的に、発達に必要な経験を積んでいくことができるように立てているのです。予想と違ったときには、かえって自分たちで意欲をもって遊びを展開させている場合が多いのではないでしょうか。

予想どおりにいかなかった場合にも、臨機応変に対応できるように計画を立てていると考えましょう。保育のねらいがしっかりと考えられていれば、子どもたちの具体的な遊びの展開が予想と違っても、経験してほしい事柄の方向性は定まってくるはずです。そして、その日の保育をしっかりと考察し、次回に生かしていきましょう。より一層子どもたちの興味・関心に沿った保育が計画できるはずです。

予想を超えた子どもたちの活動については、12コマ目の事例も参照しましょう。

おさらいテスト

❶ 保育の内容は、[　　　][　　　][　　　][　　　]
[　　　]の5つの領域で記述されている。
❷ 保育所、幼稚園、幼保連携型認定こども園はすべて[　　　]を行う施設である。
❸ 計画は、子どもの[　　　]に基づいて作成する。

遊びや生活を5つの窓口からみてみよう

①3歳以上〜小学1、2年生の頃に好きだった集団遊びを一つ思い浮かべてください。その遊びを、5領域のそれぞれの窓口からみた場合、どのような経験をしているか考えてみましょう。

②3歳以上児の保育の実践記録、あるいは実践を記録した映像を見て、子どもたちがどのような経験をしているのか気づいたことを話し合ってみましょう。次に、その経験が5領域のそれぞれの窓口から見た場合、どのようなものなのかさらにくわしく考えてみましょう。

演習課題

子どもたちの年齢、興味・関心に合った絵本を探してみよう

3歳児の発達の特徴と遊びを踏まえ、事例①（139ページ）の3歳児クラスで読みたい絵本を3冊選んでみましょう。

〈タイトル〉
[
]

〈選んだ理由〉
[
]

〈タイトル〉
[
]

〈選んだ理由〉
[
]

〈タイトル〉
[
]

〈選んだ理由〉
[
]

11コマ目 指導計画作成上の留意事項（異年齢）

今日のポイント

1. 異年齢保育とは、年齢の異なる子どもを一緒に保育することである。
2. 異年齢の子ども同士の関わりによって、多様な体験が得られる。
3. 保育者は発達差を考慮して、適切な計画を作成しなければならない。

1 異年齢保育

1 異年齢保育とは

　わが国では近年、少子化により子どもたちを取り巻く環境が大きく変化しています。以前は、家庭のなかではきょうだいの関係があり、また、地域の年齢の異なる子どもたちと遊ぶ機会が多くありました。そのことは、年上の子どもが年下の子どもの面倒を見たり、年下の子どもが年上の子どもに憧れたり、大きくなったときの見通しをもったりする機会となりました。またその関係は、成長とともにお世話される側からお世話する側へと変化し、人との関わり方が自然と身についていました。

　異年齢保育とは、年齢の異なる子どもを一緒に保育することです。以前は、少子化により地域の子どもの人数が少なくなってやむをえず導入する場合や、反対に待機児童対策として定員いっぱいを受け入れるためといった消極的な目的で導入される場合が多くみられました。最近では、異年齢の関わりの機会が減っている状況を踏まえ、積極的に取り入れている園が多くなっています。異年齢クラスを、0歳児、1〜2歳児、3歳以上児の3グループ、0〜1歳児と2歳以上児のグループ、0〜2歳児と3歳以上児のグループ、また、0・1・2歳児は年齢別で3歳以上児は異年齢とするなど、クラスの分け方は園によってさまざまですが、3歳以上児を異年齢クラスとしている園が多くあります。

縦割り保育、混合保育ともいわれます。

2 異年齢保育の意義

　年齢別のクラスでは、皆と同じようにできないことが気になってしまう傾向にあり、保育者は皆が同じようにできるようになることを目標にしてしまいがちです。異年齢保育ではそのような視点はもてません。年齢差に加え、それぞれ個人の特性のある子ども同士が一緒に生活するので、その

144

なかで、どのように自分の力を発揮しているかという視点が大切になります。

子どもたちは自然に刺激を受け合い、成長し合います。年下の子どもは年上の子どものまねをすることで自分もやってみたいという気持ちが育ちます。年上の子どもは年下の子どもに思いやりをもって接したり、モデルとなったり、リーダーとして自覚をもってがんばったりします。このような経験から、人と関わる力や人を受け入れる力が育っていくと考えられます。

一方で、年下の子どもが落ち着いて過ごすことができなかったり、年上の子どもが負担感をもったり、存分に力を発揮して遊べなかったりするということが心配されます。保育者には、各年齢の発達についての知識や保育者同士の連携が求められます。

3 「保育所保育指針」に記載されている留意点

「保育所保育指針」第1章3（2）「指導計画の作成」イ（ウ）には、異年齢児保育の指導計画の留意事項について次のように記されています。

> 異年齢で構成される組やグループでの保育においては、一人一人の子どもの生活や経験、発達過程などを把握し、適切な援助や環境構成ができるよう配慮すること。

さらに、「保育所保育指針解説」第1章3（2）「指導計画の作成」イ（ウ）【異年齢の編成による保育の指導計画】では、以下のような内容の記述があります。

・年下の子どもへのいたわりや思いやりの気持ちを感じる。
・年上の子どもに対して活動のモデルとして憧れをもつ。
・互いに育ち合う。
・同一年齢の子ども同士の場合とは違った姿を見せることもある。

以上のような、より多様な体験を得られることを期待したうえで、次のような留意点を述べています。

家族や地域の子ども集団では、年齢が異なっているほうが自然ですよね。

11コマ目　指導計画作成上の留意事項（異年齢）

- 子どもの発達差が大きいため、個々の子どもの状態を把握した上で、保育のねらいや内容を明確にもった適切な環境の構成や援助が必要である。
- 保育士等の意図性が強くなると、子どもが負担感を感じることも考えられる。日常的な生活の中で、子ども同士が自ら関係をつくり、遊びを展開していけるよう十分に配慮することが重要である。

異年齢保育において、より豊かな遊びや活動を展開していけるよう、環境構成と保育者の配慮を指導計画のなかに位置づけていかなくてはなりません。

2 指導計画作成の際のポイント（異年齢）

1 一人ひとりの姿から考える

年齢ごとの成長を期待するあまり、「○歳らしい代表的な子どもの姿」をもとに計画を立ててしまいがちです。一人ひとりの姿が反映された「子どもの姿」を記していきましょう。

2 それぞれの年齢に必要な経験を考える

一人ひとりを大切にしながらも、発達に必要な経験を保障しなくてはなりません。年齢に応じたねらいや内容を把握して指導計画を作成する必要があります。ねらいが同じであっても、内容、つまり経験する事柄は年齢ごとにふさわしいものになっているようにします。それぞれの年齢の子どもの視点から考えることが大切です。

3 年齢に合った居場所をつくる

低年齢児ほど発達の個人差が大きく、また、情緒の安定の様子も日によってさまざまです。その子どもの落ち着ける場所があり、信頼できる大好きな大人やものと関わることができるようにすることが大切です。安心・安定して過ごすことができることで、生活や遊びがより豊かなものになります。

4 安全面に配慮した環境を構成する

異年齢児がともに遊ぶ場合は、特に安全面に配慮が必要です。常設しておくべきものや、自由に出し入れできるものは何か、よく考えて工夫する

必要があります。

5 発達の差を考慮した環境構成と保育者への配慮を考える

活動の始まりと終わりの時間に差がでてきます。たとえば製作では、個人でつくる場合はつくる数を限定しなかったり、方法もさまざまであったりすることが必要でしょう。共同でつくる場合には、発達に合った取り組み方ができるように設定しておくことが大切です。早く終わった子どもが楽しめる工夫や場、落ち着いて待つことのできる環境なども用意しましょう。

6 関係を固定しない

異年齢保育であっても、お世話する、されるという固定した関係だけでなく、その子どもの「やりたい」あるいは「やりたくない」気持ちに寄り添うことも大切です。クラスのなかで異年齢グループ（きょうだいグループ）がある場合など、保育者よりも子どものほうが互いに気持ちがわかっている場合も少なくありません。やりたい気持ちやそれをわかって見守っている様子にも気づくことが大切です。また、時にはきちんとしていられない5歳児の姿も受け止めていくことが大切です。一人ひとりの育ちを見ていねいに関わっていきましょう。

7 同じ年齢同士の場や時間も大切にする

同じ年齢同士の関わりも大切です。年齢が大きくなるほど、同年齢の仲間で刺激し合い、協同して遊んだり、共通の目的を達成したりする機会も必要になるからです。必要な午睡の時間の変化などを活用して、クラスを超えた5歳児の活動を取り入れるなどの工夫が必要です。

8 ○歳児という枠にとらわれない

○歳児という区切りは制度の都合によるものです。月齢で見ていくと、区分でいう同年齢よりも異年齢のほうが生まれが近いかもしれません。子どもによって、得意なこと、不得意なこともそれぞれです。一人ひとりが自分を発揮して主体的に関わる関係を大切にしていきましょう。

9 お世話する・されるの狭間の年齢の子どもに配慮する

3歳以上児で異年齢保育をしている場合、5歳児と3歳児のお世話をする・されるの関係は見えやすいものです。一方で、狭間の4歳児の姿は見落としがちです。4歳児が年下・年上の子どもとの関係のなかで何を経験し、何が育っているのかを把握し、必要な配慮を指導計画のなかに反映させるようにしましょう。5歳児で協同的な学びをしていくためには、4歳児で協同的な経験を十分に積むことが必要です。同じ4歳児同士、また5歳児や3歳児と関わるなかで、4歳児が得る経験にもしっかりと目を向けることが大切です。

3 異年齢での生活と遊びの実践

1 保育室を海にしよう！

3歳以上児クラスのクラス全体での活動事例を見てみましょう。『11ぴきのねこ』（こぐま社）のイメージで保育室全体を海にするという取り組みの様子です。

子どもたちがイメージをふくらませ、意欲的、自発的に取り組めることを願って、以下のような環境設定を行いました。

> 1. 広い海のイメージになるように、壁面、窓ガラスなども存分に使えるようロッカーなどの配置を変える。
> 2. いかだがつくれるように段ボールを豊富に準備する。
> 3. 水、滝などを思い浮かべるきっかけとなるよう、青いポリエチレン製テープを数本、長く下げておく。
> 4. 絵の具、フェルトペンのほか、窓用絵の具、ローラーなど新しい素材や道具を取り入れる。
> 5. ガムテープ、段ボールカッターなど自分たちで出し入れし使えるよう準備する。
> 6. その他、幅広い材料を準備する。

「この部屋を海にしちゃおう」という保育者の提案に、いつもと違う保育室を見まわしながら、「ぶどう組だけの秘密？」と目を輝かせる4歳児A。次々と登園してくる子どもたちに、先に来ていた子どもたちが保育者をまねて耳元で「11ぴきのねこの海にしちゃうの。ほかのクラスには内緒だよ」と伝えていきました。保育者がいかだを意識して用意した段ボールを、5歳児が早速カッターで切って広げます。ガムテープでつなげ、四角く切り抜いた部分にセロハンを貼って窓もつくりました。絵本を見ながら、見張りの望遠鏡や太鼓、くもの巣もつくり始めました。5歳児同士で相談して工夫し、天井つきのベッドも出来上がりました。その横では3歳児が、段ボール箱に入り「おれの船」と言いながら楽しんでいます。

窓の絵の具では、先に描き始めた5歳児Bが4歳児Cに「こことここの窓は描いてもいいけど、あっちの窓には描かないでね」と優しく教えながら、2人並んで波や魚のようなものを描いています。5歳児Bが抜けると、今度は3歳児Dに4歳児Cが同じように教える姿がありました。互いに会話をしながら窓1枚1枚いっぱいに描いていき、最後には保育室の窓すべてがカラフルな絵でにぎやかになりました。

ローラーも5歳児から始めました。保育室の入り口に長くつり下げたポリエチレン製テープは、4歳児、3歳児が一緒に細く裂くことを楽しみました。全体を見て場所を考えながら、「ここに水のカーテンつくるから、

「先生とめて」という５歳児と、いすをもってきて上のほうまで裂く４歳児。自然に役割が生まれ、お互いに関わり合いながらそれぞれが楽しむ様子がみられました。

担任保育者は日ごろ、年齢ごとにふさわしい行動になるような関わりをしてしまいがちであったことを反省していました。そこで、年上児と年下児の関係を固定せず、無理なく５歳児が十分にリードできるような活動を設定することにしたのです。その結果、子どもたち一人ひとりが自分なりのイメージをもったことで、豊かで活発な相互交流・相互影響が生まれました。また、それぞれの発達段階に合った素材や道具を準備したところ、５歳児から４歳児、４歳児から３歳児へと自然に伝え合う姿や、同じ海というイメージのなかでそれぞれの年齢に経験してほしい活動を楽しむ姿がみられました。

子どもたち一人ひとりがイメージをもって取り組める活動を選び、環境設定を十分に行ったことで、子ども同士が柔軟な関係をもちながら主体的に取り組む活動になりました。

2 ぼくらは冒険家

異年齢クラス５歳児の事例です。同じクラスの５歳児３人のグループは、遊びを楽しんではいましたが継続せず、どこか力をもてあそんでいるようにもみえました。ときおり、年下の子どもたちに対していばって強い口調になる姿がみられ、そんな３人を怖いと感じている子どもたちもいました。担任保育者は、５歳児が十分に満足する遊びが必要だと考えていました。

ある日、３人は園庭で冒険家ごっこを始めました。冒険家は自分たちでたき火をしてご飯をつくるんだという話を園長先生から聞き、園長先生と一緒にたき火を始めます。枝集め、マッチでの火つけ、食べ物の持ち寄り、空気を送ることなど、今までよりも少し難しいことがたくさんありました。３人は新しい挑戦にワクワクし、意欲的に取り組みました。仲間の輪は日に日に広がっていき、クラスを超えて大勢の５歳児が集まって毎日繰り返されました。

そうするうちに、年下の子どもたちに対する以前の強い口調がみられなくなりました。４歳児に「食べる？」と焼いたものを分けてあげるなど寛容になり、年下の子どもたちも様子を見に集まってきて、顔を並べるようになっていきました。

共通の目的をもち、知恵を出し合う充実した遊びが展開されるようになることで、１日を穏やかに過ごすようになったのです。お世話する立場になることの多い５歳児ですが、自分たちのことに全力で取り組む経験も大切なことがわかります。

3　製作は得意じゃないけれど……桜の木になったよ

　異年齢児のグループの活動の事例です。担任保育者は、当番活動や昼食時の活動など毎日繰り返される活動を、年上の子どもたちが年下の子どもたちをリードしながら自分たちで自主的にすすめていけるよう見守っていました。

　5月、E児は5歳児としてはりきっていましたが、気持ちをうまく年下の子どもたちに伝えることができませんでした。手を出してしまうこともあり、年下の子どもたちからE児と一緒のグループになりたくないといわれてしまうこともありました。ところが、10月のある日、同じ年長児FにE児と同じグループになりたいといわれたことがうれしくて、グループのリーダーとして積極的な姿を見せ始めました。

　グループでの共同製作で木をつくったときのことです。「木にどんなものがなっていたらいい？」という担任保育者の問いかけに、「ケーキがなる木」「リボンもなっているといいな」と3・4歳児。大きな模造紙に好きなものを思い思いに貼っていきます。製作が得意ではないE児も、ハサミを使わずにちぎって貼っている3・4歳児を見て、ハサミを使わなくてもいいんだと安心してびりびりと破り、はりきって取り組みました。貼るという行為が楽しい子ども、「お花もあるといいな」「雪もつけたい」と変化を楽しむ子どもなど、それぞれに楽しんでいました。

　「この木はなんの木？」という担任保育者の問いかけに、F児は「Eは葉っぱを貼っているけど、私は桜も貼っているの」と答えました。F児とのやりとりをとおして、これは桜の木なんだと得意げなE児。4歳児Jも「桜……」とつぶやきながらF児の隣で貼っていき、5歳児を中心にだんだんとイメージが一つになっていきました。年齢の異なる子どもがそれぞれの取り組み方で夢中になって取り組みました。

　クラスには桜の木のほか、なんでもなる木、雪の木など、グループごとに一つのイメージで大きな木が出来上がりました。

　5歳児だからといって、どんな活動も年下の子どもよりも得意というわけではありません。担任保育者は、年上の子どもにリーダーとしての役割を期待しながらも、年齢に関係なく好きな方法で取り組む姿を大切にしています。E児は異年齢グループの活動に参加したことで、得意ではなかった製作活動でも積極的に表現することを楽しむ経験ができました。4歳児、3歳児にとっても5歳児と一緒に活動することで、自然にイメージを共有し、皆で一つのものをつくり上げる経験ができました。

4　4歳の焼きリンゴチーム

　先ほどの5歳児の冒険家たちのたき火に、憧れのまなざしを向けていた4歳児たちのその後の様子です。

　担任保育者は、4歳児にも何か仲間と一緒に活動する楽しさを味わってほしいと感じていました。G児が以前園にもってきたリンゴがあることを思い出し、「Gくん、たき火で焼きリンゴつくってみない？　5歳さんには内緒で4歳さんだけでやらない？」と提案してみました。

G児はほかの4歳児2人を誘い、すぐに3人が集まりました。「焼きリンゴに必要なものは？」「バター」「お砂糖もいる」と4歳児なりに経験からの言葉がでてきました。

お砂糖をかけたいという気持ちがはやり、袋から直接かけるとドサッとたくさんかかってしまいましたが、「まあいいよ。甘くておいしいよ」と仲間の失敗にも寛容な姿がみられます。リンゴをのせたお盆を運ぶときには、はりきりながらもぎこちなく歩く仲間の姿に「大丈夫か、落とすなよ」と声をかけ合っていました。かたずをのんでジーッと焼き上がるのを待つ3人。「まだかな？」「もう焼けたんじゃない？」と数分の間も待ちきれない様子でした。少し早かったのですが取り出し、リンゴを開けた瞬間、「わあ、いいにおいー」。リンゴとバターの甘いにおいが漂います。「ちょっとまだかたいけどおいしい」と一口ずつ味わいました。

担任保育者は、自分たちでひとり占めするかと思っていましたが、「Hくん、焼きリンゴ食べる？」と5歳児にも配っていました。その姿に3人の満足な気持ちを感じました。明日も続きができるように道具類をひとまとめにすると、「焼きリンゴチームだね」といつの間にか名前も考えていました。

5歳児と3歳児の狭間で、見落としがちな4歳児の生き生きとした様子が伝わってくる事例です。この事例をとおして担任保育者は、何でもすぐに5歳児と同じことをするのではなく、憧れをもって見ている時間を十分にもつことも必要だと感じました。やりたいことを次々と実現していく5歳児と一緒に活動することで得られる経験も多くありますが、自分たちだけで少し背伸びをした活動を一緒に考え、小さな仲間でつくり出す達成感も大切です。けれども、もともと身近に5歳児がいたことで憧れをもち、やりたい気持ちが育っていることもわかります。

異年齢保育だからこその多様な経験のなかで育まれる心情や意欲があり、そこから生まれる新たな興味や関心を自分たちの遊びや生活に取り入れていけるような保育を展開していくことが大切です。

おさらいテスト

❶ [　　　　]とは、年齢の異なる子どもを一緒に保育することである。
❷ 異年齢の子ども同士の関わりによって、[　　　　]が得られる。
❸ 保育者は[　　　　]を考慮して、適切な計画を作成しなければならない。

グループで話し合ってみよう

子どものころ、異年齢の集団で遊んだ経験がありますか。どんな遊びをしたか思い出したことをグループで交流してみましょう。小さい子どもと一緒に遊んだときにはどのような配慮をしていたでしょうか。年上の子どもと遊んだときにはどのようなことが楽しかったでしょうか。

〈小さい子どもと遊んだとき〉

〈年上の子どもと遊んだとき〉

演習課題

自分でまとめてみよう

「保育所保育指針解説」の記述と異年齢での生活と遊びの実践から異年齢保育のよい点と気をつけなければならない点をまとめてみましょう。

〈よい点〉

[

]

〈気をつけなければならない点〉

[

]

➡ 解答例は203ページ

12コマ目 指導計画に基づく保育の柔軟な展開

今日のポイント

1. 保育は子どもの変化に応じて柔軟に展開することが大切である。
2. 状況に合わせた多様な援助が子どもの主体的な活動を促す。
3. 子どもの実態に即して、保育の内容を見直し次の計画に反映する。

1 子どもの変化に応じた柔軟な保育の展開

　皆さんはこれまでに、さまざまな指導計画の作成方法を学びました。指導計画を作成することに自信がついたことでしょう。しかしながら、保育は指導計画を作成するだけでおしまいではありません。次には、作成した指導計画に基づいて保育を実践していくことになります。では、計画どおりに保育は展開できるのでしょうか。事例をみていきましょう。

1 事例をとおしてみる計画と実践

　その年は9月20日が十五夜でした。4歳児クラスのG先生は、週のねらいと内容を下記のように設定し、粘土のお団子を月見団子のようにして飾りたいと考えました。

> 今週のねらい：お月見を楽しみにする

❶ 9月17日の内容：粘土で自分なりに団子を表現し楽しむ

　G先生はあらかじめ月見団子を粘土でつくり、部屋に置いておきました。登園してきた子たちは、先生の月見団子に気づいて「わぁ、すごい！」「私もつくりたい」「そっか、もうすぐお月見の日だもんね」と興味津々です。朝から粘土コーナーが大人気となりました。しばらくすると、子どもたちが「先生、見て、これヘビ！」「ぼく、顔つくってるの」「私は指輪なんだ」と見せにきました。先生は「すてきね」と受け止めつつ、「月見団子もつくらない？」「おいしそうでしょ」と声をかけました。しかし団子づくりは広まらず、結局子どもたちは「先生、飾って！」「ここに飾るね」と先生の月見団子のまわりに自分のつくった思い思いのものを並べていきまし

た。その後、先生は帰りの会のときに、みんなが粘土でつくったものを紹介し、最後にウサギと月見団子が出てくる紙芝居を読み、明日へつないでいくことにしました。

さて、子どもたちはG先生の予想していたとおりにはなりませんでした。今日の保育をG先生は次のように振り返りました。

> 〈反省・評価〉　今日は、粘土で月見団子をつくり、20日のお月見を楽しみにしてほしいと思ったが、子どもたちは月見団子ではなく、それぞれ好きなものを楽しんでつくっていた。最近粘土遊びをしている子がいなかったので、久しぶりに楽しむ姿を見てよかったと思う一方で、団子づくりにならず残念だった。明日は、好きな遊びのなかで十五夜に関心がもてるような働きかけをしていこうと思う。

「保育所保育指針」第1章3（3）イには、指導計画を展開する際、「子どもが望ましい方向に向かって自ら活動を展開できるよう必要な援助を行うこと」が留意点だとしています。今回のG先生の保育は望ましい方向にむかったと思いますか。みずから活動を展開できるような環境であったと思いますか。

指導計画を展開する際のポイントについて「保育所保育指針解説」第1章3（3）イ【子どもの変化に応じた活動の柔軟な展開】で次のように述べられています。

> 子どもの生活は多様な活動が関連をもちながら展開していくものであり、その中で偶発的に生じる様々な出来事が子どもの心を動かし、興味や関心をより広げたり、環境へ関わろうとする意欲を高めたりする。そのため、指導計画を作成した際の保育士等の予想した姿とは異なる姿が見られることもしばしばあるが、そうした時に、必ずしも計画通りの展開に戻すことを優先するのではなく、子どもの気付きや感動を尊重し、新たな素材を加えたり、子どもの発想を刺激するような一言を添えたりするなどして、子どもが自らイメージを膨らませて活動を方向付け、豊かな体験を得られるよう援助することが重要である。

以上からG先生の保育を振り返ると、子どもの姿は予想どおりとはいきませんでしたが、活動を計画どおりに無理やり戻さず、子どものイメージに寄り添ったという点において、この日の保育は失敗であったとはいえないでしょう。しかし、計画の内容という視点から振り返ると、「粘土で」「団子を表現」と限定してねらった姿は十分引き出すことができませんでした。そのため、今後、内容の表現方法を工夫していく必要はあります。

保育は1日で完結するものではありません。数日後の十五夜までにもっ

と関心を引き出したいと思ったG先生は内容をもう少し幅広くとらえ、翌日の指導計画を立てました。

❷ 9月18日の内容：好きな遊びのなかで十五夜への興味をもつ

　クラスの女の子たちが部屋の一角でハムスターごっこをしています。それぞれお母さんハムスターや、お姉さんハムスターになりきって遊んでいて、楽しそうなやりとりが聞こえてきます。女の子たちはいつも買い物に行くといって、廃材コーナーを見に来ます。G先生はさりげなく自分の月見団子を廃材コーナーわきに置き、「おすすめ」という手づくりの看板を添えました。

　それに気がついた女の子たちが「先生、これ、もってっていいの？」と聞いてきました。G先生はにっこりしながら「今日のおすすめですよ」と答えると「そうね、もうすぐお月見だから今日はこれにしましょ」と喜んで運んでいきました。しばらくすると女の子たちは、「先生、粘土は手が汚れるから違うものでお団子つくりたい」といってきました。話を聞くと、男の子たちが遊んでいる爆弾球をきれいにしたものがいい、と考えたようです。爆弾球は、新聞紙をギュッと丸めてセロハンテープで固めたものです。女の子たちは爆弾球を何かきれいなものでくるんで団子にしたいというので、D先生は折り紙やビニールテープや不織布などさまざまな素材を女の子たちに見せました。そのなかから女の子たちはお花紙*を選びました。その後、ハムスターごっこをしていた女の子たちは、お花紙にくるんだ団子をいくつもつくっていました。帰りの会で女の子たちは自分たちの団子を紹介しました。「きれい」「おいしそう」という声が聞こえたので、団子のつくり方も紹介しました。すると、男の子たちから「それ、爆弾球じゃん」「簡単！」と声が上がりました。G先生は、月見団子がクラスのなかで身近になってきたのを感じました。この日の保育をG先生は、以下のように振り返りました。

> 〈反省・評価〉　ハムスターごっこの女の子たちが月見団子を遊びに取り入れ、自分たちで考えた団子をつくり始めた。月見団子を粘土で表現することにこだわらず、子どもたちの発想を拾うことができてよかった。女の子たちは、男の子たちの爆弾球から団子を連想していてすごいと思う。団子に興味のなかった男の子たちが帰りの会で反応していた。少し十五夜という行事を身近に感じたのかな、と思った。

語句説明

お花紙
→ティッシュペーパーのような薄紙。カラーバリエーションが豊富で卒・入園式や誕生会などでポンポンとして使用されていることが多い。

この日、G先生はどこかで十五夜につながるようなきっかけはないかと思いながら子どもたちの遊びを見ていました。G先生は、前日にいくつか子どもの姿を予想していました。

> ❶粘土でつくった団子を見て、同じように粘土で月見団子をつくる子が増える。
> ❷紙芝居を見て、ウサギになりきって遊ぶ子が出てくる。
> ❸ハムスターごっこの女の子たちが買い物で団子を買いに来る。

　G先生の予想はみごと当たりました。予想してあらかじめ「おすすめ」看板をつくっておいたので、子どもたちの遊びの流れのなかに、途切れることなく自然に月見団子を取り込ませることができたのです。このように、予想をして環境を準備することは大切なことです。
　今日の保育は、155ページで取り上げた「保育所保育指針解説」の「イ」のように新たな素材を提案したり、子どもの発想を刺激したりするようなものとなりました。

2　子どもの主体的な活動を促す多様な援助

　続きを見ていきましょう。
❸ 9月19日の内容：好きな遊びのなかで十五夜への興味をもつ
　前日の様子から、内容は今日も同じものとしました。月見団子を飾り、十五夜を楽しみにしてもらいたいG先生の気持ちは変わりません。帰りの会の反応から、今日の遊びを次のように予測しました。

> ❶ハムスターごっこの女の子たちが引き続き団子づくりをする。
> ❷興味をもった男の子たちも同じようにつくり始める。
> ❸たくさんできた団子を飾る、または団子屋さんごっこが始まる。

　19日の朝、ハムスターごっこの女の子たちは団子づくりを始めました。空き箱のフタをお盆に見立て、月見団子らしく重ねて飾る姿がみられました。G先生の予想に反して、男の子たちは女の子たちのようにつくり始めることはなく、いつものように爆弾球を的に当てて遊んでいました。そこでいきなりSくんが「行け！　団子爆弾！」といいました。するとまわりの子どもたちは笑い、同じように「ぼくのも団子爆弾！」「最強団子爆弾！」と爆弾球を団子に見立てて的に当て始めました。G先生はちょっと迷いました。男の子たちは楽しそうに遊びを展開していましたが、団子を的に当てることは食べ物を粗末にしているように見えたからです。

　さて、みなさんならこの場面をどのようにとらえますか。爆弾球を団子に見立てた遊びにどのような言葉をかけますか。

> ❶声をかけずにしばらく見守る。
> ❷食べ物は投げて遊ばないのよ、と声をかける。
> ❸「よく飛ぶ団子爆弾ね」と子どもの行動を受け入れる。

　答えは、どれが正しいというものはありません。なぜなら、子どもの反応がどのように返ってくるかは誰にもわからないからです。「保育所保育指針解説」第1章3（3）【子どもの主体的な活動を促す保育士等による多様な援助】には次のように述べられています。

> 　子どもに対する保育士等の援助は、一緒に遊ぶ・共感する・助言する・提案する・見守る・環境を構成するなど、多岐にわたる。（中略）同じ子ども、同じような場面であっても、その時々の状況によって援助のあり方は一律なものではない。子どもが十分に主体性を発揮できるよう、状況に応じて多様な方法で適切に援助していくことが求められる。

遊びの援助のしかたはいくつも選択肢があります。援助のしかたしだいで子どもの反応や遊びの展開は変わっていきます。

　ちなみにG先生は次のように考えました。団子をただ投げて遊ぶのは見ていてあまり気分がよくないので声はかけよう、だが、投げることをやめさせたら団子で盛り上がり始めた雰囲気が消沈してしまう、団子を投げて楽しめる流れになるよう、この楽しい雰囲気を受け止めるような声をかけてみよう。
　そしてG先生はこのような声をかけました。「おいしそうな団子爆弾ね。よく飛ぶのね。どこまで遠くに飛ぶのかな」。すると、男の子たちは口々に「あのね、日本越えて外国まで行くの」「それよりもっと遠くの外国」「地球より遠く」「宇宙」と答えました。G先生は「そう、宇宙まで飛ぶの！すごい団子爆弾ね」と受け止めました。それを聞いてSくんが「月まで飛ばすの、月のウサギに団子届けるんだよ」と声を上げました。途端にまわりの男の子たちが的を月に見立てねらい始めました。そして「先生、的を

月にするからかたい紙出して」「月は高いところに貼って」と次々にイメージしたことを要求しました。G先生が男の子たちのイメージを実現するために一緒につくり上げていくと、あっという間に時間は経ち、充実した気分で保育を終えました。この日、G先生は以下のように振り返りました。

> 〈反省・評価〉的当てごっこをしていた男の子たちは、前日の様子から、ハムスターごっこの女の子たちと同じように団子づくりをするかと予想していた。ところが、爆弾球を団子に、的を月に見立て、月まで団子を飛ばして届けるというゲームに展開していった。以前読んだ紙芝居から、月に団子を届ける発想が出たようだ。最近は的当てが少し下火になっていたが、新たな感覚で楽しみ始め、またその遊びが十五夜にちなんだ遊びに発展し、明日の十五夜の日も楽しめそうだ。月まで団子を飛ばすゲームはほかの子どもたちも興味をもって見ている。明日はメインで盛り上がる遊びになりそうである。月見団子を飾るという雰囲気ではないが、月見にちなんだ遊びとして子どもたちの発想を受け止めていきたい。

G先生の「どこまで遠くに飛ぶのかな」という一言は、子どもたちの発想を刺激するものでした。先生から「この爆弾球がお団子なら的を月にしてみたらどう？」と直接提案することもできましたが、G先生は子どもたちの様子を探りつつ、子どもたちのほうから提案が出るようなやりとりをしていました。これは155ページで取り上げた「保育所保育指針解説」の「子どもが自らイメージを膨らませて活動を方向付け、豊かな体験を得られるよう援助する」ことであったといえるでしょう。

子どもにとって、先生のアイデアはいつも遊びに影響を与えてくれますが、それ以上に、自分が思いついたことを実現していく遊びはとても魅力的です。G先生は援助しすぎず、自分のねらいをもって言葉を選んで発しています。そして、この場面では、発想豊かなSくんの存在が大きかったのです。G先生は個々の魅力もわかっていて、Sくんの発言も期待しての言葉かけだったといえるでしょう。

> **12コマ目　指導計画に基づく保育の柔軟な展開**
>
> 教えたがりの保育者は、子どもの自ら考える力をつぶしてしまいます。一方、伝えなかったために、子どもが気づかない、習得できないこともあります。子どもや場面に応じてリードとサポートをうまく使いこなしていきましょう。

❹ 9月20日の内容：十五夜を楽しみにイメージを広げて友だちや保育者と遊ぶ

　いよいよ十五夜の日です。G先生は今日の子どもたちの姿を次のように予想して環境を整えました。

> ❶団子飛ばしゲームの場づくりが終わり、ゲームを繰り返し楽しむ。
> ❷女の子たちもゲームをしたがり、仲間に入るか、お客さんとして遊ぶ。

　団子飛ばしの男の子たちは、登園すると早速、前日につくった月や惑星にむけて団子を飛ばす競争を始めました。団子が月に届くと「イエ〜イ！」と喜びの声を上げる男の子たち。その楽しそうな雰囲気にほかの子たちも集まってきました。「団子飛ばししたい人は並んで！」。男の子たちのなかで自然と役割が出てきました。ハムスターごっこの女の子たちも列に並び、何度か遊ぶ姿がみられました。

　そのうち、ほかのクラスからもうわさを聞きつけた子どもたちがやってきて、列が長くなりました。男の子たちは足りない団子爆弾をつくり、増やすことにしました。気がつくと忙しそうな男の子たちのなかにハムスターごっこの女の子たちが入り、一緒に団子爆弾をつくっています。「私たち、お手伝いなの」と忙しい状況を楽しんでいる様子です。Sくんが「先生、金の折り紙ちょうだい。スペシャル団子つくりたい！」と提案してきました。スペシャル団子は魅力的で、なんとかしてスペシャル団子を投げてみたいと挑戦する子が後をたちませんでした。

　楽しい時間はあっという間で、片づけの時間です。ハムスターごっこの女の子たちが男の子たちに「団子爆弾をここに片づけるといいよ」と空き箱のフタをもってきました。片づけ終わった部屋の棚の上には、粘土の月見団子とお花紙の月見団子と団子爆弾が並んで飾られていました。今夜のお月見を華やかに盛り上げているようでした。

> 〈反省・評価〉今日は団子飛ばしゲームが盛り上がった。場所を広く確保したが、ゲームをする子ども、待つ子どもで部屋の半分ほどを占めていた。ホールや廊下も使い、ほかの子たちの遊ぶスペースも十分に確保していきたい。また、男の子たちと女の子たちとの関わりがみ

られ、役割分担する姿もみられた。Sのアイデアで金のスペシャル団子が登場し、これにより遊びが持続した。片づけ時にいろいろな素材や遊びでつくられた月見団子が部屋に並んでいるのを見て、十五夜に興味をもち、親しむねらいは達成できたのかなと感じた。

　G先生はこの週、お月見に興味をもち、楽しみにしてほしいと計画を立てました。最初の計画は具体的すぎて、実際の子どもの姿は計画どおりにはなりませんでした。次は、もう少し子どもの姿に寄り添った内容に変えました。そのなかで、先生はお月見の雰囲気が感じられるような遊びを期待して援助をしていきます。女の子たちのごっこ遊びは、お月見の雰囲気を感じる流れになりましたが、男の子たちはダイナミックな遊びのなかに取り入れていきました。後半はダイナミックな遊びのほうがメインとなり、最初に計画していた展開とは異なっていますが、G先生は最後に飾られた3種類の月見団子を見て、満足しています。

　一方で、子どもたちはどのように感じて過ごしていたのでしょうか。一斉に粘土で月見団子をつくり、数日飾っておき十五夜を迎えるよりは、工夫したり、友だちや保育者とやりとりをしたりして遊び込んだほうが、印象が強かったのではないでしょうか。もちろん粘土の月見団子飾りは素敵ですが、子どもの発想に合わせて遊びを柔軟に変化させていくこと、これは子どもの豊かな体験としてはとても大切なことなのです。

2　子どもの実態に即した保育内容の見直し

　2歳児クラスのE先生は、保育士になって3年目です。2歳児クラスの担任ははじめてですが、7月になりクラスの子どもたちと通じ合うものが感じられるようになってきました。

　暑い日が続き、水遊びの楽しい時期です。ある日、3歳児クラスで素敵な遊びが繰り広げられていました。それは泡遊びです。3歳のお兄さんお姉さんたちがネットを使って熱心に石けんを泡立てていたのです。もこもこにふくらんだ泡をていねいにカップにのせていきます。「アイスクリームです」「クリームソーダですよ」と楽しそうで、とてもきれいです。E先生はこの姿を見て、自分のクラスでも遊んでみたいと考え、早速計画を立てました。

> ねらい：泡遊びを楽しむ。
> 内　　容：泡を使って、イメージをふくらませて遊ぶ。
> 環境構成：泡を立てるネットや泡を入れるカップの取り合いでトラブルにならないよう、数を十分用意しておく。

　さて、2歳児クラスではどのように遊びが繰り広げられたのでしょうか。子どもたちは早速集まってきて、各々ネットで泡立て始めました。先日見たお兄さんお姉さんたちの動きを思い出して同じようにしています。まもなく「先生、やって」「先生、できない」「先生、もっとあわあわにして」と子どもたちから次々と手伝ってコールが出てきました。E先生は子どもたちのコールに応え、一生懸命泡立てていきました。ふくらんだ泡はすぐに子どもたちが手に取り、なくなっていきます。子どもたちは泡を手に取るとそっと触ったり、手や腕に広げたり、ぎゅっと握りつぶしたりと感触を楽しんでいました。泡遊びを終えたE先生は、とてもせわしない時間だったと思いました。なぜせわしない保育になったのかを次のように振り返りました。

> 　3歳児クラスと同じように楽しんでほしいと思い、同じような環境設定をしたが、このクラスにはまだ早かったようだ。子どもたちは泡を使って見立て遊びをするよりも、泡そのものの感触を楽しんでいた。今回は泡そのもので遊ぶ配慮が足りなかった。泡をたっぷり触ってみたいのに、自分たちではまだ上手に泡をたくさんつくることができず、保育者が泡をひたすらつくることになってしまった。また、カップをたくさん用意したが、ほとんど使う子がいなかった。今回は、ねらいの内容と環境構成が子どもたちに合っていなかったと思う。

　E先生は、今日の保育を客観的にとらえ直してみることで、せわしなかった原因を探ることができました。そして、翌日の泡遊びの内容をより子どもの実態に沿ったものに変えることにしました。

> ねらい：泡遊びを楽しむ。
> 内　　容：泡の感触をじっくりと楽しむ。
> 環境構成：泡の感触を楽しめるよう、たらいにたくさんの泡を用意しておく。手足や体、顔に泡をつけて喜んだり、ダイナミックに感触を楽しんだりする姿に共感する。目や口に泡が入らないよう気をつける。最後にきれいにシャワーで洗い流し、気持ちよさを受け止めていく。

　この日の子どもたちは、前日の泡遊びに引き続き、積極的に泡を手に取る姿がみられました。また、あごに泡をつけて「おじいさん」といったり、

腕や足にのせて「くすぐったい」と喜んだりする姿がみられました。水着で遊んでいたので体中に泡を塗りたくる子もいました。一方で、しばらくすると「泡をつくりたい」といい、ネットを使って石けんを泡立て始める子が出てきました。この日は泡の感触を味わう子どもたちと泡づくりをする子どもたちでとても落ち着いた時間でした。E先生は今日の保育を次のように振り返りました。

> 昨日の子どもの姿から、今日は泡そのものの感触をたっぷり楽しめるよう泡をあらかじめたくさんつくっておき、泡まみれになってもよいように水着で遊んだ。子どもたちはたっぷりの泡をいつまでも触っていた。手だけではなく、足や体で泡の感触を楽しむ姿もみられた。その後、自分で泡をつくってみたいという声が出始めた。泡の感触を楽しむ子ども、泡づくりを楽しむ子どもでゆったりとした時間を過ごせた。泡づくりを始めた子どもたちは、泡の魅力を知ったからこそ自分で泡をつくってみたいという気持ちが芽生え、昨日よりもじっくり遊び込めていたのではないかと思う。

E先生は1回目の泡遊びのときに、子どもの様子をよく見ていました。子どもたちの泡に対する興味を汲み取り、泡遊びを引き続き楽しんでいくことにしました。遊び方の内容を改善したことで、1回目の泡遊びよりも2回目の泡遊びのほうが遊び込めたのです。このように子どもの実態を十分把握し、保育内容を見直して次の計画につなげていくことも、保育を展開するうえでとても大切なことです。「保育所保育指針解説」第1章3（3）【記録と保育の内容の見直し、改善】では次のように述べられています。

> 保育士等は子どもの表情や言動の背後にある思いや体験したことの意味、成長の姿などを的確かつ多面的に読み取る。その上で、指導計画に基づく保育の実践やそこでの一人一人の子どもに対する援助が適切であったかどうかを振り返り、そこで浮かび上がってきた改善すべき点を次の指導計画に反映させていく。

以上の事例から、指導計画を立てるとき、保育を展開するとき、保育を

振り返るとき、いずれも子どもの実態や子どもを取り巻く状況に合わせていくことがとても重要であることがわかるでしょう。

おさらいテスト

❶ 保育は［　　　　］に応じて柔軟に展開することが大切である。
❷ 状況に合わせた多様な援助が子どもの［　　　　］を促す。
❸ ［　　　　］に即して、保育の内容を見直し次の計画に反映する。

事例をもとに考えてみよう 1

　157 ページで、G 先生は子どもの姿を 3 パターン予想しました。そのうちの一つは「❸ハムスターごっこの女の子たちが買い物で団子を買いに来る」とし、そのような流れを想像して「おすすめ」看板をあらかじめつくっていました。それでは、ほかの 2 つのパターンでは、どのような準備や環境構成が考えられますか。考えたら、まわりの人とも話し合ってみましょう。

〈「❶粘土でつくった団子を見て、同じように粘土で月見団子をつくる子が増える」場合の準備・環境構成〉

〈「❷紙芝居を見て、ウサギになりきって遊ぶ子が出てくる」場合の準備・環境構成〉

➡ 解答例は 203 ページ

事例をもとに考えてみよう２

　158ページでＧ先生は、子どもたちが爆弾球を団子に見立てた遊びに対して「❸『よく飛ぶ団子爆弾ね』と子どもの行動を受け入れる」ことをしました。これは158ページ上から10行目の子どもに対する保育士等の援助のうち、「共感する」援助になります。

　それでは、子どもたちが爆弾球を団子に見立てた遊びに対し、以下の援助をしようと考えたとき、どのような言葉かけや行動をしますか。そして、子どもはどのような行動をすると予想しますか。考えたら、まわりの人とも話し合ってみましょう。

〈一緒に遊ぶ〉

［　　　　　　　　　　　　　　　　　　　　　　　　　　　　　　　　　　　　　　］

〈助言する（助けになるような意見や言葉を、そばから言ってあげること）〉

［　　　　　　　　　　　　　　　　　　　　　　　　　　　　　　　　　　　　　　］

〈提案する（考えや意見を出すこと）〉

［　　　　　　　　　　　　　　　　　　　　　　　　　　　　　　　　　　　　　　］

※　援助のしかたによって、子どもの行動や遊びの流れが変わっていくことが理解できましたか。状況に即した適切な援助を意識しましょう。

　➡ 解答例は203ページ

第3章

保育の評価とは どのようなものか

この章では、保育の評価について学んでいきます。
計画に基づいて保育を実践したあとは、評価と省察が不可欠です。
反省や省察を行うためには、記録をすることが大切になります。
さまざまな保育の記録について理解しましょう。

13コマ目	保育の記録と省察	168
14コマ目	保育の評価と改善	178
15コマ目	生活と発達の連続性を踏まえた保育所児童保育要録	190

13コマ目

保育の記録と省察

今日のポイント

1. 保育の質の向上のためには、保育者による保育後の省察（振り返り・評価）が不可欠である。
2. 保育の記録には、目的によってさまざまな種類がある。
3. 記録を書くことをとおして子どもへの理解を深め、保育をとらえ直すことができる。

1 保育の省察

　実際の保育の場面において、子どもと関わったり、一緒に活動を行ったりしているときは目の前のことで精いっぱいです。しかし、終わったあとになって、その日起こったさまざまな出来事が頭のなかに浮かんできて、あれこれ考える……という経験を多くの学生がもつのではないでしょうか。

　保育とは、子どもとともに生活するなかで成長を支えていく営みです。子どもたちは一人ひとりが異なる存在であり、まったく同じ出来事が2度繰り返されることはありません。そのため、子どもへの関わりや援助も表面的な部分だけを見て判断したり、マニュアル化したりすることはできません。だからこそ、毎日の個々の子どもに対する理解や援助を振り返り、省察していくことが重要となります。

　倉橋惣三[*]はこのような省察に関連して、次のように述べています。

> **子どもらが帰った後**
> 　子どもが帰った後、その日の保育が済んで、まずほっとするのはひと時。大切なのはそれからである。
> 　子どもといっしょにいる間は、自分のしていることを反省したり、考えたりする暇はない。子どもの中に入り込みきって、心に一寸の隙間も残らない。ただ一心不乱。
> 　子どもが帰った後で、朝からのいろいろのことが思いかえされる。われながら、はっと顔の赤くなることもある。しまったと急に冷汗の流れ出ることもある。ああ済まないことをしたと、その子の顔が見えてくることもある。――一体保育は……。一体私は……。とまで思い込まれることも屡々である。

倉橋惣三
1882～1955
大正・昭和にかけて日本の保育界で活躍した人物。東京女子高等師範学校附属幼稚園主事を務めた。誘導保育論を提唱し、その後の日本の保育に大きな功績を残した。

大切なのは此の時である。此の反省を重ねている人だけが、真の保育者になれる。翌日は一歩進んだ保育者として、再び子どもの方へ入り込んでいけるから。

（倉橋惣三『育ての心（上）』初出は1931年）

　倉橋が述べている、反省を重ねたあとの「一歩進んだ保育者」とは、「昨日よりも成長した保育者」であると理解できます。つまり、反省や省察は、保育者としての専門性を高め、保育の質を向上させる重要な機会であるといえます。

保育におけるさまざまな記録

　記録を作成することは、保育者にとって重要な業務の一つです。保育者自身の省察を促すのみならず、さまざまな目的をもって記録は書かれます。日々の日誌のほかに、個別記録、保護者とのやりとりをする連絡帳や掲示用ボード（各クラスの1日の様子をボードに記して、送迎時の保護者に見てもらえるようにする）、園だより、行事記録、事故・けがの発生記録など、保育施設がそれぞれに工夫しながら、日々記録を残していきます。

1 一般的な記録

❶ 保育日誌

　保育日誌とは、クラスの担当保育者が、毎日の保育の実施後に書くものです。1日を振り返り、保育のねらいと関連づけながら、子どもたちの姿や保育の展開を振り返ります。

○記載項目の例
　　子どもの出欠（欠席者がいる場合はその理由）
　　天気　保護者への連絡事項　保育の概要　特記事項　反省と評価

　この記録は1日ごとに書かれますが、一定期間の記録をつなげて読むと子どもの発達の様子や変化、クラスとしての成長の方向性が見えてきます。

❷ 週日案・週案・月案など

　週日案・週案・月案などの指導計画の書式に実施後の記録や評価を書くための欄が設けられていることもあります。このような書式では、設定されていたねらいや配慮事項を意識しながら保育を振り返り、記録を記していくことができます。また、日誌よりもまとまった期間を縦断的に振り返ることができる利点もあります。

記録には個人情報なども含まれるため、取り扱いには十分な配慮が必要です。

❸ **連絡帳**

　連絡帳は保育所など長時間の保育を行う場合に書かれていることが多く、家庭での様子を保護者から知らされたり、保育所での様子を伝えたりすることで、子どもの情報を保護者と保育者が共有するために重要な役割をもちます。情報を共有しコミュニケーションをとることで、保護者と保育者との間に信頼関係を築くことにもつながります。

　保護者との関係づくりも意識しながら、温かい気持ちで書くことが必要です。

❹ **行事記録**

　運動会や遠足、交流会などさまざまな行事について残された記録は、翌年以降の重要な参考資料となります。

　日時や場所のほか、詳細なタイムスケジュール、用意するもの、環境構成図、保育者の役割分担などとともに、実施した際の子どもたちの様子や評価を記します。

❺ **けが・事故等発生記録**

　けがを負ったり、事故にあったりした子どもの氏名のほか、起こった場所・状況、その後の対応、けがの様子、保護者への連絡状況などを記します。これらの記録をもとに保育環境などの改善策を立て、施設全体で事故防止に努めることが必要です。

　このほかにも、園内研修やカンファレンスに用いるための事例として記録をとる場合などもあります。この場合はメモのみでなく、写真やビデオ映像などを用いることもあります。同じ写真や映像を見ても、どこに目をとめるか、どう解釈するかなどは保育者によって多様な見方があり、園内研修やカンファレンスに有効です。

2　そのほかの記録

　海外の保育の影響を受けて、以下の記録も作成され、用いられるようになってきました。

❶ **ドキュメンテーション**

　イタリアのレッジョ・エミリア市の保育で用いられている実践記録であり、世界的に広まっています。文字記録のほか、スケッチ、写真、ビデオなど多様な方法で記録をとり、子どもにとっての経験の意味が読みとれるように作成されていきます。保育者同士でこれを見ながら対話し、その後の保育の展開をデザインしていく素材として活用します。また、ドキュメンテーションは保護者にも公開され、子どもの学びの軌跡を共有する資料にもなります。何がどのように行われたかだけでなく、子どもにとってその経験がどのような意味をもつかを保育者が探り、記述していくことが重要です。

❷ **ポートフォリオ**

　ポートフォリオとは、もともとは資料や情報をとじるものとしての「ファイル・紙ばさみ・書類ケース・書類ばさみ」を意味します。保育の現場では子ども一人ひとりの育ちを担任が記述・評価し、ほかの保育者や

「保育所児童保育要録」等も記録の一種ですが、これについては15コマ目でくわしく説明します。

保護者、子ども自身がそれを見て子どもの体験を振り返り、次の活動への原動力としていきます。

❸ ラーニング・ストーリー

ニュージーランドのナショナルカリキュラム「テ・ファリキ」のなかで柱となっている記録・評価の手法をラーニング・ストーリー（学びの物語）といいます。

ラーニング・ストーリーにおいては、1日のなかで子どもの以下の様子を「学びの姿」としてとらえます。

> ①興味をもっているとき
> ②熱中しているとき
> ③難しいことを乗り越えようとしているとき
> ④表現しているとき
> ⑤責任をもって取り組んでいるとき

これらの姿を写真やスケッチなどとともにファイリングしていき、子どもも大人（保護者・保育者）もいつでも見られるようにしてあります。

このような方法とその奥にあるカリキュラムの考え方は、近年、日本でも大きな注目を集めています。

記録は保護者との関係づくりのためにも重要ですね。保育者と保護者が子どもの育ちを共有し、保護者が保育について理解することを可能にします。

3 記録を書く意義

1 記録を書くことで具体的に何を得られるか

「保育所保育指針」第1章3（3）「指導計画の展開」エにおいて、記録を書く意義については以下のように述べられています。

> 保育士等は、子どもの実態や子どもを取り巻く状況の変化などに即して保育の過程を記録するとともに、これらを踏まえ、指導計画に基づく保育の内容の見直しを行い、改善を図ること。

保育指針の記述からは、記録を書くことはPDCAサイクル（➡3コマ目参照）によるカリキュラム・マネジメントのC（評価）とA（改善）に大きく関わることがわかります。

では、記録を書くことで具体的に何を得ることができるのでしょうか。ここではある出来事について書いた記録をもとに考えていきましょう。

◆出来事
遊びのあとの片づけでのことである。Ａ男は自分の積み木で遊んだあと、容器に入れて片づけていた。そこに、自分の使ったものをロッカーにしまい終わったＢ男が通りかかり、「ちがうよ」といい、Ａ男がしまった積み木を容器ごとひっくり返した。それからＢ男はすばやく自分のいすに座った。Ａ男は大きな声で泣き始めた。

◆対応
私（担任保育者）はＢ男を呼び、Ａ男が自分で一生懸命に片づけていたのだから、勝手なことをしてはいけないと話した。また、Ａ男に対しては、「先生が手伝うから一緒にもう一回片づけよう」と言い、積み木を再度容器に入れ、所定の場所へ戻した。

◆対応したときの思い
Ｂ男には、人にはそれぞれペースや気持ちがあることを伝えたかった。Ａ男はマイペースで、今日のように他児よりも行動が遅れることが多いが、自分の使ったものをじっくりと片づけようとしていた。その思いを実現させてやりたかった。

◆この出来事が気になった理由
クラス全体に落ち着きのなさを感じているが、特に友だちとのトラブルが多いＢ男のことが気にかかっていた。今日の出来事のあとも、Ｂ男に話をしたが、自分の伝えたいことがＢ男に届いている実感がもてないでいた。

❶ 記録を書いて保育者自身が考えたこと

　この記録を書いてから、担任保育者は次の２点について、改めて考えました。

　１点目は、Ｂ男がＡ男にいった「ちがうよ」という言葉の意味についてです。まさに目の前で出来事が展開していくとき、「ちがうよ」という言葉を聞き流し、そこにＢ男のどのような思いが込められているかを理解したり、考えたりする余裕はありませんでした。しかし、あとになって考えてみると、あのときＢ男は「容器への入れ方がちがっているよ」という意味でいったように思われました。Ａ男が使っていた積み木は、全体の形が直方体になるように並べなければすべてを容器にしまうことができないものでした。Ｂ男はＡ男のやり方では全部しまえないことを教えたくて、「ちがうよ」といい、やり直すためにひっくり返したのではないか、と思えてきました。

　２点目は、Ｂ男が急いでいすに座った理由です。Ｂ男が積み木の容器をひっくり返したとき、別の保育者がピアノを弾き、片づけの終わった子どもたちにいすへの着席を促しました。Ｂ男はこれを聞いて、急いで自分もいすに座ったのではないだろうかと思われました。しかし、あのときの自分（担任保育者）は、Ａ男をそのままにして、自分だけ座ったＢ男にマイナスの感情をもち、Ｂ男の気持ちに思いをめぐらせることはなかったこと

にも気づきました。

このように考えると、B男は、わざとA男のじゃまをしたのではないし、また、保育者が弾いたピアノの意味を受け止めて行動していたことになります。

保育者は、自分がこの事例を記録に書こうと思った、つまり、この事例が気になった理由についてもわかってきたように思われました。

この出来事は5月中ごろのことでした。進級に伴い、自分が新しい担任となり、子どもたちとなじみたい、子どもたちにも落ち着いて過ごしてほしいと思っていました。しかし、実際は自分と子どもたちとの間にしっくりしないものが感じられ、片づけなどのちょっとしたところにも、子どもたちに年長らしくない落ち着きのなさを感じていました。

そして、自分自身がそのような焦りや不安でもやもやした気持ちでいたことが、B男に対するマイナスな見方につながっていたのではないかと思いました。

❷ ほかの保育者から学んだこと

後日、このことをほかの保育者たちに話す機会がありました。そこでは、3～4歳児のときのA男やB男の様子を当時の担任から具体的に聞くことができました。そうすると、3～4歳児のころと今の2人の姿がそれぞれつながり、育ってきている様子を具体的につかめたように感じました。

また、クラス運営について、ほかの保育者もそれぞれ悩んだり苦労したりしていることを知りました。話を聞いたり、助言をもらったりするなかで、子どもたちとていねいに向き合い、乗り越えていくことが今の自分には必要ではないかと思い至りました。

2 事例からみる記録を書く意義

A男とB男の事例からは、記録を書く意義を次のように読みとることができます。

❶ 子どもの内面や育ちを見つめる

記録を書き、省察することは、子どもの行為を意味づけ、行為のなかに含まれる子どもの心情を探ったり、理解したり、育ちつつある姿をとらえ直したりするのに有効です。1つの出来事だけでなく、ある程度の期間にわたって子どもの姿を追うことで、その子が何を求めていて、どう発達していこうとしているのか、真の発達の姿に迫ることも可能となるでしょう。

このとき、客観的に子どもを見よう・理解しようと意識することは大切です。しかしそれは、保育者としての自分の感じ方を切り捨てるということではありません。あのとき自分はどう感じ何を考えたのかという、自分自身の心の動きも含めて検討することにも意味があります。自分が子どもに向けるまなざしを自覚し、子どもと自分との関係を見つめ直したり、保育者として子どもと向き合う姿勢をつくることにつながったりします。

❷ 自分の保育を見つめる

実践の最中には熟考をする余裕もなく行ったことや感じたことも含めて、あとで改めて考え直してみることで、自分の保育を検討することができます。

事例の保育者は、これまで無自覚だったマイナスな見方に気づき、自分自身の子どもへの見方や保育の展開のしかたを変えていこうとしています。このような積み重ねが保育者としての成長につながっていきます。
　❶の子ども理解とともに、保育者によるねらいの設定や環境構成は適切であったか、ねらいを達成できる内容であったか、この先どのような経験もできるように環境を用意したり、働きかけたりしていくかを考えていくことも重要です。次の週日案や月案を作成する際には、記録は重要な参考資料となります。

❸ 他者と共有する
　1人の保育者が経験したことを記録に表すことによって、ほかの保育者と共有することが可能になります。記録をもち寄れば、カンファレンスや園内研修の事例として用いることができます。子どもの情報をほかの保育者と共有することは、全職員で1人の子どもを育てていくという意識につながります。また、保育者同士でわかり合い、理解し合うことにもつながります。
　自分の子ども観・保育観や保育実践をさらけだすことはとても勇気が必要なことです。しかし、ほかの保育者の見方や感じ方にふれ、考えを広げたり、深めたりすることは、自分自身を見つめ直すことにもつながり、大きな意義をもちます。カンファレンスや園内研修は、批判的な雰囲気ではなく、参加者が理解を深め合う気持ちをもって行うことが大切です。

4　実習生にとっての記録

　保育実習や教育実習では、実習生は毎日必ず実習記録（日誌）を書きます。実習記録は、実践での学びを整理し、より確かなものとして身につけることを目的として書くものです。ここではエピソード記録の書き方を見ていきましょう。書式や記載項目は、養成校や実習施設によって異なりますが、1日の生活の流れも押さえながら、子どもの姿や保育者の援助、実習生自身の動きや考察を書いていく形が多いようです。

1　エピソード記録を書く手順
　エピソード記録を書く際は、次のような手順で進めます。
❶ 取り上げるテーマやエピソードを決める
　実習生自身が設定していた目標に関連する出来事や、特に印象に残った出来事から選びます。
❷ エピソードを整理する
　誰が読んでもその状況がわかるように、事実を具体的にていねいに描写します。
❸ 考察を練る
　その出来事に対して、どのように感じたり、考えたりしたか、また、何

保育者となったときに記録を書き、省察する力をもつには、学生のときからの積み重ねが大事です。

を学んだかを書きます。
❹ 今後の目標や課題を明らかにする
今日までの学びをもとに、明日以降は何を学びたいか、何にどう取り組んでいきたいかという目標や課題を明らかにすることで、実習に対する意識が高くなり、より充実した学びを得ることができます。

2 重要な視点

エピソード記録を書くうえで重要な視点は以下のようにまとめられます。
❶ 子どもの心の動きを感じ、考える
子どもの言葉、つぶやき、疑問、表情、行動などを思い出し、そこから気持ちを読みとり、行為の意味を考えることが重要です。遊びのなかでは、何に興味や楽しさを感じているのかを意識すると、そのあとの展開とのつながりが見えてきます。
❷ 保育者の環境構成や関わり、援助の意図や意味を考える
以下の点に注目してみましょう。
- その日（時期）の保育のねらいとどのような関係があるか
- 安全面・衛生面への配慮
- 子どもの興味を引き出したり、意欲を高めたりするための配慮や工夫
- 安心や楽しさを感じられるようにするための配慮や工夫
- 特に配慮を必要とする子どもへの対応
❸ 実習生自身の動きや関わりを振り返る
子どもと保育者の関わりから学んだことをもとに、自分はどのようなことを意識したり考えたりしながら子どもに関わったかを記しましょう。あわせて、子どもはどのような様子でどう進展していったかも書くようにします。実習生自身の実践も記録することで、より意義のある記録となります。

日々の多忙な保育や実習のなかで、記録を書く時間を確保することは容易ではないかもしれません。しかし、記録を書き省察することによって、経験したことをそれで終わりにするのではなく、それ以降の保育に生かしていくことができます。つまり、記録を作成し省察を行うことは、保育者や実習生にとって子ども理解を深め、保育をつくる力となります。それは、保育者としての専門性を高め、保育の質を向上させることへとつながっていくのです。

おさらいテスト
❶ 保育の質の向上のためには、保育者による［　　　　］が不可欠である。
❷ 保育の記録には、［　　　　］によってさまざまな種類がある。
❸ ［　　　　］をとおして子どもへの理解を深め、保育をとらえ直すことができる。

演習課題

記録について考えてみよう

① 172ページの記録の事例について、あなたがこの担任保育者の立場であれば、具体的にどのような点から保育を見直していくでしょうか。環境構成・時間配分・子どもへの援助や関わりなど、さまざまな点から考えてみましょう。

② 次の記録はある実習生が書いたものです。この記録を読み、保育の記録としてよい点をあげましょう。また、改善すべき点もあげ、どのように書けばよいか具体的に記述してみましょう。

2歳児クラス　6月○日

　散歩のとき、子どもたちはただ歩いているのではなく、まわりをたくさん見ていました。ミミズやお花など、小さなものにも目をとめて、真剣にじっと見つめたり、保育者を振り返ったりしていました。そこに花があることを保育者に知らせようとしているようでした。保育者は「お花きれいだね」「ここにもたくさんあるね」と応答し、子どもの気持ちを代わりに言葉にしているように感じました。

　また、園庭に座ったときには、子どもたちは砂の中に足を入れたり、手で触ったりしていました。砂のさらさらした手触りや温かさを確かめているように思いました。

　ゆっくりとした雰囲気のなかでのびのびと環境に関わっていき、また保育者にそれを受け止めてもらうことで、子どもたちはいろいろなことを発見していくのだと思いました。

［2日後の記録］

　今日ははだしで砂場に出ました。子どもたちは思い思いに歩いて回ったり、しゃがんでスコップで砂を掘り返したりしていました。そこに保育者が水をもってきて、砂の穴に流し込むと、川ができました。ザアーと流れてきた水を、子どもたちは最初は驚いたように見つめていましたが、保育者と一緒に水たまりの中に入って、ぴちゃぴちゃと水がはねるのを声をたてて体全体で楽しんでいるようでした。

　保育者は子どもたちが砂の感触を楽しんでいたことから、もっといろいろな感触を感じられるように水を使ったのかな、と思いました。

　あとで先生に「この時期は、お天気のよい日は外に出て『保育者や友だちと一緒に身近な環境に自分から興味をもって関わる』ということをねらいにして、大切にしている」と伺いました。このことを聞いて、私は保育のねらいというのがどういうものか、今までよりもわかった気がしました。

演習課題

> 　子どもたちの歩行がしっかりしてきて、水たまりの中に入っても、いきなり尻もちをつくようなこともないだろうということで、今日のような遊び方をはじめて行ったとのことでした。
> 　また、Ｓちゃんのことも伺いました。Ｓちゃんはもともと砂に触るのが苦手だったのですが、まわりの子どもたちが楽しそうにしているのにひかれて、少しずつ砂に触ったり、水の中に入ったりできるようになったそうです。
> 　砂場での遊び一つをとっても、保育者はいろいろなことを考えて、子どもの発達につながるようにしているのだと改めて学ぶことができました。

③子どもの様子や子どもと大人（保護者や保育者）のやりとりの様子を観察し、記録として書いてみましょう。教育・保育施設での出来事のほか、町で見かけた親子の様子などでもかまいません。
1）出来事を描写し、それに対するあなたの考察を記しましょう。

2）数人の学生でグループをつくり、1）について発表し、意見を出し合いましょう。

3）2）のディスカッションをとおして、新たに気づいたことや考えが深まったことをまとめましょう。

④現在の学校に入学してからのあなたのポートフォリオをつくりましょう。印象深かったイベント・授業・活動を思い起こし、
　1）その中でどのような経験をしたのか
　2）何を得たり学んだりしたのか、あなたにとってどういう意味があったのか
を、具体的に言葉にしていくことがポイントです。写真・イラストも加えるとわかりやすいポートフォリオになります。

14コマ目 保育の評価と改善

今日のポイント

1. 保育の質向上のためには、実践後の評価が重要である。
2. 保育の評価は、子どもに対する評価と保育者、教育・保育施設を対象とする（保育所・幼稚園、認定こども園等）評価がある。
3. 研修を実施することで保育士等の意欲と専門性の向上が期待できる。

1 保育における評価とは

1 保育における評価の重視

　2017（平成29）年に「保育所保育指針」「幼稚園教育要領」「幼保連携型認定こども園教育・保育要領」が改定（訂）され、保育の「評価」については、いずれも第1章の総則に記載されるようになりました。このことは、「計画」とともに「評価」が重視されるようになったことを意味しています。

　「保育所保育指針」第1章3（4）ア「保育士等の自己評価」（ア）では保育の評価について、以下のように述べています。

> 保育士等は、保育の計画や保育の記録を通して、自らの保育実践を振り返り、自己評価することを通して、その専門性の向上や保育実践の改善に努めなければならない。

　3コマ目で学んだPDCAサイクルにC（評価）とあるとおり、カリキュラム・マネジメントにおいては評価が欠かせません。計画に基づいて実施したことに対して、省察や評価を行うことによって、次への見通しや改善点が明らかになります。つまり、保育の質の向上のために、評価が不可欠なのです。

2 評価の基本的な考え方

　保育における評価には、子どもの育ちをとらえる場合と、保育者の保育を評価する場合とがあります。

ここでは「保育所保育指針」と「幼稚園教育要領」を引用していますが、「幼保連携型認定こども園教育・保育要領」の該当部分も、ぜひ読んでくださいね。

❶ 子どもの育ちをとらえる

　子どもの育ちに関して、「幼稚園教育要領」第1章第4「指導計画の作成と幼児理解に基づいた評価」4（1）では以下のように述べています。

> 指導の過程を振り返りながら幼児の理解を進め、幼児一人一人のよさや可能性などを把握し、指導の改善に生かすようにすること。その際、他の幼児との比較や一定の基準に対する達成度についての評定によって捉えるものではないことに留意すること。

　これと同様の内容が、「幼保連携型認定こども園教育・保育要領」にも示されています。また、「保育所保育指針」第1章3（4）ア「保育士等の自己評価」（イ）には以下のように述べられています。

> 保育士等による自己評価に当たっては、子どもの活動内容やその結果だけでなく、子どもの心の育ちや意欲、取り組む過程などにも十分配慮するよう留意すること。

　保育における子どもの評価は「できているか―できていないか」でみるものでも、ほかの子どもたちと比較することによってとらえるものでもありません。保育研究者の無藤隆は、子どもの評価においては「一人ひとりの姿を具体的な場面に即しながら、特にその子どものよく育っている部分を中心に記述することが重要です」と述べています（無藤隆編著『ここが変わった！平成29年告示　幼保連携型認定こども園教育・保育要領まるわかりガイド』チャイルド本社、2017年）。その子の弱いところや苦手なところに焦点をあてるマイナスの見方ではなく、「どういう点が伸びてきているか」「どういう点がよく育ってきているか」を中心にして、子どもの育ちをとらえます。

　また、1人の子どもが保育施設に在籍する0歳から6歳の期間、あるいは3歳から6歳の期間をすべて視野に入れ、どう育ってきているかをみる視点をもちます。つまり、ある時点での子どもの育ちだけを取り出してみるのではなく、そこに至るまでのプロセスも含めてとらえることが大切です。

　たとえば、遠足で動物園に行き、その場面をもとに子どもたちが描いた絵画が展示してある様子を思い浮かべてみてください。「この子は絵が上手だ、この子はまだ幼い」という見方では、その絵に込められた子どもの思いや現在に至るまでの成長を理解することはできません。では、どんなことを見ていけばよいのでしょうか。次の事例を見ていきましょう。

> 保育における評価は、小学校以上で成績をつけるための評定（evaluation）とは区別してとらえましょう。援助を行うにあたって、対象者（子ども）がどのような状況で何を必要としているかなどを見定め、必要な援助を探っていくアセスメント（assessment）として考えます。

| 事例 | ゴリラの迫力を感じて |

　Yくんは3人兄弟の一番下の子どもで、2人の兄は中学生と小学校高学年でした。兄たちの年齢が高かったため、家族で動物園に行ったことがなく、幼稚園の遠足がはじめての経験となりました。それまで本や映像をとおして動物に興味をもっていたYくんは、遠足の翌日にゴリラの絵を描きました。
　担任の保育者によれば、遠足のときYくんはいろいろな動物を釘づけになるようなまなざしで見つめていたそうです。ゴリラの絵は、肩の筋肉のたくましい盛り上がりや、1本1本の毛の生え方がとてもリアルに描かれていて、Yくんが本物の迫力を感じとったことが力強く表現されていたそうです。このことを語る保育者の表情や話し方、ジェスチャーなどには、ゴリラを見たYくんの感動を、保育者自身も強く感じとっている様子が表れていました。

　このように、これまで一緒に生活してきた保育者だからこそわかる子どもの心の動きや育ちがあります。それを的確にとらえ、保育者自身も心を重ね合わせながら、次にどういう環境や経験を用意していくかを考えることが、子どものさらなる育ちへつながっていきます。評価とは、子どもの育ちをとらえ、未来へとつなげるために行うものなのです。

❷ 保育を振り返る

　評価はまた、保育者の保育を振り返り、検討するために行われます。先のYくんの動物園遠足の例では、以下のようなことが考えられます。

①遠足当日までの展開はどうだったか
　・子どもたちの意欲や期待感を高めることはできていたか
②遠足当日の計画は適切であったか
　・ねらいの設定は適切であったか
　・スケジュールや安全確保に無理はなかったか
　・子どもの興味に沿い、ねらいが達成される内容であったか
③その後の保育に生かすことができたか
　・遠足から一人ひとりのなかに育ちつつあるものや得たものを理解できたか
　・クラス全体での共通体験としてその後の遊びや活動につなげることができたか

さらに、このような評価をとおして以下のような計画に生かしていきます。

①今後このクラスの子どもたちにどのような経験を用意し、さらなる育ちを支えていくかという計画
②今後この幼稚園で遠足などの行事活動をどのように行っていくかという改善・計画

保育研究者の今井和子は、「評価とは、的確な現状認識と、それを基として今後の方針を打ち出していく作業」であるとしたうえで、「評価が具体的に記述されると保育が確実に改善されていく」と述べています（今井和子編著『保育を変える記録の書き方評価のしかた』ひとなる書房、2009年）。子どもへの理解が深まり、課題が明らかになれば、次はどうすればよいかということに関する方向性がおのずと見えてきます。

保育所等における評価

1 保育者による自己評価

保育者の自己評価には、記録や事例を持ち寄るほかにも、各自が自己評価シート（図表14-1）やチェック表を用いる方法などもあります。

どのような方法であれ、自己評価を個々にすませるのではなく、職員同士の学び合いに生かすことが重要です。「保育所保育指針」第1章3（4）ア「保育士等の自己評価」（ウ）では、保育者の自己評価について以下のように述べています。

保育士等は、自己評価における自らの保育実践の振り返りや職員相互の話し合い等を通じて、専門性の向上及び保育の質の向上のための課題を明確にするとともに、保育所全体の保育の内容に関する認識を深めること。

他者の見方や考え方にふれることは、保育者としての視野を広げたり深めたりすることに役立ちますが、同時に、これまでは無自覚であった自分自身の保育観や子ども理解に気づき、見直すことにもなります。さらに、組織のなかで意見を述べ合い、互いを深め合う経験をもつことは、チームワークを高め、組織としての専門性の向上や保育の質の向上を目指していく重要な契機となります。

> **プラスワン**
>
> **保育者の自己評価**
> 2008（平成20）年3月に告示された「保育所保育指針」において、はじめて保育士等及び保育所の自己評価とその公表が努力義務として位置づけられた。翌年の2009（平成21）年3月に厚生労働省から「保育所における自己評価ガイドライン」が出されている。

●図表14-1　自己評価シートの例

項目	内容
当月の自己目標・課題	
環境構成	
子どもとの関わり	
保護者との関わり	
同僚との関わり	
今月を振り返って	
来月の自己課題と目標	
クラスの課題と目標	
保育所の課題と目標	

2　保育所の自己評価

　保育所の自己評価について、「保育所保育指針」第1章3（4）イ「保育所の自己評価」（ア）では以下のように述べられています。

> 保育所は、保育の質の向上を図るため、保育の計画の展開や保育士等の自己評価を踏まえ、当該保育所の保育の内容等について、自ら評価を行い、その結果を公表するよう努めなければならない。

　保育所の自己評価とは、施設長のリーダーシップのもとで、PDCAサイクルの構造をとらえながら、全職員が見通しをもって取り組んでいくことで、保育の質の向上を図るものです。さらに、自己評価を保護者や地域社会などに公表することは、保育所が社会的責任を果たすうえでも非常に重要です。

3　保育所の第三者評価

　第三者評価について、「社会福祉法」第78条第1項では次のように述べられています。

> 社会福祉事業の経営者は、自らその提供する福祉サービスの質の評価を行うことその他の措置を講ずることにより、常に福祉サービスを受ける者の立場に立つて良質かつ適切な福祉サービスを提供するよう努めなければならない。

　これに従い、2002（平成14）年より保育所における第三者評価が行われるようになり、保育所は第三者評価を受けるよう**努める**こととされています。さらに、その後の改正により、「平成31年度末までにすべての保

育事業者において、第三者評価の受審が行われることを目指すこと」とされています（厚生労働省雇用均等・児童家庭局長、社会・援護局長「保育所における第三者評価の実施について」2016年）。

第三者評価とは、公正で中立な第三者機関が保育所における福祉サービスを専門的・客観的な立場から評価するものです。評価を行う機関は都道府県から認証を受けており、自己評価、利用者アンケート、訪問調査からなります。保育所第三者評価の具体的な項目は下記のとおりです。

さまざまな保育所の第三者評価の結果がホームページに公開されています。

○保育所が特に力を入れて取り組んでいること
○さらに取り組みが望まれること
○保育理念
　・理念や基本方針が明文化されている。
　・理念や基本方針が利用者等に周知されている。
○組織運営
　・施設の事業計画等、重要な課題や方針を決定するに当たっては、職員と幹部職員とが話し合う仕組みがある。
　・職員の教育・研修に関する基本方針が明示され、研修計画を立て人材育成に取り組んでいる。
○適切な福祉サービスの実施
　・施設の全職員を対象とした権利擁護に関する研修を行い、子どもの権利を守り、個人の意思を尊重している。
　・苦情または意見を受け付ける仕組みがある。
○子どもの発達援助・保育内容
　・全体的な計画に基づき具体的な指導計画が適切に設定され、実践を振り返り改善に努めている。
　・遊びや生活を通して人間関係が育つよう配慮している。
○子育て支援
　・地域ニーズを把握し、地域における子育て支援をしている。
○地域連携・交流
　・家庭及び関係機関との連携が十分に図られている。
○安全・事故防止
　・事故発生時及び事故防止対策は適切に行われている。
　・地震・津波、火災等非常災害発生時の対策は適切に行われている。

4　その他の児童福祉施設における第三者評価

　児童養護施設・母子生活支援施設、乳児院、児童自立支援施設、児童心理治療施設については、「児童福祉施設の設置及び運営に関する基準」において、第三者評価を受審し、その結果を公表することが**義務づけ**られています。それは、これらの施設が、子どもが施設を選ぶのではなく措置制度等によるものであること、施設長による親権代行等の規定があること、被虐待児が増加していることなどから、施設運営の質の向上が必要である

ためです。

「社会的養護関係施設における第三者評価及び自己評価の実施について」（厚生労働省子ども家庭局長、社会・援護局長通知、2018年）には、以下のように定められています。

> ・第三者評価を平成30年度から始まる3か年度毎に1回受審し、その結果を公表しなければならない。
> ・第三者評価基準の評価項目に沿って、毎年度、自己評価を行わなければならない。

3 幼稚園における学校評価

2007（平成19）年に「学校教育法」「学校教育施行規則」が改正され、「学校教育法」第42条に以下のような規定が設けられました。

> 小学校は、文部科学大臣の定めるところにより当該小学校の教育活動その他の学校運営の状況について評価を行い、その結果に基づき学校運営の改善を図るため必要な措置を講ずることにより、その教育水準の向上に努めなければならない。

幼稚園の評価は、小学校・中学校と合わせて「学校評価」といいます。

学校評価に関するこの規定を幼稚園にも準用することが定められています。

「幼稚園における学校評価ガイドライン」（2011年改訂）および「学校評価ガイドライン」（2016年改訂）では、学校評価に関して以下のことが必要とされています。

> ①教職員による自己評価を行い、その結果を公表すること
> ②保護者などの学校の関係者による評価（「学校関係者評価」）を行うとともにその結果を公表するよう努めること
> ③自己評価の結果・学校関係者評価の結果を設置者に報告すること

また、これらのガイドラインでは、学校評価の実施手法として、以下の3つをあげています。

> ①自己評価：各学校の教職員が行う評価
> ②学校関係者評価：保護者、地域住民等の学校関係者などにより構成された評価委員会等が、自己評価の結果について評価することを基本として行う評価
> ③第三者評価：学校とその設置者が実施者となり、学校運営に関する外部の専門家を中心とした評価者により、自己評価や学校関係者評価の実施状況を踏まえつつ、教育活動その他の学校運営の状況について専門的視点から行う評価

　ここでは、②の学校関係者評価について見ていきましょう。
　「幼稚園における学校評価ガイドライン」では、「学校関係者評価は、保護者、地域住民などにより構成された委員会等が、その学校の教育活動の観察や意見交換等を通じて、自己評価の結果について評価することを基本として行うものである」と規定されています。
　幼稚園による自己評価が、当該学校（幼稚園）のことをよくわかっている異なる立場の人たちが客観的に見て適切かどうかを検討するものであるところに、この評価の特徴があるといえます。

4　評価を改善に生かす

　保育における評価は、その先に生かすために行うものです。評価をとおして何をどのように改善していくかを明らかにし、次へ生かしていくカリキュラム・マネジメントが、よりよい保育を目指していくうえでは欠かせません。
　ある保育所では、自然環境と十分に関われるようにするために、毎年年齢ごとに年間計画を作成しています。「植物」「生き物（虫など）」「生き物（動物）」「気象」の４項目について、季節ごとにどんな体験ができるか、保育者はどのような活動を用意するかという計画を立て、それに基づいて保育を行っています。
　５歳児クラスでは、毎年11月にバスに乗って遠足に行き、畑でサツマイモの収穫をしていました。離れたところにある畑を利用しているのは、保育所には野菜を育てる十分なスペースがないためです。遠足の日までに、給食のなかでサツマイモについて話題にしたり本を見たりして興味をもてるようにしていました。遠足当日ははじめて畑での活動を行う子も多く、力いっぱい収穫を楽しむ姿が見られました。しかし、ある年の反省会で、子どもたちは遠足のときは楽しそうにしているものの、自分たちが食べているものがどのように育つのかを理解したり、世話をして育つ喜びを感じたりする経験としては不十分ではないか、もっと子どもたち自身の実感を伴う活動にできないかという問題提起がなされました。

そこで、翌年度の自然との関わりに関する年間計画では、以下のような点が追加されました。

○畑には5月にも行き、サツマイモの植え付けも体験する。
○保育所で、4月にサツマイモ（種芋）から芽がでる様子を観察できるようにする。
○保育所でも、麻袋に土をつめてプランター代わりにし、サツマイモなどを育てる。
○収穫のときには麻袋を切り取って、土の中でのサツマイモの様子を観察できるようにする。

このように、これまでの実践を振り返り、子どもたちにどのような育ちが見られるかを踏まえたうえで、さらにどのような経験が望まれるかを考え、次の計画に反映させていくことが重要です。これが、PDCAサイクルにおけるC（評価）からA（改善）を経て次のP（計画）へ、という流れになります。

保育の質の向上を目指す研修

1 研修の意義

2017（平成29）年改定の「保育所保育指針」第5章1「職員の資質向上に関する基本的事項」(2)では、質の高い保育を展開するため、職員の資質向上を重視しています。

保育所においては、保育の内容等に関する自己評価等を通じて把握した、保育の質の向上に向けた課題に組織的に対応するため、保育内容の改善や保育士等の役割分担の見直し等に取り組むとともに、それぞれの職位や職務内容等に応じて、各職員が必要な知識及び技能を身につけられるよう努めなければならない。

職員の資質や専門性向上のために有効なのが研修です。「幼稚園教育要領」と「幼保連携型認定こども園教育・保育要領」には研修の項目がありませんが、幼稚園は「教育基本法」、認定こども園は「認定こども園法」などで研修について規定されています。幼稚園や認定こども園でも、保育の質の向上のために職員の研修が必要であることに違いはありません。研修には、園内研修と園外研修があります。

❶ 園内研修

同じ職場の職員同士で行う研修を園内研修といい、外部から講師を招く場合などもあります。

同僚たちと同一のテーマや事例について考え、意見を交わすことで、他者の考え方にふれ、自分にはなかった発想や方法を知ったり、保育に関する考え方や子どもについて理解を深めたりすることができます。また、園内の保育の課題や改善策を明確にしたり、チームワークを高めたりすることができる点でも意義があります。

❷ **園外研修**

異なる教育・保育施設に勤める人たちが集い、テーマを決めて取り組む研修が園外研修です。

日常の仕事のなかでは得難い新しい知識や技術を得ることができます。また、異なる職場の人たちと情報交換をしたり、交流したりすることは、自分の職場では当たり前になっていることを見直す機会になったり、新たな取り組みや工夫を知ったりするうえで貴重な機会となります。これらによって一人ひとりの保育者の意欲や専門性が向上することが期待されます。

2017（平成29）年改定の「保育所保育指針」では、職員の資質向上に関して、個人的な努力よりも組織全体としての取り組みが強く求められています。

2 キャリアパスを見据えた研修

キャリアパス*とは、キャリアアップしていく道筋のことです。保育所においては、たとえば絵画指導主任などの職位を定め、その職位にたどりつくための経験や研修を明確にすることで、職員の士気を高め、報酬アップなどが実現しやすくなるという効果があります（無藤隆・汐見稔幸・砂上史子『ここがポイント！ 3法令ガイドブック──新しい「幼稚園教育要領」「保育所保育指針」「幼保連携型認定こども園教育・保育要領」の理解のために』フレーベル館、2017年）。2017（平成29）年改定の「保育所保育指針」では、各施設においてこのキャリアパスを明確にし、必要な研修を体系化し、専門性を向上させることを求めています。

また、「保育士等キャリアアップ研修ガイドライン」（平成29年4月1日　厚生労働省雇用均等・児童家庭局保育課長通知）に基づき、保育現場におけるリーダー的職員を育成するための「保育士等キャリアアップ研修」がスタートしています。研修の詳細は以下のとおりです。

語句説明

キャリアパス
→キャリアパスとは、ある職位や職務につくために必要な職務経験のこと。

【研修の実施主体】都道府県または都道府県知事の指定した研修実施機関
【研修分野・対象】
○専門分野別研修
　①乳児保育　②幼児教育　③障害児保育　④食育・アレルギー対応
　⑤保健衛生・安全対策　⑥保護者支援・子育て支援
各専門分野に関してリーダー的な役割を担う者（担うことが見込まれる者も含む）
○マネジメント研修
　各分野におけるリーダー的な役割を担う者としての経験があり、主任保育士でミドルリーダーの役割を担う者（担うことが見込まれる者）

この講習を受け、保育所からその役職につくことを発令された場合に、報酬として規定の金額がそれぞれ上乗せされます。

○保育実践研修
　保育現場における実習経験の少ない者（保育士試験合格者等）または、長期間保育現場で保育を行っていない者（潜在保育士等）
○研修時間　1分野15時間以上

　この研修は各地ですでに実施されています。保育士等の意欲と専門性の向上が、保育所全体の保育の質の向上へと結びついていくことが期待されます。

おさらいテスト

❶ 保育の質向上のためには、[　　　]が重要である。
❷ 保育の評価は、子どもに対する評価と[　　　]・[　　　]を対象とする評価がある。
❸ 研修を実施することで保育士等の[　　　]と[　　　]の向上が期待できる。

演習課題

評価について考えてみよう

①これまでに書いた実習記録などを用いて、自分がどのように評価を行ってきたかを見直しましょう。

②実習生として自己評価を行うには、どのような項目を設定することが適切でしょうか。自己評価のチェックリストやチェックシートをつくってみましょう。

③ホームページなどを用いて、公表されている保育所の第三者結果を見てみましょう。そして、気づいたことを話し合いましょう。

15コマ目 生活と発達の連続性を踏まえた保育所児童保育要録

今日のポイント

1. 「幼児期の終わりまでに育ってほしい姿」を保育者と小学校教師が共有することは、子どもの発達の姿を共有するうえで有意義である。
2. 保育所・幼稚園等から小学校へ円滑に接続するために、小学校入学当初にはスタートカリキュラムが編成される。
3. 保育所児童保育要録、幼稚園幼児指導要録、幼保連携型認定こども園園児指導要録を小学校へ送付し、子どもの育ちを伝える。

1 「生きる力」と育みたい資質・能力

1 「生きる力」の育成

　わが国の学校教育はこれまで、「生きる力」を育成することを目指してきました。「生きる力」とは、「変化が激しく、新しい未知の課題に試行錯誤しながらも対応することが求められる複雑で難しい時代を担う子どもたちにとって、将来の職業や生活を見通して、社会において自立的に生きるために必要とされる力」です（中央教育審議会答申「幼稚園、小学校、中学校、高等学校及び特別支援学校の学習指導要領等の改善について」2008〔平成20〕年）。生きる力を育むとは、学力面のみを重視するのではなく、バランスのとれた知・徳・体の育成を意味しています（図表15-1）。

●図表15-1　生きる力

確かな学力
基礎的な知識・技能を習得し、それらを活用して、自ら考え、判断し、表現することにより、様々な問題に積極的に対応し、解決する力

生きる力

豊かな人間性
自らを律しつつ、他人とともに協調し、他人を思いやる心や感動する心などの豊かな人間性

健康・体力
たくましく生きるための健康や体力

出典：文部科学省ホームページ「学習指導要領『生きる力』」

● 図表 15-2　資質・能力の3つの柱

```
育成すべき資質・能力の三つの柱

         学びに向かう力・人間性等
      どのように社会・世界と関わり、
         よりよい人生を送るか

   「確かな学力」「健やかな体」「豊かな心」を
         総合的にとらえて構造化

  何を理解しているか        理解していること・できる
  何ができるか            ことをどう使うか
    知識・技能           思考力・判断力・表現力等
```

出典：平成29年度 小・中学校新教育課程説明会「新しい学習指導要領の考え方──中央教育審議会における議論から改訂そして実施へ」2017年

2　資質・能力の3つの柱

　2017（平成29）年には、「幼稚園教育要領」「保育所保育指針」「幼保連携型認定こども園教育・保育要領」が改定（訂）されました。同時に、小学校・中学校・高等学校の「学習指導要領」も改訂され、すべての教科等の目標や内容が「知識及び技能」「思考力・判断力・表現力等」「学びに向かう力・人間性等」という**資質・能力**の3つの柱で整理されることになりました（図表15-2）。

　これは、「生きる力」の育成という理念を具体化するためであり、3つの資質・能力を、幼児教育段階から高校まで一貫して育成するという姿勢が打ち出されたことになります。資質や能力とは何かということについて、教育学者の汐見稔幸は次のように説明しています。

◆資質：「人の持って生まれた天性」で、経験によって洗練されていくもの（たとえば、想像力が豊かだ、おしゃべりが好きだ、などであり、これらは経験を積むことでさらに磨かれていく）。

◆能力：「資質や知識がネットワーク化したもの、潜在的な可能性」のこと。経験によって伸ばしていくもの（たとえば、買い物に行ってお金が足りなくなりそうになったとき、何と何を返せばよいかをざっと計算して予想するなど、脳や体の既得の情報をつなげてネットワーク化し、いざというときに使えるもの）。

（汐見稔幸『さあ、子どもたちの「未来」を話しませんか』小学館、2017年）

資質も能力も経験によって伸びていくものだということがわかります。そのため、どういう経験を用意し、どのような資質や能力を伸ばしていくかということが教育にとって重要となります。それは幼児期においても同様です。

3 幼児期に育みたい資質・能力

資質・能力の3つの柱は小学校・中学校・高等学校をとおして伸びていくものですが、小学校に入学してから急に育ち始めるわけではありません。その基礎が幼児教育の段階から育っていてこそ、十分に伸びていくことができるものです。

したがって、幼児期に期待されるのは資質、能力の基礎を育むことです。それが幼児期に「育みたい資質・能力」として、教育・保育施設の種類の違いを超えて「保育所保育指針」「幼稚園教育要領」「幼保連携型認定こども園教育・保育要領」に共通して「知識及び技能の基礎」「思考力、判断力、表現力等の基礎」「学びに向かう力、人間性等」の3つの形で示されています。

幼児期に育みたい資質・能力は、一つひとつが個別に育っていくのではなく、「保育所保育指針」や「幼稚園教育要領」に示されているねらいや内容に基づく活動全体によって一体的に育まれていきます（➡ 2コマ目図表 2-4 参照）。

> **プラスワン**
> **学習の基盤**
> 幼児期には、小学校教育を先取りし、小学生レベルの能力を早期に獲得しておくことが重要なのではなく、幼児期にふさわしい生活をとおして小学校以降の生活や学習の基盤をつくっておくことが必要である。それを「保育所保育指針解説」では「創造的な思考や主体的な生活態度などの基礎」といっている（厚生労働省編『保育所保育指針解説』フレーベル館、2018年、289ページ）。

2 幼児期から児童期への接続

1 幼児教育と小学校教育の違い

これまで見てきたように、子どもに育みたい資質や能力は、就学前の保育施設から小学校へと一貫しています。つまり、子どもの学びや発達は連続していくものであり、幼児期と児童期とで分断されていいものではありません。

しかし、遊びや生活をとおして環境に関わることで総合的に学んでいく幼児教育と、各教科等の学習内容を系統的に学ぶ小学校教育とでは、カリキュラムの考え方や教育方法などが図表15-3のように大きく異なります。

● 図表 15-3　幼児教育と小学校教育の違い

幼児教育	小学校教育
5領域を総合的に学んでいく	各教科等の学習内容を系統的に学ぶ
1日の流れは子どもの生活リズムに沿う	1日の流れは時間割に沿う
主な教材は身の回りの「人・もの・こと」	主な教材は教科書
環境は、自発的・主体的に遊びを通して総合的に学ぶために構成される	学習環境は系統的に学ぶために工夫される

出典：文部科学省 国立教育政策研究所 教育課程研究センター「スタートカリキュラム スタートブック」2015年をもとに対照表を作成
http://www.nier.go.jp/kaihatsu/pdf/startcurriculum_mini.pdf

そのため、円滑に移行していくには工夫や配慮が必要となるのです。

2 幼児教育と小学校教育の円滑な接続

幼児教育と小学校教育の違いに子どもたちがつまずくことなく滑らかに移行するためには、いろいろな取り組みや配慮が求められます。2017（平成29）年3月告示の「小学校学習指導要領」第1章第2の4「学校段階等間の接続」（1）には、次のように定められています。

> 幼児期の終わりまでに育ってほしい姿を踏まえた指導を工夫することにより、幼稚園教育要領等に基づく幼児期の教育を通して育まれた資質・能力を踏まえて教育活動を実施し、児童が主体的に自己を発揮しながら学びに向かうことが可能となるようにすること。
> （中略）特に、小学校入学当初においては、幼児期において自発的な活動としての遊びを通して育まれてきたことが、各教科等における学習に円滑に接続されるよう、生活科を中心に、合科的・関連的な指導や弾力的な時間割の設定など、指導の工夫や指導計画の作成を行うこと。

3 幼児期の終わりまでに育ってほしい姿（10の姿）

育みたい資質・能力と同様に、2017（平成29）年改定（訂）の「保育所保育指針」「幼稚園教育要領」「幼保連携型認定こども園教育・保育要領」に「幼児期の終わりまでに育ってほしい姿」として10項目が記載されるようになりました（→2コマ目参照）。

これは、乳児期からゆるやかに、そして特に3歳から5歳後半の幼児期に伸び育つ内容を、5領域に基づきながら整理したものです。そして、小学校入学後も重要となる発達の観点です。

5歳後半の子どもの実際の姿や育ちを保育者と小学校教師とが共有することで、幼児教育と小学校教育の円滑な接続が可能となります。つまり「幼児期の終わりまでに育ってほしい姿（10の姿）」は、幼児教育のカリキュラムと小学校教育カリキュラムをつなぐ役割を果たします。

4 スタートカリキュラム

保育所・幼稚園・認定こども園と小学校との段差を滑らかにし、子どもたちがスムーズに移行できるようにするため小学校入学時に取り組まれているのがスタートカリキュラムです。それは、「小学校へ入学した子供が、幼稚園・保育所・認定こども園などの遊びや生活を通した学びと育ちを基礎として、主体的に自己を発揮し、新しい学校生活を創り出していくためのカリキュラム」（文部科学省 国立教育政策研究所 教育課程研究センター「スタートカリキュラム スタートブック」）であり、小学校に入学した当初に、生活科を中心とした授業やモジュール*を用いた時間割の設定などが行われます。「なかよくなろう」「がっこうたんけん」など、各小学校が

「育ってほしい姿」は到達すべき目標として画一的にとらえるものではありません。興味に基づいて主体的に環境に関わりながら、一人ひとりの発達の特性に応じて育っていくものであることに留意しましょう。

重要語句

モジュール

→10〜15分程度の短い授業単位。これを組み合わせて行うことで、子どもが小学校入学後の授業になじめるよう配慮されている。

> **プラスワン**
>
> **スタートカリキュラムの編成・実施規定**
>
> 2017（平成29）年の「小学校学習指導要領」改訂には以下のように書かれている（以下、抜粋）。「第1章総則で、低学年における教育全体において、幼児期の教育及び中学年以降の教育との円滑な接続を図る役割が生活科に期待されるとともに、『特に、小学校入学当初において、生活科を中心に、合科的・関連的な指導や弾力的な時間割の設定など、指導の工夫や指導計画の作成を行うこと（スタートカリキュラムの編成・実施）』が規定されたことを受け、低学年の各教科等（国語科、算数科、音楽科、図画工作科、体育科、特別活動）の学習指導要領にも同旨が明記されている」

工夫をし、学校全体で取り組みます。

スタートカリキュラムをデザインする際の基本的な考え方として、次の4点があげられます。

> ◆一人一人の児童の成長の姿からデザインしよう
> ◆児童の発達の特性を踏まえて、時間割や学習活動を工夫しよう
> ◆生活科を中心に合科的・関連的な指導の充実を図ろう
> ◆安心して自ら学びを広げていけるような学習環境を整えよう
>
> （文部科学省 国立教育政策研究所 教育課程研究センター『発達や学びをつなぐスタートカリキュラム――スタートカリキュラム導入・実践の手引き』学事出版、2018年）

また、多くの保育施設と小学校の間では、卒園・入学の前から小学校への接続が円滑になるよう配慮されています。たとえば、年長児が小学校を訪れ、運動会や発表会を見学したり、レクリエーション活動や給食体験を行ったりしています。特に1年生や5年生（翌年度の2年生や6年生）などとの交流の場が設けられ、小学校に親しみ、入学を楽しみに思えるよう配慮や工夫がなされています。

5 教育・保育施設と小学校との連携

幼児期から児童期への子どもたちの生活や学びを連続性のあるものにしていくためには、教育・保育施設の保育者と小学校の教師とが相互に理解したり、情報を共有したりする必要があります。「保育所保育指針」第2章4（2）「小学校との連携」イでは、下記のように述べられています。

> 保育所保育において育まれた資質・能力を踏まえ、小学校教育が円滑に行われるよう、小学校教師との意見交換や合同の研究の機会などを設け、第1章の4の(2)に示す「幼児期の終わりまでに育って欲しい姿」を共有するなど連携を図り、保育所保育と小学校教育との円滑な接続を図るよう努めること。

保育者と小学校教師との連携には、相互訪問、保育・授業参観、情報交換会、合同研修会、協議会などがあります。

教育心理学者の秋田喜代美は幼稚園・保育所・小学校の協議会に参加した経験から、異なる専門性をもつ集まりのなかで互恵的な視点が生まれるために必要な「語り」として、次の3点をあげています。

①子どもたちの活動の中に保育と授業で類似の行為を見出し、大切にしたい価値を話し合う語り
②違和感を率直に指摘し、問い直す語り
③内容や子どもの育ちの連続性と変化を見出す語り
（秋田喜代美『保育の温もり——続 保育の心もち』ひかりのくに、2014年）

保育者と教師が話をしているなかで、たとえば「生活」という言葉が指し示すものに微妙な違いが感じられたり、教育活動の計画や準備ということについて相手がもっている感覚に違和感を覚えたりすることもあるかもしれません。そのような違いを肌で感じつつも、その違いを受け入れ、わかり合うことをとおして、互いの保育・教育のあり方の特徴を理解できるようになっていきます。そして、子どもをともに育てていく仲間となるのです。

 小学校へつなげるための要録

1　保育所児童保育要録

2017（平成29）年改定の「保育所保育指針」第2章4（2）「小学校との連携」ウには、小学校との連携について以下のように述べられています。

> 子どもに関する情報共有に関して、保育所に入所している子どもの就学に際し、市町村の支援の下に、子どもの育ちを支えるための資料が保育所から小学校へ送付されるようにすること。

上の文中にある「子どもの育ちを支えるための資料」を保育所児童保育要録といいます。2008（平成20）年の「保育所保育指針」よりその作成が義務づけられました。

「保育所児童保育要録」は、一人ひとりの子どもの保育所での生活の様子や育ちが小学校へ引き継がれるようにすることを目的としており、最終年度の子どもについて作成すること、作成に当たっては施設長の責任のもと、担当の保育士が記載することなどが定められています（厚生労働省子ども家庭局保育課長通知「保育所保育指針の適用に際しての留意事項について」2018年）。

なお、取り扱い上の注意として、障害や発達上の課題があるなど特別な配慮を要する子どもについては、診断名および障害の特性のみではなく、その子どもが育ってきた過程について、その子どもの抱える生活上の課題、人との関わりにおける困難などに応じて行われてきた保育における工夫および配慮を考慮したうえで記載することとされています。

また、配偶者からの暴力の被害者と同居する子どもについては、「保育所児童保育要録」の記述を通じて就学先の小学校名や所在地等の情報が配偶者（加害者）に伝わることが懸念される場合があります。このような特別の事情がある場合には、関係機関などとの連携を図りながら、適切に情報を取り扱うことが求められています。
　これらからもわかるとおり、個々の状況やニーズに応じてきめ細やかに配慮がなされ、小学校への移行が円滑に行われることが意図されています。

2　幼稚園幼児指導要録

　同様の資料が、幼稚園では「幼稚園幼児指導要録」、幼保連携型認定こども園では「幼保連携型認定こども園園児指導要録」としてあります。
　「幼稚園幼児指導要録」は、「学校教育法施行規則」第24条・第28条によって規定されています。「幼稚園幼児指導要録」は、1人の幼児に対して在籍している年度ごとに作成されます。1年間の指導の過程とその結果を要約し、次の年度の指導に役立てることが意図されています。
　1年間の指導の過程と幼児の発達の姿については、「幼稚園教育要領」第2章「ねらい及び内容」に示された各領域のねらいを視点として、その幼児の発達の実情から向上が著しいと思われることを書くこととされています。ほかの幼児との比較や一定の基準に対する達成度でとらえるものではないことに留意が必要です。また、幼稚園生活をとおして全体的、総合的にとらえた幼児の発達の姿を求められています。
　最終年度の記入では、特に小学校等における児童の指導に生かされるよう、「幼稚園教育要領」第1章総則第2の「幼児期の終わりまでに育ってほしい姿」を活用します。幼児に育まれている資質・能力をとらえ、指導の過程と育ちつつある姿をわかりやすく記入するように留意します（文部科学省初等中等教育局長「幼稚園及び特別支援学校幼稚部における指導要録の改善について（通知）」2018年）。

　保育所児童保育要録と幼稚園幼児指導要録の書式については、図表15-4と図表15-5を参考にしてください。

> **プラスワン**
>
> **幼保連携型認定こども園園児指導要録**
>
> 幼保連携型認定こども園園児指導要録については、「幼保連携型認定こども園園児指導要録の改善及び認定こども園こども要録の作成等に関する留意事項等について（通知）」（内閣府子ども・子育て本部参事官（認定こども園担当）・文部科学省初等中等教育局幼児教育課長・厚生労働省子ども家庭局保育課長　平成30年3月30日）に記載されている。

おさらいテスト

❶ [　　　　　]を保育者と小学校教師が共有することは、子どもの発達の姿を共有するうえで有意義である。
❷ 保育所・幼稚園等から小学校へ円滑に接続するために、小学校入学当初には[　　　　　]が編成される。
❸ 保育所児童保育要録、幼稚園幼児指導要録、幼保連携型認定こども園園児指導要録を小学校へ送付し、[　　　　　]を伝える。

図表 15-4　保育所児童保育要録書式

（様式の参考例）

保育所児童保育要録（保育に関する記録）

本資料は、就学に際して保育所と小学校（義務教育学校の前期課程及び特別支援学校の小学部を含む。）が子どもに関する情報を共有し、子どもの育ちを支えるための資料である。

ふりがな 氏名	保育の過程と子どもの育ちに関する事項	最終年度に至るまでの育ちに関する事項
生年月日　　年　月　日	（最終年度の重点）	
性別	（個人の重点）	

	ねらい（発達を捉える視点）	（保育の展開と子どもの育ち）
健康	明るく伸び伸びと行動し、充実感を味わう。	
	自分の体を十分に動かし、進んで運動しようとする。	
	健康、安全な生活に必要な習慣や態度を身に付け、見通しをもって行動する。	
人間関係	保育所の生活を楽しみ、自分の力で行動することの充実感を味わう。	
	身近な人と親しみ、関わりを深め、工夫したり、協力したりして一緒に活動する楽しさを味わい、愛情や信頼感をもつ。	
	社会生活における望ましい習慣や態度を身に付ける。	
環境	身近な環境に親しみ、自然と触れ合う中で様々な事象に興味や関心をもつ。	
	身近な環境に自分から関わり、発見を楽しんだり、考えたりし、それを生活に取り入れようとする。	
	身近な事象を見たり、考えたり、扱ったりする中で、物の性質や数量、文字などに対する感覚を豊かにする。	
言葉	自分の気持ちを言葉で表現する楽しさを味わう。	
	人の言葉や話などをよく聞き、自分の経験したことや考えたことを話し、伝え合う喜びを味わう。	
	日常生活に必要な言葉が分かるようになるとともに、絵本や物語などに親しみ、言葉に対する感覚を豊かにし、保育士等や友達と心を通わせる。	
表現	いろいろなものの美しさなどに対する豊かな感性をもつ。	
	感じたことや考えたことを自分なりに表現して楽しむ。	（特に配慮すべき事項）
	生活の中でイメージを豊かにし、様々な表現を楽しむ。	

幼児期の終わりまでに育ってほしい姿

※各項目の内容等については、別紙に示す「幼児期の終わりまでに育ってほしい姿について」を参照すること。

- 健康な心と体
- 自立心
- 協同性
- 道徳性・規範意識の芽生え
- 社会生活との関わり
- 思考力の芽生え
- 自然との関わり・生命尊重
- 数量や図形、標識や文字などへの関心・感覚
- 言葉による伝え合い
- 豊かな感性と表現

保育所における保育は、養護及び教育を一体的に行うことをその特性とするものであり、保育所における保育全体を通じて、養護に関するねらい及び内容を踏まえた保育が展開されることを念頭に置き、次の各事項を記入すること。
○保育の過程と子どもの育ちに関する事項
＊最終年度の重点：年度当初に、全体的な計画に基づき長期の見通しとして設定したものを記入すること。
＊個人の重点：1年間を振り返って、子どもの指導について特に重視してきた点を記入すること。
＊保育の展開と子どもの育ち：最終年度の1年間の保育における指導の過程と子どもの発達の姿（保育所保育指針第2章「保育の内容」に示された各領域のねらいを視点として、子どもの発達の実情から向上が著しいと思われるもの）を、保育所の生活を通して全体的、総合的に捉えて記入すること。その際、他の子どもとの比較や一定の基準に対する達成度についての評定によって捉えるものではないことに留意すること。あわせて、就学後の指導に必要と考えられる配慮事項等について記入すること。別紙を参照し、「幼児期の終わりまでに育ってほしい姿」を活用して子どもに育まれている資質・能力を捉え、指導の過程と育ちつつある姿をわかりやすく記入するように留意すること。
＊特に配慮すべき事項：子どもの健康の状況等、就学後の指導において配慮が必要なこととして、特記すべき事項がある場合に記入すること。
○最終年度に至るまでの育ちに関する事項
　　子どもの入所時から最終年度に至るまでの育ちに関し、最終年度における保育の過程と子どもの育ちの姿を理解する上で、特に重要と考えられることを記入すること。

●図表 15-5　幼稚園幼児指導要録書式

幼稚園幼児指導要録（指導に関する記録）

ふりがな					指導の重点等	平成　　年度	平成　　年度	平成　　年度
氏名	平成　　年　　月　　日生					（学年の重点）	（学年の重点）	（学年の重点）
性別						（個人の重点）	（個人の重点）	（個人の重点）
	ねらい（発達を捉える視点）							
健康	明るく伸び伸びと行動し、充実感を味わう。				指導上参考となる事項			
	自分の体を十分に動かし、進んで運動しようとする。							
	健康、安全な生活に必要な習慣や態度を身に付け、見通しをもって行動する。							
人間関係	幼稚園生活を楽しみ、自分の力で行動することの充実感を味わう。							
	身近な人と親しみ、関わりを深め、工夫したり、協力したりして一緒に活動する楽しさを味わい、愛情や信頼感をもつ。							
	社会生活における望ましい習慣や態度を身に付ける。							
環境	身近な環境に親しみ、自然と触れ合う中で様々な事象に興味や関心をもつ。							
	身近な環境に自分から関わり、発見を楽しんだり、考えたりし、それを生活に取り入れようとする。							
	身近な事象を見たり、考えたり、扱ったりする中で、物の性質や数量、文字などに対する感覚を豊かにする。							
言葉	自分の気持ちを言葉で表現する楽しさを味わう。							
	人の言葉や話などをよく聞き、自分の経験したことや考えたことを話し、伝え合う喜びを味わう。							
	日常生活に必要な言葉が分かるようになるとともに、絵本や物語などに親しみ、言葉に対する感覚を豊かにし、先生や友達と心を通わせる。							
表現	いろいろなものの美しさなどに対する豊かな感性をもつ。							
	感じたことや考えたことを自分なりに表現して楽しむ。							
	生活の中でイメージを豊かにし、様々な表現を楽しむ。							
出欠状況		年度	年度	年度	備考			
	教育日数							
	出席日数							

学年の重点：年度当初に、教育課程に基づき長期の見通しとして設定したものを記入
個人の重点：1年間を振り返って、当該幼児の指導について特に重視してきた点を記入
指導上参考となる事項：
(1) 次の事項について記入すること。
　①1年間の指導の過程と幼児の発達の姿について以下の事項を踏まえ記入すること。
　　・幼稚園教育要領第2章「ねらい及び内容」に示された各領域のねらいを視点として、当該幼児の発達の実情から向上が著しいと思われるもの。
　　　その際、他の幼児との比較や一定の基準に対する達成度についての評定によって捉えるものではないことに留意すること。
　　・幼稚園生活を通して全体的、総合的に捉えた幼児の発達の姿。
　②次の年度の指導に必要と考えられる配慮事項等について記入すること。
(2) 幼児の健康の状況等指導上特に留意する必要がある場合等について記入すること。
備考：教育課程に係る教育時間の終了後等に行う教育活動を行っている場合には、必要に応じて当該教育活動を通した幼児の発達の姿を記入すること。

第3章　保育の評価とはどのようなものか

幼稚園幼児指導要録（最終学年の指導に関する記録）

ふりがな			平成　　年度	幼児期の終わりまでに育ってほしい姿		
氏名		指導の重点等	（学年の重点）	「幼児期の終わりまでに育ってほしい姿」は、幼稚園教育要領第2章に示すねらい及び内容に基づいて、各幼稚園で、幼児期にふさわしい遊びや生活を積み重ねることにより、幼稚園教育において育みたい資質・能力が育まれている幼児の具体的な姿であり、特に5歳児後半に見られるようになる姿である。「幼児期の終わりまでに育ってほしい姿」は、とりわけ幼児の自発的な活動としての遊びを通して、一人一人の発達の特性に応じて、これらの姿が育っていくものであり、全ての幼児に同じように見られるものではないことに留意すること。		
	平成　年　月　日生					
性別			（個人の重点）			
ねらい（発達を捉える視点）				健康な心と体	幼稚園生活の中で、充実感をもって自分のやりたいことに向かって心と体を十分に働かせ、見通しをもって行動し、自ら健康で安全な生活をつくり出すようになる。	
健康	明るく伸び伸びと行動し、充実感を味わう。		指導上参考となる事項	自立心	身近な環境に主体的に関わり様々な活動を楽しむ中で、しなければならないことを自覚し、自分の力で行うために考えたり、工夫したりしながら、諦めずにやり遂げることで達成感を味わい、自信をもって行動するようになる。	
	自分の体を十分に動かし、進んで運動しようとする。			協同性	友達と関わる中で、互いの思いや考えなどを共有し、共通の目的の実現に向けて、考えたり、工夫したり、協力したりし、充実感をもってやり遂げるようになる。	
	健康、安全な生活に必要な習慣や態度を身に付け、見通しをもって行動する。			道徳性・規範意識の芽生え	友達と様々な体験を重ねる中で、してよいことや悪いことが分かり、自分の行動を振り返ったり、友達の気持ちに共感したりし、相手の立場に立って行動するようになる。また、きまりを守る必要性が分かり、自分の気持ちを調整し、友達と折り合いを付けながら、きまりをつくったり、守ったりするようになる。	
人間関係	幼稚園生活を楽しみ、自分の力で行動することの充実感を味わう。			社会生活との関わり	家族を大切にしようとする気持ちをもつとともに、地域の身近な人と触れ合う中で、人との様々な関わり方に気付き、相手の気持ちを考えて関わり、自分が役に立つ喜びを感じ、地域に親しみをもつようになる。また、幼稚園内外の様々な環境に関わる中で、遊びや生活に必要な情報を取り入れ、情報に基づき判断したり、情報を伝え合ったり、活用したりするなど、情報を役立てながら活動するようになるとともに、公共の施設を大切に利用するなどして、社会とのつながりなどを意識するようになる。	
	身近な人と親しみ、関わりを深め、工夫したり、協力したりして一緒に活動する楽しさを味わい、愛情や信頼感をもつ。					
	社会生活における望ましい習慣や態度を身に付ける。					
環境	身近な環境に親しみ、自然と触れ合う中で様々な事象に興味や関心をもつ。			思考力の芽生え	身近な事象に積極的に関わる中で、物の性質や仕組みなどを感じ取ったり、気付いたりし、考えたり、予想したり、工夫したりするなど、多様な関わりを楽しむようになる。また、友達の様々な考えに触れる中で、自分と異なる考えがあることに気付き、自ら判断したり、考え直したりするなど、新しい考えを生み出す喜びを味わいながら、自分の考えをよりよいものにするようになる。	
	身近な環境に自分から関わり、発見を楽しんだり、考えたりし、それを生活に取り入れようとする。					
	身近な事象を見たり、考えたり、扱ったりする中で、物の性質や数量、文字などに対する感覚を豊かにする。					
言葉	自分の気持ちを言葉で表現する楽しさを味わう。			自然との関わり・生命尊重	自然に触れて感動する体験を通して、自然の変化などを感じ取り、好奇心や探究心をもって考え言葉などで表現しながら、身近な事象への関心が高まるとともに、自然への愛情や畏敬の念をもつようになる。また、身近な動植物に心を動かされる中で、生命の不思議さや尊さに気付き、身近な動植物への接し方を考え、命あるものとしていたわり、大切にする気持ちをもって関わるようになる。	
	人の言葉や話などをよく聞き、自分の経験したことや考えたことを話し、伝え合う喜びを味わう。					
	日常生活に必要な言葉が分かるようになるとともに、絵本や物語などに親しみ、言葉に対する感覚を豊かにし、先生や友達と心を通わせる。			数量や図形、標識や文字などへの関心・感覚	遊びや生活の中で、数量や図形、標識や文字などに親しむ体験を重ねたり、標識や文字の役割に気付いたりし、自らの必要感に基づきこれらを活用し、興味や関心、感覚をもつようになる。	
表現	いろいろなものの美しさなどに対する豊かな感性をもつ。			言葉による伝え合い	先生や友達と心を通わせる中で、絵本や物語などに親しみながら、豊かな言葉や表現を身に付け、経験したことや考えたことを言葉で伝えたり、相手の話を注意して聞いたりし、言葉による伝え合いを楽しむようになる。	
	感じたことや考えたことを自分なりに表現して楽しむ。					
	生活の中でイメージを豊かにし、様々な表現を楽しむ。			豊かな感性と表現	心を動かす出来事などに触れ感性を働かせる中で、様々な素材の特徴や表現の仕方などに気付き、感じたことや考えたことを自分で表現したり、友達同士で表現する過程を楽しんだりし、表現する喜びを味わい、意欲をもつようになる。	
出欠状況		年度	備考			
	教育日数					
	出席日数					

学年の重点：年度当初に、教育課程に基づき長期の見通しとして設定したものを記入
個人の重点：1年間を振り返って、当該幼児の指導について特に重視してきた点を記入
指導上参考となる事項：
(1) 次の事項について記入すること。
　①1年間の指導の過程と幼児の発達の姿について以下の事項を踏まえ記入すること。
　・幼稚園教育要領第2章「ねらい及び内容」に示された各領域のねらいを視点として、当該幼児の発達の実情から向上が著しいと思われるもの。その際、他の幼児との比較や一定の基準に対する達成度についての評定によって捉えるものではないことに留意すること。
　・幼稚園生活を通して全体的、総合的に捉えた幼児の発達の姿。

②次の年度の指導に必要と考えられる配慮事項等について記入すること。
③最終年度の記入に当たっては、特に小学校等における児童の指導に生かされるよう、幼稚園教育要領第1章総則に示された「幼児期の終わりまでに育ってほしい姿」を活用して幼児に育まれている資質・能力を捉え、指導の過程と育ちつつある姿を分かりやすく記入するようにすること。また、「幼児期の終わりまでに育ってほしい姿」が到達すべき目標ではないことに留意し、項目別に幼児の育ちつつある姿を記入するのではなく、全体的、総合的に捉えて記入すること。
(2) 幼児の健康の状況等指導上特に留意する必要がある場合等について記入すること。
備考：教育課程に係る教育時間の終了後等に行う教育活動を行っている場合には、必要に応じて当該教育活動を通した幼児の発達の姿を記入すること。

自身の経験をもとに考えてみよう

①自分自身が小学校に入学したころのことを思い出しましょう。友だち、先生、登下校、休み時間、授業などをどのように感じたかを思い出し、保育所や幼稚園からの移行について考え、話し合いましょう。

②幼児期の終わりまでに育ってほしい姿（10の姿）が、小学校での生活や学習のどのような場面で生き、さらにどのように伸びていくか考え、話し合いましょう。

③幼保連携型認定こども園園児指導要録の書式や記載するうえでの留意点を調べ、保育所児童保育要録や幼稚園園児指導要録と比較してみましょう。

④保育者養成校での自分自身の成長を振り返り、要録に書いてみましょう。

演習課題の解答例

体験型・自主学習型以外の演習課題の解答例を提示します。
自分で考える際の参考にしましょう。

演習課題の解答例

2コマ目の解答例

●31ページ「カリキュラムについて調べてみよう」
①一つは、「幼児期の終わりまでに育ってほしい姿（10の姿）」を念頭に置くことで、一人ひとりの発達に必要な体験が得られるような状況をつくったり、援助を行ったりするなど、具体的な保育や指導の方向性を考慮できるようにするためのものである。もう一つは、小学校の教師と「幼児期の終わりまでに育ってほしい姿（10の姿）」を手がかりに子どもの姿を共有するなど、保育所保育と小学校教育の円滑な接続を図ることにある。

4コマ目の解答例

●53ページ「年齢別の保育目標について理解しよう」
〈1歳児〉
・一人遊びや探索活動を十分に楽しむ
・安定した生活のなかで基本的生活習慣の獲得を目指す
〈2歳児〉
・自我の芽生えるなかで気持ちのぶつかり合いをとおして、友だちとの関わり方がわかる
・基本的生活習慣の確立を目指す
〈3歳児〉
・保育者や友だちとの関わりをとおして、自分の思いや感じたことを言葉や態度で表現する
・基本的生活習慣がおおむね確立する
〈4歳児〉
・保育者や友だちとつながるなか、葛藤しながら人の気持ちに気づき、自己調整力やコミュニケーション力を身につける
・さまざまな経験をとおして、日常の生活に必要な習慣、態度、言葉を身につける
〈5歳児〉
・自然や身近な社会事象に興味や関心をもち、遊びや活動をとおして豊かな心情や知的な好奇心を高める
・さまざまな遊びの経験をとおして得た判断力をもって、就学に向けて基本的な生活や態度を身につける
※この演習課題は、50〜51ページの全体的な計画がもとになっています。

5コマ目の解答例

●69ページ「環境づくりについて考えてみよう」
①・保護者が先に添い寝をして寝かしつける
　・安心できるもの（タオルやぬいぐるみなど）を見つけてあげる
②・ロッカーに運動靴を入れている
　・水をいつももち歩いている
　・緊急地震速報を受信できるようにしている
　（改善策の例）
　・子どもの靴を避難バッグに入れておく
　・避難時に部屋の水筒ももちだす、など

8コマ目の解答例

●113ページ「園庭での遊び」
〈どんぐり拾い・砂場遊び〉①健康な心と体、⑩豊かな感性と表現、②自立心
〈ブランコ遊び〉①健康な心と体、⑦自然との関わり・生命尊重
〈遊具の貸し借り〉③協同性、④規範性、⑨言葉による伝え合い

〈道具の取り合い〉③協同性、④規範性、⑨言葉による伝え合い
〈順番を待つ友だち〉④道徳性・規範意識の芽生え、⑨言葉による伝え合い
〈ジャンケン〉④道徳性・規範意識の芽生え
〈審判をしてくれる友だち〉③協同性

11コマ目の解答例

●153ページ「自分でまとめてみよう」
〈よい点〉
○子どもにとって
・年齢差と個人差のある子ども同士が一緒に生活することで、人と関わる力や人を受け入れる力が育ちます。多様な体験が得られます。
・年上に憧れ、遊びのモデルがあることでやりたい気持ちが育ったり、年下をリードすることで自信をもてたりすることで、主体的に行動することができます。
○保育者にとって
・同年齢だと、できる、できないなどの個人差が気になってしまいがちです。異年齢の多様な子ども同士のなかでは、どのように自分の力を発揮しているかという視点でみることができます。個性や人格を尊重し、その子らしさを捉え、一人ひとりにていねいに関わることができます。
〈気をつけなければならない点〉
・それぞれの年齢の子どもが安心して落ち着ける環境を構成しなくてはなりません。
・○歳児らしくという枠にとらわれたり、関係を固定したりせず、一人ひとりが主体的に関わる関係を大切にしなくてはなりません。
・同年齢の仲間で刺激し合い、協働して遊ぶ経験、自分たちのことに全力で取り組む経験も大切にしなくてはなりません。
※ここにあげたものはあくまで一例です。まずは、気づいたことを思いつくだけあげてみましょう。次に、同じ内容のものはまとめ、要点を整理して自分なりに表現してください。

12コマ目の解答例

●165ページ「事例をもとに考えてみよう1」
〈「❶粘土でつくった団子を見て、同じように粘土で月見団子をつくる子が増える」場合の準備・環境構成〉粘土で遊ぶ場を広く確保する。つくった団子を飾るための紙や廃材の準備をする。飾るための棚やテーブル、場所を考えておく。雰囲気を出すために月やススキやなどの装飾を用意する、または一緒につくる。
〈❷紙芝居を見て、ウサギになりきって遊ぶ子が出てくる」場合の準備・環境構成〉ウサギの耳やお面などをつくるための画用紙や廃材の準備をする。どのように遊ぶかによって、場所の確保を考える（レースを始めたら広く、おうちごっこならハムスターごっこの近くに提案する、など）。ハムスターごっこの子たちとの交流で考えられるものや場所の確認をする。ほかの動物になりたいと言われたときのための画用紙や廃材の確認をする。

●166ページ「事例をもとに考えてみよう2」
〈一緒に遊ぶ〉「一緒にいれて」と声をかける。子どもと同じように「団子爆弾」と投げると、子どもたちは喜んでますます投げる。
〈助言する（助けになるような意見や言葉を、そばから言ってあげること）〉「もっと、上を狙って投げたらいいよ」「こっちの団子爆弾の方がよく飛ぶよ」と声をかける。子どもたちは爆弾球と変わらず、的をねらって投げることを楽しむ。
〈提案する（考えや意見を出すこと）〉肯定的提案「団子を飛ばすなら、的は月にしてみたらどう？」子どもは「いいね」「いや、的でいいよ」など反応する。否定的提案「団子は食べものだよ。食べもの投げるのはどうかな？」子どもは「いけないと思う」「団子を投げるのはやめよう」と普通の的あてになるか、ほかの遊びを始める。

索 引

欧文

■ P
PDCAサイクル ……………… 38, 171

和文

■ あ
アクティブ・ラーニング ……………9
アタッチメント（愛着関係）
　……………………… 94, 122, 137

■ い
生きる力 …………………… 9, 190
1・2歳児の遊び ………………… 127
異年齢保育 ………………… 74, 144

■ え
エピソード記録 …………………… 174
園外研修 …………………………… 187
園内研修 …………………………… 186

■ お
応答的な関わり ………………… 128

■ か
学校評価 …………………………… 184
環境構成 …………………………… 117
官立 …………………………………… 7

■ き
基本的信頼感 ……………………… 70
キャリアパス ……………………… 187
教育 ………………………………… 114
行事記録 …………………………… 170
協同性 ……………………………… 71

■ く
倉橋惣三 …………………………… 168

■ け
けが・事故等発生記録 ………… 170
研修 ………………………………… 186

■ こ
語彙 ………………………………… 70
5歳児の遊び ……………………… 136
ごっこ遊び ………………………… 127

子どもの最善の利益 …………… 10
子どもの姿 ………………………… 115
個別の指導計画 ……………… 82, 132
5領域 ………………………… 123, 133

■ さ
産休 ………………………………… 36
3歳児の遊び ……………………… 134

■ し
自我 ………………………………… 126
資質 ………………………………… 191
資質・能力の3つの柱 ………… 191
児童の権利に関する条約 ……… 44
児童票 ……………………………… 33
児童福祉施設における第三者評価
　…………………………………… 183
小学校教育 ………………………… 192
省察 ………………………………… 168
情緒的な絆 ………………………… 128
情動コントロール ………………… 74
食育計画 ……………………… 43, 60

■ す
スタートカリキュラム ………… 193

■ せ
0歳児（乳児）の遊び ………… 122
全体的な計画 ………………… 42, 54

■ た
第三者評価 ………………………… 182
探索活動 …………………………… 121
担当制 ……………………………… 128

■ ち
地域との連携（地域への支援）…118
知・徳・体 ………………………… 190

■ て
デイリープログラム ……… 83, 128

■ と
ドキュメンテーション ………… 170
特別な配慮を必要とする子ども
　…………………………………… 132

■ な
内容 ………………………………… 116

喃語 ………………………………… 122

■ に
二語文 ……………………………… 126
乳児 ………………………………… 114
認定こども園のタイプ ………… 14
認定こども園の目標 …………… 13

■ ね
ねらい ……………………… 9, 116
年間指導計画 ………………… 54, 56

■ の
能力 ………………………………… 191

■ は
育みたい資質・能力 … 47, 95, 191
発達 ………………………………… 55
反省・評価 ………………………… 118

■ ひ
避難訓練計画 ……………………… 62

■ ふ
フレーベルの恩物 ………………… 7

■ ほ
保育者の援助・配慮 …………… 118
保育者の自己評価 ……………… 181
保育所児童保育要録 …………… 195
保育所の自己評価 ……………… 182
保育所の第三者評価 …………… 182
保育所の目標 ……………………… 11
保育所保育指針 …………………… 6
保育日誌 …………………………… 169
保育の評価 ………………………… 16
法令 ………………………………… 6
ポートフォリオ …………………… 170
保健計画 ……………………… 43, 59
保護者との連携（子育て支援）
　…………………………………… 118

■ み
3つの視点 …………………… 56, 119

■ も
モジュール ………………………… 193

■ よ
養護 ………………………………… 114

幼児期の終わりまでに育ってほしい姿（10の姿）……… 47, 95, 193
幼児教育 ………………………… 192
幼稚園教育要領 ………………… 7
幼稚園の目標 …………………… 12
幼稚園幼児指導要録 …………… 196
幼保一元化 ……………………… 8
幼保連携型認定こども園
　園児指導要録 ………………… 196
幼保連携型認定こども園
　教育・保育要領 ……………… 8
予想される子どもの活動 ……… 117
4歳児の遊び …………………… 135

■ ら
ラーニング・ストーリー ……… 171

■ り
離乳の目安 ……………………… 61

■ れ
連絡帳 …………………………… 170

参考文献

秋田喜代美　『保育の温もり──続保育の心もち』　ひかりのくに　2014年
秋田喜代美総監修　『発達が見える！3歳児の指導計画と保育資料（第2版）』　学研プラス　2018年
秋田喜代美総監修　『発達が見える！4歳児の指導計画と保育資料（第2版）』　学研プラス　2018年
秋田喜代美総監修　『発達が見える！5歳児の指導計画と保育資料（第2版）』　学研プラス　2018年
阿部明子・中田カヨ子編著　『保育における援助の方法』　萌文書林　2010年
安東善子・加藤美世子・小林さゆり・小出馨・鄭 美希・浅川繭子「コーナー活動を通して育ち合う仲間──異年齢保育の中の年中児①」『日本保育学会第69回大会発表要旨集』2016年　830ページ
今井和子・天野珠路・大方美香編著　『独自性を活かした保育課程に基づく指導計画──その実践・評価』　ミネルヴァ書房　2010年
大場幸夫企画　『保育者論』　萌文書林　2012年
加藤繁美　『対話的保育カリキュラム（上）──理論と構造』　ひとなる書房　2007年
公益財団法人児童育成協会監修・千葉武夫・那須信樹編集　『教育課程・保育課程論』　中央法規出版　2016年
厚生労働省　「保育所保育指針」　2017年
厚生労働省　「保育所保育指針の改訂について」　2017年
厚生労働省　「保育所保育指針解説」　2018年
佐藤弘子・加藤さゆり・加藤惟一・太田俊己「異年齢保育を見直すⅡ」『日本保育学会大会発表論文集』　2002年　230-231ページ
汐見稔幸　『さあ、子どもたちの「未来」を話しませんか──2017年告示新指針・要領からのメッセージ』　小学館　2017年
柴崎正行編著　『保育原理の基礎と演習（改訂版）』　わかば社　2018年
杉浦智美・加藤さゆり・太田俊己・加藤惟一「異年齢保育を見直すⅢ」『日本保育学会大会発表論文集』　2003年　236-237ページ
高田 清　「異年齢保育という方法技術と仲間づくり」『季刊保育問題研究』2006年　81-89ページ
民秋言編著　『幼稚園教育要領・保育所保育指針の成立と変遷』　萌文書林　2008年
中央教育審議会　「幼稚園、小学校、中学校、高等学校及び特別支援学校の学習指導要領等の改善及び必要な方策等について（答申）」　2016年
夏堀 睦　「正統的周辺参加論の視点による異年齢児保育の効用」『富士常葉大学研究紀要』　2007年　171-184ページ
内閣府・文部科学省・厚生労働省　「幼保連携型認定こども園教育・保育要領」　2017年
内閣府・文部科学省・厚生労働省　「幼保連携型認定こども園教育・保育要領解説」　2018年

松本峰雄監修　『流れがわかる 幼稚園・保育所実習──発達年齢、季節や場所に合った指導案を考えよう』　萌文書林　2015年

宮川萬寿美編著　『保育の計画と評価──豊富な例で1からわかる』　萌文書林　2018年

無藤隆・汐見稔幸編　『イラストで読む!幼稚園教育要領・保育所保育指針・幼保連携型認定こども園教育・保育要領　はやわかりBOOK』　学陽書房　2017年

無藤隆・汐見稔幸・砂上史子　『ここがポイント!3法令ガイドブック──新しい『幼稚園教育要領』『保育所保育指針』『幼保連携型認定こども園教育・保育要領』の理解のために』　フレーベル館　2017年

無藤隆編著　『平成29年告示幼保連携型認定こども園教育・保育要領まるわかりガイド──ここが変わった!』　チャイルド本社　2017年

文部科学省　『指導と評価に生かす記録──平成25年7月(幼稚園教育指導資料)』　チャイルド本社　2013年

文部科学省 国立教育政策所研究所教育課程研究センター　「スタートカリキュラムスタートブック」　2015年

文部科学省 幼児期の教育と小学校教育の円滑な接続の在り方に関する調査研究協力者会議「幼児期の教育と小学校教育の円滑な接続の在り方について(報告)」　2010年

文部科学省　「幼児教育部会における審議の取りまとめについて(報告)」　2016年

文部科学省「幼稚園教育要領」2017年

文部科学省「幼稚園教育要領解説」2018年

文部科学省　『幼稚園教育指導資料第1集 指導計画の作成と保育の展開』　フレーベル館　2013年

監修者、執筆者紹介

●監修者

松本峰雄(まつもと　みねお)
元千葉敬愛短期大学現代子ども学科教授
『保育者のための子ども家庭福祉』(萌文書林)
『教育・保育・施設実習の手引』(編著・建帛社)
『はじめて学ぶ社会福祉』(共著・建帛社)

●執筆者(50音順)

浅川繭子(あさかわ　まゆこ)
千葉経済大学短期大学部こども学科准教授
『流れがわかる 幼稚園・保育所実習』(共著・萌文書林)
『保育者論』(共著・一藝社)

新井祥文(あらい　よしふみ)
育英短期大学保育学科講師

小山朝子(こやま　あさこ)
帝京平成大学現代ライフ学部児童学科講師
『乳児保育の基本』(共著・萌文書林)
『教育・保育カリキュラム論』(共著・中央法規出版)

才郷眞弓(さいごう　まゆみ)
スーパーグローバルプリスクール駒沢校施設長
『乳児保育演習ブック(第2版)』(共著・ミネルヴァ書房)
『流れがわかる 幼稚園・保育所実習』(共著・萌文書林)

松田清美(まつだ　きよみ)
福岡こども短期大学こども教育学科教授
『保育の質を高める保育原理』(共著・大学図書出版)
『保育内容 環境(第3版)』(共著・建帛社)

編集協力：株式会社桂樹社グループ
表紙・本文イラスト：植木美江
本文イラスト：植木美江、寺平京子
装丁・デザイン：中田聡美

		よくわかる！保育士エクササイズ⑥		
		保育の計画と評価 演習ブック		

2019年8月1日　初版第1刷発行	〈検印省略〉
	定価はカバーに表示しています

監修者	松	本	峰	雄
	浅	川	繭	子
	新	井	祥	文
著　者	小	山	朝	子
	才	郷	眞	弓
	松	田	清	美
発行者	杉	田	啓	三
印刷者	藤	森	英	夫

発行所　株式会社　ミネルヴァ書房
607-8494　京都市山科区日ノ岡堤谷町1
電話代表（075）581-5191
振替口座　01020-0-8076

©松本・浅川・新井・小山・才郷・松田, 2019　　亜細亜印刷

ISBN978-4-623-08728-0

Printed in Japan

よくわかる！保育士エクササイズ

全5巻／B5判／美装カバー

①保育の指導計画と実践 演習ブック
門谷真希／山中早苗 編著　北村麻樹／辻柿光子／南 真由美／門谷有希 著　本体2200円

②子どもの保健 演習ブック
松本峰雄 監修　小林 玄／桜井ますみ／長谷川美貴子／堀田正央 著　本体2200円

③子どもの食と栄養 演習ブック
松本峰雄 監修　大江敏江／小林久美／土田幸恵／林 薫／廣瀬志保 著　本体2500円

④保育の心理学 演習ブック
松本峰雄 監修　大野雄子／小池庸生／小林 玄／前川洋子 著　本体2200円

⑤乳児保育 演習ブック［第2版］
松本峰雄 監修　池田りな／才郷眞弓／土屋 由／堀 科 著　本体2500円

⑥保育の計画と評価 演習ブック
松本峰雄 監修　浅川繭子／新井祥文／小山朝子／才郷眞弓／松田清美 著　本体2200円

★ 別巻DVD ★

乳幼児を理解するための保育の観察と記録
学校法人西大和学園　白鳳短期大学 監修　本体25000円

──── ミネルヴァ書房 ────
http://www.minervashobo.co.jp/